고감사를 아시나요

고맙습니다(가해)

고감사를 아시나요
고맙습니다(가해)

교회인가 2023년 10월 24일(안동교구 2023-4)

1판 1쇄 발행 2023년 11월 10일

저자 정상업

교정 주현강 **편집** 문서아 **마케팅·지원** 김혜지

펴낸곳 (주)하움출판사 **펴낸이** 문현광

이메일 haum1000@naver.com **홈페이지** haum.kr
블로그 blog.naver.com/haum1000 **인스타그램** @haum1007

ISBN 979-11-6440-459-9 (03230)

좋은 책을 만들겠습니다.
하움출판사는 독자 여러분의 의견에 항상 귀 기울이고 있습니다.
파본은 구입처에서 교환해 드립니다.

정상업 신부 주일 강론집

고감사를
아시나요

고맙습니다 가해

목차

히아신스의 꽃말처럼

《고감사를 아시나요》라는 제목으로 강론집을 내는 정상업(바오로) 신부님께 축하와 격려를 드립니다. '고.감.사.'가 무엇인지 처음엔 어리둥절했습니다만, "고맙습니다! 감사합니다! 사랑합니다!"라는 준말임을 강론 표지를 통해서 알았습니다. 정말로 우리의 삶은 언제나 '고.감.사.'가 되어야지요. 아마 신부님의 삶이 항상 '고.감.사.'였기 때문에 강론 제목을 그렇게 정했다고 생각합니다.

무엇보다도 강론마다 적절한 예화를 통해서 신자들이 잘 알아들을 수 있도록 해 주심에 감사를 드립니다. 강론은 주님의 말씀을 잘 이해하고 받아들일 수 있도록 적절한 예화를 든다는 것이 결코 쉬운 일이 아닙니다만, 신부님께서는 강론마다 예화를 들어 주셨습니다. 그렇게 해 주심으로써 신자들에게 복음을 잘 이해하고 받아들이는 데 한결 쉽게, 접근할 수 있는 길을 열어 주고 있습니다. 더 나아가 찡하게 울림을 주는 감동까지 안겨 주니 더더욱 고마운 일입니다. 이 강론집을 통해서 누구나 영적으로 성장할 수 있고 영적인 나눔의 계기가 되기를 바라면서 누구나 히아신스의 꽃말처럼, '사랑하는 행복', '사랑의 기쁨', '내 마음에 당신의 사랑이 머물러 있습니다.', '영원한 사랑'을 맘껏 체험하고 누리실 수 있는 계기가 되면 참으로 좋겠습니다.

형제자매 여러분, 히아신스꽃을 모두 다 아시지요. 히아신스는 백합과의 식물로 그윽하고 은은한 향기가 감미로워 많은 분에게 사랑받는 꽃 중 하나라고 합니다. 혹시 히아신스의 꽃말을 아십니까? 그 꽃말은 색깔별로 다른데, 백색(하얀색) 히아신스는 '사랑하는 행복', 청색(파란색) 히아신스는 '사랑의 기쁨', 적색 히아신스는 '내 마음에 당신의 사랑이 머물러 있습니다.', 보라색 히아신스는 '영원한 사랑'이라고 합니다. 형제자매 여러분, 보라색 히아신스의 꽃말인 '영원한 사랑'을 사기 위해 우리는 어떻게 해야 하겠습니까? 그 해답은 성녀 마더 테레사 수녀님이 봉사하셨던 인도의 콜카타 봉사자 사무실에 걸려 있는 다음 글귀가 말해 줍니다.

"만약 그대가 두 개의 빵을 갖고 있다면 하나는 가난한 이에게 내주고, 또 하나는 그 빵을 팔아 히아신스를 사십시오. 그대의 영혼을 사랑으로 사기 위해." 아멘!

– 대림 제3주일 가해 자선 주일 강론에서

고맙습니다! 감사합니다! 사랑합니다!

23년 11월 그리스도 왕 대축일에
천주교 안동교구 전임 교구장 두봉(레나도) 주교

고맙고 감사하고 사랑합니다

정말 "하느님 아버지, 고맙습니다! 감사합니다! 사랑합니다!"라는 말 밖에 드릴 것이 없는 것 같습니다. 그런 의미에서 강론집 제목을 《고 감사를 아시나요?》로 정했습니다. 사제는 죽는 날까지 고.감.사. 생활 을 해야 한다고 생각합니다. 역시 신앙인의 삶도 고.감.사.를 알고 항 상 고.감.사.의 삶을 산다면 삶이 온통 달라지고 풍요롭게 될 것입니 다.

정상업(바오로) 신부님이 40여 년의 세월 동안 사제로서 봉사하며 사 셨던 일선 사목 현장을 떠나는 원로 사목자(은퇴 사제)의 삶을 준비하면 서 하시는 말씀입니다. 참으로 멋있는 말씀입니다! 지난 삶을 마무리 하시고 또 다른 새로운 삶을 준비하시는 정 신부님에게, 저도 같은 말 씀으로 저의 마음을 전하려 합니다.

"사랑하고 존경하는 정상업(바오로) 신부님, 고맙고, 감사하고 사랑합 니다!"

정 신부님께서 지난 사제의 삶을 정리하고 잘 마무리하시겠다는 의 미에서 강론집(가·나·다해)을 내시니 정말로 고맙고 진심으로 축하드립 니다. 여기에는 신부님의 따뜻한 마음도 함께 하고 있기에 또한 감사하고 사랑합니다. 신부님의 강론 말씀을 통해서 우리는 하느님도 만나고 신부님도 만나게 될 것입니다. 하느님의 말씀은 살아 있고 힘이 있다는 성경 말씀(히브 4,12 참조)에 따라, 한 사제의 하느님 말씀의 선포인 강론 말씀에도 놀라운 힘이 작용하고 있다고 우리는 믿고 있습니다. 그러므로 우리가 정 신부님의 강론 말씀에서 영감을 받고 도움을 받아 말씀의 의미를 새롭게 깨닫고 그 말씀을 마음에 새기며 각자가 새로운 삶을 살 수 있다면, 그것은 말씀 덕분에 우리가 함께 누릴 수 있는 하느님의 은총과 축복의 복된 삶이 아닐까 생각합니다. 이것이 정 신부님의 강론을 읽고 묵상하는 우리 독자들의 간절한 바람이며 축복이 아닐까 생각합니다.

《고감사를 아시나요?》 정상업(바오로) 신부님의 주일 강론집(가해), 이 책을 펼치며 말씀의 복된 여정에 함께하시는 여러분 모두에게 하느님의 큰 축복이 함께하길 기도합니다.

"고맙고, 감사하고 사랑합니다!"

2023년 10월 21일
천주교 안동 교구장 **권혁주**(요한 크리소스토모) **주교**

✝ 권혁주

고.감.사.

고맙습니다! 감사합니다! 사랑합니다!

참으로 세월이 많이 흘렀습니다. 엊그제 사제가 된 것 같은데, 이제 모두 다 내려놓고 은퇴해야 할 시간이 되었나 봅니다. 무척 아쉬움이 많습니다. 40여 년 세월 동안 사제로서 지내게 된 것은 무엇보다 하느님의 은총이었습니다. 한마디로 '고.감.사. 해야 할 일이 아닌가?'라고 생각합니다. 정말 "하느님 아버지, 고맙습니다! 감사합니다! 사랑합니다!"라는 말밖에 드릴 것이 없는 것 같습니다. 그런 의미에서 강론집 제목을 《고감사를 아시나요?》로 정했습니다. 아마 사제는 죽는 그날까지 '고.감.사. 생활을 해야 한다.'라고 생각합니다. 역시 신앙인의 삶도 고.감.사.를 알고 항상 고.감.사.의 삶을 산다면 삶이 온통 달라지고 풍요롭게 될 것입니다.

그동안 사제가 되어 강론대에 선다고 섰지만, 처음엔 몹시 두렵고 떨렸습니다. 한 해, 한 해 살아오면서 강론이라고 하는 것이 그렇게 만만한 것이 아님을 절실히 깨닫고 실감했습니다. 하느님 말씀의 선포는 힘이 있어야 하고 쉽게 알아들을 수 있도록 해야 하는데, 언제나 하고 나면 부족함을 느끼곤 했습니다. 그래서 항상 하느님 아버지께 죄송하고 신자들에게 더욱 미안했습니다. 그래도 말씀하시는 분은 그분이시고 성령이 역사하심을 생각함으로써 스스로 위안이 되었습니다.

그동안 강론한 것들을 '정리한다. 한다.'라고 하면서 차일피일 미루다 이제야 겨우 은퇴를 앞두고 지난해 강론집 '사랑합니다(다해)'부터 다시 정리, 편집해 강론집을 냈지만 부족한 것이 대단히 많습니다. 그리고 올해 연말에는 강론집 '고맙습니다(가해)'와 함께 '감사합니다(나해)', 이렇게 《고감사를 아시나요?》가, 나, 다해 강론집을 모두 마무리하면서 유종의 미를 거두고 싶습니다.(2024년 9월 1일 은퇴 예정)

　　더불어 이 강론집을 내는 데 격려사를 친히 써 주신 현 안동 교구장 권혁주 주교님과 전임교구장 두봉 주교님께 진심으로 감사를 드립니다. 또한, 특별히 표지 그림을 정성스럽게 아주 예쁘게 그려준 주 뻬르뻬뚜아 수녀님께도 아울러 감사드립니다. 그리고 그동안 저를 위해서 기도해 주신 성직자, 수도자, 교형자매 여러분과 가족 그리고 모든 분에게 진심으로 고개 숙여 감사드립니다.

　　고맙습니다! 감사합니다! 사랑합니다!

2023년 그리스도 왕 대축일에
풍기성당 주임신부 **정상업(바오로)**

 대림 시기

어느 60대 노부부 이야기

형제자매 여러분, 〈어느 60대 노부부 이야기〉란 노래를 들어 보신 적이 있으십니까? 김목경 씨가 영국 유학 시절 창가에서 노부부를 바라보면서 작사, 작곡한 노래입니다. 김목경 씨 외에 많은 사람이 이 노래를 불렀지만 김광석 씨가 불러서 더욱 유명해졌습니다. 그리고 최근에는 〈미스터트롯〉 경연에서 임영웅 씨가 불러 많은 사람에게 눈물을 안겨 주면서 인기를 끌었던 노래입니다. 그 가사를 음미해 보면 참으로 가슴이 뭉클합니다.

곱고 희던 그 손으로 넥타이를 매어 주던 때
어렴풋이 생각나오. 여보, 그때를 기억하오
막내아들 대학 시험 뜬 눈으로 지내던 밤들
어렴풋이 생각나오. 여보, 그때를 기억하오

세월은 그렇게 흘러 여기까지 왔는데
인생은 그렇게 흘러 황혼에 기우는데

큰 딸아이 결혼식 날 흘리던 눈물방울이
이제는 모두 말라 여보, 그 눈물을 기억하오
세월이 흘러감에 흰머리가 늘어 감에

모두가 떠난다고 여보 내 손을 꼭 잡았소

세월은 그렇게 흘러 여기까지 왔는데
인생은 그렇게 흘러 황혼에 기우는데

다시 못 올 그 먼 길을 어찌 혼자 가려 하오
여기 날 홀로 두고 여보, 왜 한마디 말이 없소
여보, 안녕히 잘 가시게
여보, 안녕히 잘 가시게
여보, 안녕히 잘 가시게[1]

　형제자매 여러분, '곱고 희던 그 손으로 넥타이를 매어 주던 때', '막내아들 대학 시험 뜬 눈으로 지내던 밤들', '큰 딸아이 결혼식 날 흘리던 눈물방울이 이제는 모두 말라 여보, 그 눈물을 기억하오', '세월이 흘러감에 흰머리가 늘어감에', '인생은 그렇게 흘러 황혼에 기우는데', '다시 못 올 그 먼 길을 어찌 혼자 가려 하오', '여기 날 홀로 두고 여보 왜 한마디 말이 없소', '여보, 안녕히 잘 가시게' 어떻게 생각하면 이것은 남의 일이 아니라 곧 내 일이 될 것입니다. 여러분, 한 번쯤 미리 생각해 보셨습니까?

　형제자매 여러분, 이렇게 함께 살던 부부가 사별하게 된다면 어찌 안타깝고, 슬프지 않겠습니까? 저는 이 노랫말을 생각하면서 오늘 복음 말씀을 생각해 봤습니다. "노아 때처럼 사람의 아들의 재림도 그러할 것이다. 홍수 이전 시대에 사람들은 노아가 방주에 들어가는 날까

---

1) https://namu.wiki/w/%EC%96%B4%EB%8A%90%2060%EB%8C%80%20%EB%85%
B8%EB%B6%80%EB%B6%80%20%EC%9D%B4%EC%95%BC%EA%B8%B0

지 먹고 마시고 장가들고 시집가고 하면서, 홍수가 닥쳐 모두 휩쓸어 갈 때까지 아무것도 모르고 있었다. 사람의 아들의 재림도 그러할 것이다. 그때에 두 사람이 들에 있으면, 하나는 데려가고 하나는 버려둘 것이다."(마태 24,37-40)

아들딸들 대학 보내고 시집, 장가를 보내고 그러다 황혼을 맞아 사별하듯, 하나는 데려가고 하나는 버려둔다는 것입니다. 역시 노아의 때도 그러했고 주님의 재림 때도 그렇다는 것입니다. 특히 짝 교우 여러분, 또한 냉담 신자를 두고 계신 형제자매 여러분, 오늘 복음 말씀을 생각하면서 미루지 말고 미리 준비하시면 좋겠습니다. 지난여름 그 무성하던 나뭇잎들도 바람에 나뒹굴고 앙상한 가지만 남았습니다. 이것이 바로 우리의 인생입니다.

형제자매 여러분, 그렇다면 우리는 어떻게 해야 하겠습니까? 오늘 복음에서 예수님께서는 "그러니 깨어 있어라. 너희의 주인이 어느 날에 올지 너희가 모르기 때문이다. 이것을 명심하여라. 도둑이 밤 몇 시에 올지 집주인이 알면, 깨어 있으면서 도둑이 자기 집을 뚫고 들어오도록 내버려 두지 않을 것이다. 그러니 너희도 준비하고 있어라. 너희가 생각하지도 않은 때에 사람의 아들이 올 것이기 때문이다."(마태 24,42-44) 라고 말씀하십니다. "깨어서 준비하고 있어라."라는 말씀입니다. 곧 유비무환(有備無患), 미리 준비하면 아무런 탈이 없고 우환이 없다는 말입니다.

형제자매 여러분, 오늘은 교회 달력으로 새해, 대림절을 맞이했습니다. 새해를 맞이해서 새로운 마음으로 한 해를 시작하고 대림절을 맞이하여 그분을 맞이하기 위해서 깨어서 준비하도록 해야 하겠습니다. 대림절은 한마디로 기다리는 시기입니다. 인류를 구원하러 인간의 몸으로 오시는 예수님을 애타게 기다리면서 그분을 맞이할 준비를 하는 시기입니다. 과거에 오셨고 현재 오시는 예수님을 맞을 준비를 하는 시기입니다. 또한, 더 나아가 미래에 재림하실 주님을 깨어서 준비하는 시기입니다. 그러므로 구세주이신 예수님께서 빨리 오시도록 애타게 기다리면서 그분을 맞을 준비를 하는 시기입니다. 그 준비는 무엇보다도 회개와 기도로, 희생과 사랑을 실천하는 일일 것입니다.

형제자매 여러분 조금 전에 말씀드린 〈어느 60대 노부부 이야기〉는 남의 이야기가 아니라 곧 나의 이야기임을 생각하면서 깨어서 삶을 준비하는 현명한 신앙인이 되어야 하겠습니다.

"그러니 너희도 준비하고 있어라. 너희가 생각하지도 않은 때에 사람의 아들이 올 것이기 때문이다."(마태 24,44) 아멘.

어느 여판사님의 감동적인 이야기

2010년 4월 초 서울 서초동 소년 법정에서 일어난 실화입니다. 친구들과 함께 오토바이를 훔쳐 달아난 혐의로 구속된 소녀는 방청석에서 홀어머니가 지켜보는 가운데 재판을 기다리고 있었습니다. 숨죽인 법정 안에 중년 여성 부장판사가 들어왔습니다. 이미 무거운 판결을 예상하고 잔뜩 움츠리고 있는 소녀를 향해 자리에서 "일어나라."라고 했습니다. 판결을 내리는가 했더니 대뜸 "나를 따라 힘차게 외쳐 보라."라고 했습니다. "나는 이 세상에서 가장 멋지게 생겼다." 예상치 못한 판사의 요구에 머뭇거리던 소녀는 작은 목소리로 "나는 이 세상에서 가장 멋지게 생겼다."라고 따라 했습니다. 그래서 부장판사는 더 큰 소리로 "따라 하라."라고 하면서 또 이렇게 외쳤습니다. "나는 이 세상에 두려울 것이 없다. 이 세상은 나 혼자가 아니다. 나는 무엇이든 할 수 있다." 점점 큰 목소리로 따라 하던 소녀는 "이 세상은 나 혼자가 아니다."라고 외칠 즈음에 와서는 참았던 눈물을 터트리고 말았습니다.

작년 가을부터 14건의 절도, 폭행 등 중범죄를 저질러 법정에 섰던 전력이 있었으므로 이번에도 무거운 형벌을 받게 되었는데도 불구하고 판사는 법정에서 '외치는 판결'로 불처분 결정을 내려 참여관 및 실무관 그리고 방청객까지 감동의 눈물을 흘렸습니다.

소녀는 작년 초까지만 해도 어려운 가정환경임에도 불구하고 반에서 상위권 성적을 유지하였고, 장래에 간호사가 꿈이었던 학생이었습니다. 그런데 작년 초 집으로 가던 길에 남학생 여러 명에게 집단 폭행을 당하면서 미래에 대한 절망으로 삶이 송두리째 바뀌었습니다. 소녀는 당시 후유증으로 병원의 치료를 받았고 그 충격으로 홀어머니는 중풍으로 쓰러지셨습니다. 소녀는 그때부터 학교를 겉돌 수밖에 없었고 비행 청소년들과 어울려 다니며 범행에 가담하게 되었습니다.

판사는 다시 방청석에 앉아 있는 모든 사람에게 이렇게 말했습니다. "누가 가해자입니까? 누가 이 아이의 아픔을 한 번이라도 헤아려 주었습니까? 잘못이 있다면 여기 앉아 있는 여러분과 우리 자신입니다. 이 소녀가 다시 세상에서 살아갈 유일한 방법은 잃어버린 자존심을 우리가 다시 찾아 주어야 합니다."

눈물이 범벅이 된 소녀를 앞으로 불러 세우고 "이 세상에서 누가 제일 중요할까? 그건 바로 너야. 이 사실을 잊지 말아야 한다." 그리고 두 손을 쭉 뻗어 소녀의 손을 잡아 주면서 "마음 같아서는 꼭 안아 주고 싶지만, 너와 나 사이에 법대로 가로막혀 있어 이 정도밖에 할 수 없어 미안하다."라고 말했습니다.[2]

형제자매 여러분, 이 사건은 서초동 법원 청사 소년 법정에서 16세 소녀에게 서울가정법원 김귀옥 부장판사가 이례적으로 불처분 결정을 내린 명판결 사건입니다. 보이는 것보다 안 보이는 아픔이 더 클 때가 많이 있는 것 같습니다. 판사님처럼 청소년들을 아프고 힘들 때 위로와 격려와 사랑으로 보듬어 주는 분이 많았으면 좋겠습니다. 이것은 무엇보다도 장래가 촉망한 청소년에게 회개의 삶을 살아가도록 앞길을 열어 주시는 판사님의 감동적인 판결을 보여 주셨습니다.

형제자매 여러분, 오늘 복음 말씀을 보면, 세례자 요한은 "회개하여

---

2) http://yhkang5931.tistory.com/566

라. 그 증표로 세례를 받아라."라고 선포하십니다. 주님의 성탄을 준비하기 위해서 첫 과제가 "회개하라."라는 것입니다. 형제자매 여러분, 회개가 도대체 무엇이지요? 잘못된 길에서 바른길로 되돌아가는 것입니다. 주님의 오시는 길을 곧게 내어라. 이 굽은 길을 곧게 똑바로 고치는 작업, 이것이 회개입니다. 자기의 삶이 굽었다면, 잘못되었다면, 바로 잡아야 하고, 뉘우치고 고쳐야 한다는 것입니다. 바로 이 말씀은 나를 포함해서 가정, 사회, 국가 모든 사람에게 해당이 되는 말씀입니다. 분명히 잘못되었다면, 바른길이 아니라면, 잘못된 삶이라고 깨우쳐 주고 바로잡는 일, 이것이 오늘 인권 주일을 맞이해서 우리가 해야 할 일입니다. 곧 우리 모두 세상의 빛의 역할을 하라는 말씀으로, 자신의 어둠, 더 나아가 세상의 어두움을 몰아내는 빛이 되라는 말씀입니다. 분명히 김귀옥 부장판사님은 죄지은 소녀에게 회개의 길로 안내해 주시고 용기로 새 빛을 열어 주신 분이십니다. 곧 우리도 그런 역할을 하라는 것입니다.

형제자매 여러분, 오늘 복음을 보면, 세례자 요한은 세례를 받으러 온 백성의 지도자들에게 호통을 칩니다. "독사의 자식들아. 다가오는 진노를 피하라고 누가 너희에게 일러 주더냐? 회개에 합당한 열매를 맺어라."(마태 3,8)라고 말입니다. 그렇습니다. 오늘날 백성의 지도자들뿐만 아니라 우리는 세례자 요한의 말을 명심해야 할 것입니다. 그분은 광야에서 외치는 소리요, 주님의 길을 마련하라는, 그분의 길을 곧게 내라는 명령입니다.

형제자매 여러분, 우리는 성탄을 앞두고 주님의 길을 준비하는 대림절을 지내고 있습니다. 주님의 길을 평탄하게 잘 닦기 위해서 어떻게 해야 하겠습니까? 세례자 요한이 말씀하듯이 회개의 세례를 받아야 하겠습니다. 내 안에 남을 시기하고 질투하는 비뚤어진 마음이 있다면 똑바로 고치고, 산과 같은 높은 교만이 있다면 깎아내리고, 남을 몹시 미워하고 증오하는 구릉과 계곡 같은 깊은 골짜기가 있다면 메워야 하지 않겠습니까? 그렇게 함으로써 주님께서 오시는 길을 환하게 정리 작업하고 대청소를 해야 하지 않겠습니까? 바로 이 작업이 회개의 세례요, 판공성사입니다. 특히 냉담 신자 권면을 통해서 모두가 주님의 길을 잘 준비하고 기쁘게 주님을 맞는 성반이 되노록 해야 하겠습니다.

"회개하여라. 하늘나라가 다가왔다…. 회개의 열매를 맺어라!"

특히 오늘 제2독서에서 바오로 사도는 우리 모두 "예수 그리스도를 통하여 오는 의로움의 열매를 맺어, 하느님께 영광과 찬양을 드릴 수 있게 되기를 바란다."라고 말씀하고 있습니다.

형제자매 여러분, 우리가 의로움의 열매를 맺기 위해서 어떻게 해야 하겠습니까? 형제자매 여러분, 의로움의 열매를 맺기 위해서 우리는, 세례자 요한의 말씀에 따라 주님의 길을 곧게 내야 합니다. 골짜기는 메우고, 산과 언덕은 깎아내리고, 굽은 데는 고치고, 거친 길은 다듬어 평탄 작업을 통해서 진정 회개의 삶을 살아야 하겠습니다. 또한, 예화의 판사님처럼 우리도 다른 사람들이 회개의 열매를 맺을 수 있도록 용기를 주고 빛으로 인도해야 하겠습니다.

> "광야에서 외치는 이의 소리. '너희는 주님의 길을 마련하여라. 그분의 길을 곧게 내어라.'"(마태 3,3) 아멘!

철가방 천사

형제자매 여러분! 김우수 형제를 알고 계십니까? '철가방'이 무엇인지 알고 계시지요? 오늘 자선 주일을 맞이하여 이미 고인이 되셨지만, 김우수 형제님을 여러분에게 소개해 드리겠습니다.

2011년 9월 말, 신문 기사나 방송, 인터넷에서 그의 이름은 '당신은 진정한 천사', '기부 천사 배달원', '철가방 천사', '짜장면 배달 기부 천사', '철가방 아저씨', '희망 배달원', '행복 배달부' 등입니다. 아마 그의 삶이 영화화되어 그다음 해 11월 22일 영화배우 최수종 씨가 노개런티로 출연해서 〈철가방 우수氏〉, 부제로 '행복을 배달합니다'란 제목으로 상영된 것으로 알고 있습니다. 그 영화 꼭 보고 싶었는데, 저는 못 봤습니다.

김우수 씨는 중국집 짜장면 배달원이었습니다. 도시 근로자 월평균 소득의 3분의 1도 안 되는 70만 원의 월급을 쪼개 다섯 아이를 도와 오다 불의의 교통사고로 숨지셨습니다. 그때가 2011년 9월 23일이었습니다. 그 당시 중국집 배달원 김우수 씨의 사연이 전해지면서 네티즌들이 추모의 물결을 이루었다고 합니다.

김우수 씨는 평상시와 같이 중국집 배달 가는 도중 서울 강남구 일원동의 한 터널에서 U턴을 하다가 마주 오던 승용차와 정면으로 충돌하는 사고를 당했습니다. 이후 곧바로 119 구조대에 의해 병원으로 옮겨

졌지만 김우수 씨는 끝내 이틀 후인 25일 밤 11시경 숨을 거두었다고 합니다.

김우수 씨는 7살 때부터 고아원에서 생활했다고 합니다. 이후 12살 때 고아원에서 도망쳐 나와 구걸, 배달 일 등 생계를 위해서는 안 해 본 일이 없었다고 합니다. 그러다 돈을 어느 정도 벌게 되자 술과 노름에 빠져 술집을 자주 드나들다가 "돈 없이 술을 마시러 오느냐?"라는 술집 주인의 말에 화가 나 술집에 불을 지르려다가 붙잡혀 교도소 생활을 하기도 했다고 합니다.

이후 교도소에서 김우수 씨의 삶을 180도 바꿔 놓는 계기가 발생하였는데, 그것은 우연히 본 잡지 때문이었다고 합니다. 《사과나무》라는 잡지 속에서 가정 폭력과 가난으로 고통받는 아이들의 사연을 읽은 다음, 느낀 바가 있어 그때부터 그의 삶은 달라졌다고 합니다. 교도소 출소 후, 김우수 씨는 자신의 어릴 적 고아원 생활 등을 하며 힘들었던 어린 시절을 상기하면서 힘든 상황에 노인 아이들을 돕고 싶다면서 어린이 재단에 연락했다고 합니다.

그 이후 김우수 씨는 강남의 한 고시원 단칸방, 약 1.5평 되는 창문도 없는 쪽방에서 월세 25만 원을 주고 살았다고 합니다. 쪽방에 살면서 중국집 배달원으로 한 달에 70만 원 정도의 월급을 받으면서도 매달 5~10만 원씩 어린이 재단에 기부했다고 합니다. 그리고 연고가 없는 김우수 씨는 종신 보험에 들면서 사망 시 수령인도 어린이 재단으로 설정할 정도로 힘든 아이들을 돕기 위한 실천을 꾸준히 계속해 왔다고 합니다. 자기도 살기 힘든데, 어디 그게 쉬운 일이겠습니까?

비록 종신 보험은 김우수 씨가 생활고로 인해 보험금을 내지 못해 수령액 4000만 원은 받지 못하게 되었지만, 김우수 씨는 사망 직전까지 계속해서 어린이 재단에 기부를 해 왔던 것으로 알려졌습니다. 어린이 재단 측은, 김우수 씨가 연고가 없는 관계로 빈소도 차리지 못하고 장례도 할 수 없는 상황이라 김우수 씨의 장례는 어린이 재단에서 맡았는데, 최불암 씨가 상주가 되었다고 합니다. 또한, 김우수 씨에 대한 사연이 전해지자 장례업체 서비스 측이 장례비용 전액을 지원했다고 합니다.

　이런 김우수 씨의 사연이 전해지자 트위터와 게시판 등에서는 네티즌들의 추모글이 봇물 이루었다고 합니다. 네티즌들은 "왜 이런 착한 사람이 먼저 가는지 모르겠다.", "하늘나라에서는 꼭 행복하시길 빈다.", "'여유가 있으면 기부한다고 하지만 마음만 먹으면 아주 간단한 것이 기부다.'라고 김우수 씨가 생전에 말했다고 하는데 이 말이 나를 부끄럽게 한다.", "당신은 천사입니다. 꼭 천국 가십시오."라고 남기는 등 추모의 열기가 이어졌다고 합니다.[3]

　형제자매 여러분, 故 철가방 김우수 씨가 남긴 사연은 우리에게 많은 것을 던져 주었습니다. 김우수 씨가 생전에 인터뷰에서 남긴 "'여유 있을 때 기부한다.'라는 말은 거짓말입니다."라는 말이 아직도 가슴에 와닿습니다. 형제자매 여러분, "나는 아직 벌이가 시원찮으니까.", "남들은 나보다 더 잘사는데 왜 내가 기부를 해!"라는 안이한 생각을 하는 사람들이 많은 현대사회입니다. 그렇지만, 김우수 씨는 짜장면 배달을 하면서 비록 70만 원이라는 적은 월급에도 불구하고 매달 5~10만 원씩 기부하고, 종신 보험 수령액 4000만 원까지도 사후 기부(생활고로 인해 보험료를 내지 못해 보험금도 나오게 되지 않았다고 함)를 할 정도로 나눔이란 무엇인지 몸소 보여 주었다고 생각됩니다.

　형제자매 여러분, 오늘 자선 주일을 맞이하여 기부 천사 김우수 씨의 나눔의 정신을 본받아야 하겠습니다. '여유 있을 때 기부한다는 말

---

3) https://nancen.org/930
　 https://neodol.tistory.com/1356

은 거짓말'이라는 말을 명심하면서 불우한 이웃에게 따뜻한 사랑을 지금 당장 나누도록 하시면 어떻겠습니까?

아울러 "어려운 처지에 있는 사람에게 해 준 것이 바로 나에게 해 준 것이라."라는 주님의 말씀도 명심하시면 좋겠습니다.

형제자매 여러분, 히아신스를 모두 다 아시지요. 히아신스는 백합과의 식물로 그윽하고 은은한 향기가 감미로워 많은 분에게 사랑받는 꽃 중 하나라고 합니다. 혹시 히아신스의 꽃말을 아십니까? 그 꽃말은 색깔별로 다른데, 백색(하얀색) 히아신스는 '사랑하는 행복', 청색(파란색) 히아신스는 '사랑의 기쁨', 적색 히아신스는 '내 마음에 당신의 사랑이 머물러 있습니다.', 보라색 히아신스는 '영원한 사랑'이라고 합니다. 형제자매 여러분, 보라색 히아신스의 꽃말인 '영원한 사랑'을 사기 위해 우리는 어떻게 해야 하겠습니까? 그 해답은 성녀 마더 테레사 수녀님이 봉사하셨던 인도의 콜카타 봉사자 사무실에 걸려 있는 다음 글귀가 말해 줍니다.

"만약 그대가 두 개의 방을 갖고 있다면, 하나는 가난한 이에게 내주고 또 하나는 그 방을 팔아 히아신스를 사십시오. 그대의 영혼을 사랑으로 사기 위해." 아멘!

임마누엘이신 하느님

형제자매 여러분, 벌써 대림 제4주일입니다. 대림초 4개에 모두 다 불붙여졌습니다. 다가오는 주일은 성탄 대축일입니다. 이제 주님의 성탄 대축일을 앞두고 주님의 탄생 경위에 대해서 오늘 독서와 복음에서는 알려 주십니다.

"'보아라, 동정녀가 잉태하여 아들을 낳으리니, 그 이름을 임마누엘이라고 하리라.' 하신 말씀이다. 임마누엘은 번역하면 '하느님께서 우리와 함께 계시다.'는 뜻이다."(마태 1,23) 곧 구세주, 메시아의 이름이 '임마누엘'이시라는 것입니다. 우리와 함께하시기 위해서 오시는 주님이라는 것입니다. 다시 말하면 인류를 구원하시기 위해서, 우리와 함께하시기 위해서 오신다는 것입니다.

형제자매 여러분, 여러분들은 신앙생활을 하면서 임마누엘이신 하느님께서 언제나 함께하신다는 것을 느끼며 생활하고 계십니까? 모름지기 신앙인이라면 그래야 하지 않겠습니까?

아프리카 어느 부족에서는 아들이 어느 정도 자라 성인식을 치를 때가 되면, 아버지가 아들을 데리고 칠흑같이 어두운 밤 밀림 속으로 들어가 단 칼 한 자루만을 주고 혼자 버려두고 돌아온답니다. 아들은 밀림 속에서 혼자 밤을 지새워야 합니다. 맹수들의 울음소리, 풀벌레 소리, 바스락거리는 소리에도 신경을 곤두세우고 두려움에 떨면서 뜬눈으로 긴긴밤을 보내게 됩니다. 그렇게 밤이 가고 어렴풋이 주위를 분간할 수 있는 시간이 오면, 아이는 소스라치게 놀라게 됩니다.

왜냐하면, 얼마 떨어지지 않은 곳에서 아버지가 완전무장을 하고 밤새도록 자기를 지켜보고 있었다는 것을 알았기 때문입니다. 아이는 '나 혼자서 무서운 밤을 보냈다고 생각했는데, 그게 아니었구나. 아버지가 내 옆에 함께 계시면서 밤새 나를 돌보아 주셨구나.' 하고 깊이 깨닫게 된다고 합니다.

그 후 그 아이는 어디를 가더라도 두려워하지 않게 된다고 합니다. 비록 아버지가 눈에 보이지 않아도 어딘가에서 항상 자기를 지켜봐 주고 돌보아 줄 것이라고 믿기 때문입니다.[4]

형제자매 여러분, 우리도 신앙 안에서 아프리카의 어느 부족의 아들처럼, 우리 하느님 아버지께서 언제나 우리를 지켜 주시면서 함께하신다는 체험을 해야 하겠습니다. 내가 캄캄한 어둠 속에 있을 때, 나 혼자 싸워야 한다는 절망감이 밀려올 때, 나 혼자가 아니라 하느님 아버지께서 함께해 주시고 도와주신다는 사실을 체험할 수 있어야 하겠습니다.

형제자매 여러분, 그러면 어떻게 하느님께서 우리와 언제나 함께 계심을 체험할 수 있겠습니까? 그것은 기도를 통해서 또한 성경 말씀을 읽고 묵상을 통해서 체험할 수 있을 것입니다. 또한, 미사를 봉헌하고 형제들과 나누는 친교를 통해서 체험할 수 있을 것입니다.

더 나아가 외롭고 힘들 때 따뜻한 미소로 다가오는 누군가를 통해, 하느님이 함께하심을 체험할 수 있을 것입니다.

---

4) 송봉모,《신앙으로 살아가는 인간》, 성바오로출판사

또 내 힘으로 어찌 해 볼 수 없는 상황을 겪으며 원망과 울음을 쏟아 낼 때, 마음 깊은 곳에서 '괜찮아, 다시 한번 일어서 봐. 용기를 내 봐.' 하는 위로의 목소리를 듣게 될 때가 있을 것입니다.

그러한 과정을 기도라고 할 수 있는데, 그 안에서 하느님이 함께하심을 체험할 수 있을 것입니다.

또 답이 없는 상황들, 예를 들면, 암과 같은 중병에 걸렸거나, 가정이 파괴되기 일보 직전이거나, 큰 죄를 지어 절망에 빠졌을 때, 마음에 간직하고 있는 말씀들이 힘과 위로가 되어 줄 때가 있을 것입니다. 그 말씀들을 통해서 하느님께서 함께하심을 체험할 수 있을 것입니다.

또 미사 안에서 나에게 필요한 은총과 위로와 용서를 아무 이유 없이 그리고 조건 없이 받을 때도 있을 것입니다. 이렇게 미사 안에서도 하느님이 함께하심을 체험할 수 있을 것입니다.

그러한 체험이, 나 자신을 더 강하고 견고한 믿음의 사람으로 만들어 주리라 생각합니다.

형제자매 여러분, 예수님께서도 아버지 하느님께서 함께하신다는 체험이 있으셨기 때문에, 죽음이 다가오는 그 순간에도 절망하지 않고 용기와 힘을 낼 수 있으셨으리라 생각합니다. "아버지, 아버지께서 제 안에 계시고, 제가 아버지 안에 있듯이, 그들도 우리 안에 있게 해 주십시오."(요한 17,20)라고 기도하신 것을 보면 알 수 있습니다.

형제자매 여러분, 오늘 복음에서 요셉도 "다윗의 자손 요셉아, 두려워하지 말고 마리아를 아내로 맞아들여라. 그 몸에 잉태된 아기는 성령으로 말미암은 것이다. 마리아가 아들을 낳으리니 그 이름을 예수라고 하여라. 그분께서 당신 백성을 죄에서 구원할 것이다."(마태 1,20-21) 이렇게 주님의 천사가 명령한 대로 마리아를 아내로 맞아들였다."(마태 1,24)라고 하는데, 참으로 어려운 결단을 내릴 수 있었던 것도 임마누엘이신 하느님께서 요셉과 함께하셨기 때문입니다.

형제자매 여러분, 〈모래 위의 발자국〉이란 글을 묵상하면서 임마누엘이신 하느님께서 언제나 우리와 함께하심을 체험하시기 바랍니다.

어느 날 밤 나는 꿈을 꾸었습니다.
주님과 함께 해변을 걷고 있는 꿈이었습니다.
하늘 저편에 내 인생의 회상 장면들이 펼쳐졌습니다.
한 장면씩 지나갈 때마다 나는 모래 위에 새겨진
두 쌍의 발자국을 보았습니다.
하나는 나의 것이고 다른 하나는 주님의 것이었습니다.
내 인생의 마지막 장면이 비쳤을 때
나는 모래 위의 새겨진 발자국을 뒤돌아보았습니다.
나는 내가 긴 세월 동안 걸어온 길에 발자국이
단지 한 쌍밖에 없을 때가 많이 있었던 것을 보았습니다.
그때가 바로 나의 인생에서는
가장 어렵고 슬픈 시기들이었다는 것도 알게 되었습니다.
나는 이 사실이 몹시 괴롭고 마음에 걸려 주님께 물었습니다.
주님,
주님께서는 제가 당신을 따르기로 결심하고 나면
항상 저와 함께, 동행하겠다고 약속하셨습니다.
그런데 지금에 보니 제 삶의 가장 어려운 시기에는
단지 한 쌍의 발자국밖에 없었습니다.
제가 주님을 가장 필요로 했던 시기에
주님께서 왜 저를 버리셨는지요?
주님께서 대답하셨습니다.

> 나의 보배롭고 소중한 자야,
> 나는 너를 사랑하기 때문에 결코 한순간도 버리지 않았단다.
> 네 시련과 고난의 시절에 보이는 그 한 쌍의 발자국은
> 네 발자국이 아니라 바로 내 발자국이란다.
> 그때에는 내가 너를 업고 걸었기 때문이란다.[5]

형제자매 여러분, 우리가 믿는 하느님은 언제나 동행하시면서 어려울 때 우리를 업고 가신다는 것을 명심해야 하겠습니다.

> "'보아라, 동정녀가 잉태하여 아들을 낳으리니, 그 이름을 임마누엘이라고 하리라.' 하신 말씀이다. 임마누엘은 번역하면 '하느님께서 우리와 함께 계시다.'는 뜻이다."(마태 1,23) 아멘.

5) https://blog.naver.com/jesus-is-the-christ/223224548312

 성탄 시기

유치원 어린이의 성탄절 기도

형제자매 여러분, 이 밤은 인류를 구원하러 오시는 예수님의 성탄입니다. 고요한 밤, 거룩한 밤입니다. 여러분들은 주님의 성탄을 맞기까지 대림절을 통해서 어떤 기도를 드렸습니까? 오늘은 유치원 어린이의 '성탄절 기도'를 소개해 드리겠습니다.

"산타 할아버지, 안녕하세요. 저는 세수도 잘 했고요. 양치도 꼬박꼬박 했어요. 유치원도 빠지지 않고 잘 다녔거든요. 마태오한테 딴 딱지도 몇 개는 돌려줬어요. 아시죠? 성탄절은 예수님이 태어난 날이라고, 산타 할아버지는 없다고 형아는 말하지만 저는 믿지 않아요. 작년 성탄절에도 마음으로만 기도했는데 세발자전거 주셨잖아요. 이번에 저는 동생이 필요하거든요. 저기 양말 보이시죠. 일 년에 한 번만 일한다고 잊어버리고 그냥 지나치시는 건 아니죠? 선물 받고 형아 콧대 납작하게 해 줄 거예요. 주무시면 안 돼요!!!"

형제자매 여러분, 참으로 웃기는 기도입니다. 동생이 필요하다네요. 여러분들은 무엇이 필요하십니까? 혹시 산타 할아버지가 선물로 주실지 모르잖아요. 형제자매 여러분, 여러분들은 필요한 것이 많겠지만, 우리 신자들에게 꼭 필요한 것은 예수 아기입니다. 그동안 여러분들은 구세주 예수님을 꼭 보내 주십사고 열렬히 기도하셨습니까? 여러분들은 각자의 마음 안에 예수 아기를 모실 구유를 준비하셨습니까?

형제자매 여러분, 예수님이 어디에서 탄생하셨지요? 탄생한 마을 이름 말입니다. '베들레헴'이지요? 그러면 베들레헴의 뜻이 무엇인지 알고 계십니까? '빵집'이란 뜻입니다. 예수님께서는 빵집에서 태어나셨습니다. 빵집에는 빵이 언제나 많겠지요. 그래서 오늘 밤 성탄 축하 빵을 미사 끝나고 갈 때 선물로 드립니다. 형제자매 여러분, 그러면 빵의 존재 이유가 무엇이겠습니까? 빵의 존재 이유는 바로 먹히는 데에 있습니다. 사람들에게 맛있게 먹혀서 그 사람에게 영양분을 제공해서 살과 피가 되도록 하는 것입니다. 빵의 존재 이유가 사람에게 먹히기 위해서, 다른 사람에게 봉사하기 위해서입니다. 그렇다면 우리가 어떻게 하면 내 안에 예수 아기를 탄생시키고 모실 수 있겠습니까? 마음의 구유에 모실 수 있겠습니까? 그러기 위해서 우리 자신도 베들레헴, 곧 빵집이 되어야 합니다. 남에게 먹힘으로써, 곧 희생과 봉사와 선행 등등 사랑의 실천을 통해서 내 안에 예수님을 탄생시키고 마음의 구유에 평안히 모실 수 있을 것입니다.

어느 분의 말씀대로, 그리스도 예수님이 천만번 태어나셔도 내 안에 탄생하시지 않는다면 무슨 소용이 있겠습니까? 형제자매 여러분, 오늘, 이 밤이 정말 고요한 밤, 거룩한 밤이 되어 내 안에 주님이 탄생하실 수 있도록 열심히 기도합시다. 그래서 정말 임마누엘이신 주님과 함께 살아가는 신앙인이 됩시다! 정말 주님을 마음의 구유에 모시고 항상 기쁘고 즐겁게 사는 신앙인이 됩시다! 그래서 모든 것을 예수님의 마음으로 생각하고 판단하면서 남에게 도움을 주는 희망과 사랑을 나눠주는 신앙인이 됩시다! 유치원 어린이의 기도를 생각하면서 우리도 산타 할아버지께 내 마음의 구유에도 꼭 예수 아기를 주십사 청원해야 할 것입니다. 그냥 잊어버리시고 지나쳐서는 안 된다고, 또 주무시면 안 된다고 특별히 부탁해야 하지 않겠습니까?

　형제자매 여러분, 예수님께서 베들레헴이라는 동네의 구유에서 탄생하셨는데, 구유가 무엇인지 알고 계시지요? 구유는 소나 말들의 먹이통을 얘기하는 것입니다. 곧 여물통이지요. 예수님이 구유에 뉘어졌다는 것입니다. 곧 먹이통 안에 누워 계시는 예수 아기는 곧 인류를 위한 먹이가 되신다는 오묘한 뜻을 담고 있는 것 같습니다. 곧 인류의 구원을 위해서 먹히시고 희생하시고, 십자가에서 피와 땀을 흘려 구원하신다는 의미가 담겨 있습니다. 그리고 성체성사 안에 현존해 계시면서 우리의 양식이 된다는 것입니다.

　그래서 오늘 복음에서 "두려워하지 마라. 보라, 나는 온 백성에게 큰 기쁨이 될 소식을 너희에게 전한다. 오늘 너희를 위하여 다윗 고을에서 구원자가 태어나셨으니, 주 그리스도이시다. 너희는 포대기에 싸여 구유에 누워있는 아기를 보게 될 터인데, 그것이 너희를 위한 표징이다."(루카 2,10-12)라고 말씀하십니다.

　형제자매 여러분, '온 백성에게 기쁨이 될 소식'이 도대체 무엇입니까? 기쁨이 될 소식은 구원자가 태어나셨다는 것입니다. 멸망할 인간을, 죄의 나락으로 떨어진 인간을 구원하시는 그 구원자가 태어나셨는데 주 그리스도 예수님이시라는 것입니다. 그래서 전 세계의 모든 사람이 이 주님의 성탄을 경축하는 것입니다. 그래서 우리가 주님의 성탄 인사를 할 때, "메리 크리스마스!" 하고 인사를 하는 것입니다. 정말 기쁘고 즐거운, 덩실덩실 춤이라도 추고 싶은 행복한 주님의 성탄이라는 것입니다.

　형제자매 여러분, 주님께서 탄생하신 이 밤, 아기 예수님께서 주시는 기쁨과 평화가 모든 가정에 충만하시길 빕니다.

  "메리 크리스마스!"
  "메리 크리스마스!"

크리스마스의 기적 '메러디스 빅토리호'

형제자매 여러분, 오늘은 주님께서 인류를 구원하시고자 탄생하신 거룩한 날입니다. 또한, 기쁜 날입니다. 주님의 성탄을 진심으로 축하 드립니다. 형제자매 여러분 모든 가정에 주님께서 주시는 기쁨과 평화가 충만하시길 빕니다. 메리 크리스마스!

형제자매 여러분, 여러분들은 〈굳세어라 금순아〉 노래를 잘 아실 것입니다. 그 노래 가사를 보면 다음과 같습니다.

> 눈보라가 휘날리는 바람 찬 흥남 부두에
> 목을 놓아 불러봤다 찾아를 봤다
> 금순아 어디로 가고 길을 잃고 헤매었더냐?
> 피눈물을 흘리면서 일사 이후 나 홀로 왔다
> 일가친척 없는 몸이 지금은 무엇을 하나
> 이 내 몸은 국제시장 장사치기다
> 금순아 보고 싶구나 고향 꿈도 그리워진다
> 영도다리 난간 위에 초생달만 외로이 떴다[6]

---

6) blog.naver.com/namsikc/222789377324

형제자매 여러분, "눈보라가 휘날리는 바람 찬 흥남 부두에 목을 놓아 불러봤다 찾아를 봤다. 금순아 어디로 가고 길을 잃고 헤매었더냐?" 이 작품의 노랫말에는 전쟁 중 돌연한 중공군 개입으로 북한 주민들이 대거 월남하게 되는 흥남 철수, 그로 인한 1·4 후퇴의 총체적 과정이 실감 나게 그려져 있습니다. 이와 더불어 이산가족의 처절한 슬픔과 낯선 타향에서 노점 상인으로 전락한 월남 실향민들의 가련한 처지까지 묘사되어 있습니다.

노래 가사처럼 1950년 12월 22일 밤 흥남 부두에는 살을 에는 한겨울의 찬 바닷바람 속에 부두를 가득 메운 피란민들이 초조한 모습으로 기다리고 있었습니다. 이들을 한동안 내려다보던 선장이 이윽고 말을 뗐습니다. "군수품을 모두 내리고 태울 수 있는 데까지 태워 보게." 지시가 떨어지기 무섭게 피란민들이 배에 오르기 시작했습니다. 보따리를 짊어진 사람부터 어린 아기를 등에 업은 아이, 노인까지…. 군수품을 싣기로 했던 화물칸은 피란민들로 가득 찼고, 갑판은 발 디딜 틈조차 없었습니다. 기름통을 제외한 모든 공간엔 사람이 탔습니다. "살았다!" 하며 호들갑 떠는 사람은 없었습니다. 오히려 말없이 몸을 좁혀 다른 사람에게 공간을 내줬습니다. 고요한 바다에서 들리는 것이라곤 포탄 소리뿐이었습니다.

다음 날(12월 23일) 오후, 피란민 1만 4000명을 태운 배는 흥남항을 출발했습니다. 바다에 잠긴 기뢰 수천 개가 언제든 터질 수 있는 상황이었지만 배는 멈추지 않고 동해로 나갔습니다. 배에는 난방 시설은 물론 화장실, 먹을 것조차 없었습니다. 피란민들은 서로의 체온으로 한겨울 추위를 견뎌야 했습니다. 하지만 항해 중에 목숨을 잃은 사람은 단 한 명도 없었습니다. 오히려 새 생명 넷이 태어났습니다. 미국인 선원들은 태어난 순서대로 김치 1, 2, 3, 4라고 이름을 붙였습니다.

하루가 지나자(12월 24일) 선원들과 피란민들 눈에 육지가 보였습니다. 부산이었습니다. 그러나 그곳엔 흥남 사람들이 비집고 들어갈 자리가 없었습니다. 배는 다시 남서쪽으로 키를 돌렸습니다. 다음 날(12월 25일) 배에서 또 한 아이가 태어났습니다. 김치 5였습니다. 한 노파가 이로 탯줄을 끊었습니다. 그사이 배는 거제도 장승포항 근처 바다 위에 멈췄습니다. 목숨을 건 항해가 끝났다는 뜻이었습니다. 배에는 1만 4005명이 타고 있었습니다. 피란민들은 수년이 흘러서야 자신들이 타고 온 배가 '메러디스 빅토리호'라는 것을 알았습니다. 그리고 자신들을 살려 준 선장을 새롭게 기억했습니다. 하지만 그는 이 일을 계기로 1954년 성 베네딕도 수도회에 입회해 마리누스(Marinus)라는 수도명을 받은 수사가 됐습니다. 레너드 라루(Leonard RaLue, 1914~2001)가 그의 이름이었습니다.

마리누스 수사는 당시를 이렇게 회고했습니다. "때때로 생각합니다. 어떻게 그렇게 작은 배가 그렇게 많은 사람을 태울 수 있었는지. 그리고 어떻게 한 사람도 잃지 않고 그 끝없는 위험들을 극복할 수 있었는지. 그해 크리스마스에 황량하고 차가운 한국 바다 위에서, 주님의 손길이 우리 배의 키를 잡고 계셨다는, 명확하고 틀림없는 메시지가 내게 옵니다."

군수 물자 대신 1만 4005명의 생명을 실은 메러디스 빅토리호가 거제도에 도착한 날은 아기 예수님이 세상에 오신 예수 성탄 대축일이었습니다. 그래서 많은 사람은 이 사건을 '크리스마스의 기적'이라고 부릅니다. 같은 민족끼리 총구를 겨누던 가슴 아픈 상황 속에서 한 송이 꽃처럼 피어난 기적입니다.[7]

---

7) 《평화신문》, 2017년 12월 25일, 1950년 '메러디스 빅토리호': 크리스마스의 기적 참조(편집)

형제자매 여러분, 이렇게 그 당시의 크리스마스는 한 마디로 기적입니다. 군수 물자 대신 1만 4005명의 생명을 실은 메러디스 빅토리호가 거제도에 도착한 날은 바로 아기 예수님께서 인류의 구원을 위해 이 세상에 오신 예수 성탄 대축일이었습니다. 이 아기 예수님 탄생의 은총이 구원의 기적을 이루었습니다.

형제자매 여러분, 오늘도 크리스마스의 기적이 이 자리에서 일어나고 있습니다. 어떤 기적이 일어나고 있는지 대단히 궁금하시지요? 눈보라가 휘날리는 흥남 부두에서 극적으로 1만 4000명을 태운 메러디스 빅토리호가 출발했는데, 성탄 대축일 날 거제도에 도착해 보니 5명이 더 많았다고 했습니다. 이틀 밤새 5명이 더 태어났는데 미군들이 '김치 원, 투, 쓰리, 포, 파이브'라고 이름을 붙였다고 했습니다. 탈출하는 이틀 밤사이에 그 악조건 속에서 5명이 태어났었는데도 단 한 명도 죽지 않고 살았다니 그것이 기적이 아니고 무엇이겠습니까? 우리 풍기 본당에서는 이번 성탄 대축일에 '김치 원, 투'가 아니라, 박아브라함 형제님, 임사라 자매님 이렇게 두 분이 탄생하게 됩니다. 그동안 코로나19로 함께하는 것이 무척 부담되셨겠지만, 저 멀리 예천 땅 내초항길에서 고항재를 넘어 옥녀봉 산마루를 넘나들며 열심히 교리 공부를 한 결과, 오늘 두 분이 영광스럽게 하느님의 자녀로서 탄생하게 되었습니다. 비록 눈보라가 휘날리는 흥남 부두는 아니지만, 흰 눈으로 뒤덮인 고항재를 넘어 옥녀봉 산마루를 넘나들며 부단히 노력한 결과, 하느님의 자녀가 되는 엄청난 기적을 이루었습니다. 역시 아기 예수님 탄생의 은총이 하느님의 자녀가 되는 구원의 기적을 이루었습니다. 대단히 수고하셨습니다. 그동안 대구에 계시면서 교리 반으로 인도해 주시고 친히 대부모를 서시기 위해서 대구에서 풍기성당까지 오신 대부모님께 감사를 드립니다. 이런 열정이 있었기 때문에 오늘 크리스마스의 기적이 탄생한 것 같습니다. 감사드립니다. 인도자와 대부모 여러분, 전교 부원 그리고 열심히 교리를 가르쳐 준 안나 수녀님, 대단히 수고하셨습니다. 이 자리를 빌려 감사드립니다.

오늘 세례를 받는 박아브라함, 임사라 부부에게 진심으로 축하를 드립니다. 세례란 죄에 죽고 새로이 탄생하는 것입니다. 곧 하느님을 아버지로 모시는 하느님의 자녀가 되는 것입니다. 옛날의 나는 죽고 새로운 하느님의 자녀로서 긍지와 보람을 가지고 열심히 살아가시기를 바랍니다. 참빛으로 오신 주님의 성탄일에 하느님의 자녀로서의 탄생을 다시, 한 번 더 축하드립니다. 아울러 참 빛이신 주님을 본받아 옥녀봉의 환한 등불이 되시기를 기원합니다.

형제자매 여러분, "그분의 충만함에서 우리 모두, 은총의 은총을 받았다."(요한 1,16)라는 오늘 복음 말씀처럼 아기 예수님의 성탄의 은총이 여러분 모든 가정에 가득히 충만하시길 빕니다. 메리 크리스마스!

성가정과 부부 생활의 법칙

형제자매 여러분, 오늘은 예수, 마리아, 요셉의 성가정 축일입니다. 어떻게 해서 예수, 마리아, 요셉의 가정을 성가정이라고 할 수 있겠습니까? 약혼하기 전에 마리아는 배가 불렀고 그래서 이 일을 남에게 알리기도 부끄러워 파혼하기로 마음마저 먹었던 요셉이지만, 가브리엘 대천사의 말씀을 듣고 마리아를 아내로 맞아들였습니다. 태중의 아기는 성령으로 말미암은 것인데, 하느님의 아들이라 불릴 것이다. 마리아도 역시 주님의 종으로서 모든 것을 감수, 인내하며 받아들이셨습니다. 오늘 복음 말씀을 보면 예수 아기를 없애려는 헤로데 때문에 이집트로 피난을 떠나갑니다. 그러다가 고향 나자렛으로 돌아와 목수 생활을 하면서 생계를 꾸려 나갑니다. 역시 소년 예수도 양아버지 요셉을 분명히 도왔을 것입니다. 어떻게 보면 예수, 마리아, 요셉의 가정은 결코 성가정을 이루기 어려웠을 것입니다. 그러나 예수, 마리아, 요셉의 가정은 성가정을 이루셨습니다. 과연 그 비결이 무엇이겠습니까? 오늘 특히 성가정 축일을 맞이하여 (혼인 갱신식을 하는 부부들과) 여러분에게 (축하를 드리면서) 그 비결을 소개해 드리고자 합니다. 맨입에 되겠습니까? 예수, 마리아, 요셉 가정은 무엇보다도 이 6가지 법칙을 이용하셨습니다. 그 6가지 법칙이 과연 무엇이겠습니까? 이 법칙은 부부, 부모와 자녀, 자녀와 부모의 관계도 똑같이 적용될 수 있을 것입니다.

첫째는 '산울림의 법칙'입니다.

한 소년이 엄마 품에 안겨 울먹거리며 말했습니다. "엄마, 산이 날 보고 자꾸 바보라 그래요." 이야기를 들은 엄마가 물었습니다. "네가 뭐라고 했는데?" 아이가 대답했습니다. "야, 이 바보야!"라고 했어요. 순간 엄마가 빙그레 웃으며, 아이에게 말했습니다. 그러면 내일은 산에 가서 "'야, 이 천재야!' 하고 외쳐 보렴." 어머님의 말씀대로 그렇게 외쳤더니 정말로 산이 소리쳐 주었습니다.

"야, 이 천재야!" 그렇습니다. 부부간에, 가족 간에 대접받고자 하는 대로 대접하는 것이야말로 부부의 황금률이라 할 수 있습니다. 황금률 아시지요? "너희는 남에게 바라는 대로 남에게 해 주어라."라는 성경 말씀 그대로 행하면 반드시 성가정을 이룰 수 있을 것입니다.

우리 속담에 "가는 말이 고와야 오는 말이 곱다."라는 말이 있듯이 내가 왕처럼 대접받고 싶다면 부인을 왕비처럼 모셔야 한다는 것이 바로 '산울림의 법칙'입니다. 즉, '메아리의 법칙'입니다. 분명히 예수, 마리아, 요셉의 성가정은 오늘 복음에서처럼 어려운 이집트 피난 생활을 통해서 분명히 이 산울림의 법칙을 실행하셨습니다. 예수 아기를 품에 안고 당나귀 등에 위태롭게 올라앉으신 성모님, 당나귀 고삐를 앞에서 잡고 이끄는 요셉 성인의 피난길, 예수 아기와 성모님을 왕처럼 모셨기에 성인은 분명히 왕비처럼 대접을 받았을 것입니다.

둘째는 '실과 바늘의 법칙'입니다.

부부란 실과 바늘의 관계라 할 수 있습니다. 바늘이 너무 빨리 가면 실이 끊어지고 바늘이 너무 느리면 실은 엉키고 맙니다. 그렇다고 바늘 대신 실을 잡아당기면 실과 바늘은 따로 놀게 됩니다. 더구나 실과 바늘은 자신의 역할을 바꿀 수도 없고 바꾸어서도 안 됩니다. 실과 바늘의 조화, 여기에 부부 화합의 비밀이 있습니다.

그러므로 오늘 두 번째 독서에서 바오로 사도는 "아내 여러분, 남편에게 순종하십시오. 주님 안에 사는 사람은 마땅히 그래야 합니다. 남편 여러분, 아내를 사랑하십시오. 그리고 아내를 모질게 대하지 마십시오. 자녀 여러분, 무슨 일에서나 부모에게 순종하십시오. 이것이 주님 마음에 드는 일입니다. 아버지 여러분, 자녀들을 들볶지 마십시오. 그러다가 그들의 기를 꺾고 맙니다."(콜로 3,18-21)

그러므로 부부뿐만 아니라 모든 가족은 실과 바늘처럼 서로 조화를 이루어야 합니다. 이렇게 예수, 마리아, 요셉은 실과 바늘처럼, 서로 조화를 이루면서 구세사의 맡은 바 임무에 충실하셨습니다.

셋째는 '수영의 법칙'입니다.

수영을 배워 물속에 뛰어드는 사람은 아무도 없습니다. 모두 물속에 뛰어들어 수영을 익힙니다. 마찬가지로 사랑의 이치를 다 배워 결혼하게 되는 것이 아니라 결혼을 통해 사랑의 이치를 깨우쳐 가게 됩니다.

그러므로 피차 미숙함을 전제하고 살아갈 때 서로 인내할 수 있게 됩니다. 그래서 오늘 두 번째 독서에서 바오로 사도는 "누가 누구에게 불평할 일이 있더라도 서로 참아 주고 용서해 주십시오."(콜로 3,13)라고 말씀하십니다.

이렇게 예수, 마리아, 요셉 가정은 정말 아무 대책도 없이 천사의 아룀으로 주님의 종으로서 순종하심으로 이 세상 바다에 뛰어들어 수영을 배워 가면서 성가정을 이루셨습니다.

넷째는 '타이어의 법칙'입니다.

사막의 모래에서 차가 빠져나오는 방법은 타이어의 바람을 빼는 일입니다. 공기를 빼면 타이어가 평평해져서 바퀴 표면이 넓어지기 때문에 모래 구덩이에서 빠져나올 수 있습니다.

부부가 갈등의 모래사막에 빠져 헤맬 때 즉시, 자존심과 자신의 고집이라는 바람을 빼는 일입니다. 그러면 둘 다 살 수 있습니다. 그런데 대부분 가정에서 부부간에 아니면 가족 간에, 이 자존심과 자신의 고집이라는 바람을 빼지 못해서 파탄이 난다는 것을 명심해야 하겠습니다. "당신이 먼저가 아니라 내가 먼저 바람을 빼야 한다."라는 '타이어의 법칙' 꼭 잊지 마시기를 바랍니다.

형제자매 여러분, 예수, 마리아, 요셉 가정은 무엇보다도 모두 다 스스로 자존심과 고집의 바람을 빼고 모두 다 하느님의 뜻을 따랐기 때문에 성가정을 이루셨습니다. 그러므로 남편이 자존심과 고집을 피울때 "여보, 타이어의 법칙 아시지요?"라고 일침을 주시기 바랍니다.

다섯째는 '김치의 법칙'입니다.

형제자매 여러분, 김장 다 해 보셨지요? 배추는 몇 번 죽어야만 김치가 되겠습니까? 그것도 모르시고 김장을 하셨습니까? 배추는 5번 이상 죽어서야 김치가 될 수 있습니다. 땅에서 뽑힐 때, 칼로 배추의 배를 가를 때, 소금에 절일 때, 매운 고추와 젓갈과 마늘의 양념에 버무려질 때, 냉장고나 땅속에 묻혀 숙성될 때, 그리고 입 안에서 씹힐 때, 비로소 입안에서 김치라는 새 생명으로 거듭나게 됩니다. 이렇게 행복이란 맛을내기 위해 부부도 김치처럼 죽고 또 죽어야 합니다. 그래야 행복이 피어날 수 있습니다.

그래서 예수님께서 "한 알의 밀알이 떨어져 죽지 않으면 아무런 열매를 맺지 못하고 죽으면 많은 열매를 맺는다."라고 말씀하셨습니다. 이것이 바로 '김치의 법칙'입니다. 형제자매 여러분, 예수, 마리아, 요셉 모두 다 각자 스스로 죽고 잘 숙성된 김치가 되셨기 때문에 이렇게 성가정을 이루셨습니다.

마지막으로 여섯째는 '고객의 법칙'입니다.

고객에게는 절대로 화를 낼 수 없습니다. 고객이 왕이기 때문입니다. 항상 미소로 맞이해야 합니다. 상대방이 무엇을 원하는지 재빨리 파악해야 합니다. 그리고 최선을 다해야 합니다.

그러므로 부부란 서로를 고객으로 여겨 살 때만 멋진 관계를 유지할 수 있습니다. 배우자를 나의 마지막 고객이라 여기십시오. 여기에 부부관계를 이어 가는 해답이 있습니다. 역시 가족관계도 그렇습니다. 그래서 오늘 첫 번째 독서에서 "얘야, 네 아버지가 나이 들었을 때 잘 보살피고, 그가 살아 있는 동안 슬프게 하지 마라. 그가 지각을 잃더라도 인내심을 가지고, 그를 업신여기지 않도록 네 힘을 다하여라."(집회 3,12-13) 왜냐하면 가족은 하느님께서 맺어 주신 평생 고객이기 때문입니다. 다 함께 따라 해 봅시다. "가족은 평생 고객이다!"

예수님께서는 십자가 위에서 아래 계시는 어머니를 보시고 "어머니, 어머니의 아들입니다." 그리고 요한에게 "이분이 네 어머니이시다." 라고 말씀하심으로 성모님을 평생 고객, 우리의 어머니로 만들어 주셨습니다. 다 함께 따라 해 봅시다. "성모님은 평생 고객이시고 우리의 어머니이시다!"

형제자매 여러분, 조금 전에 소개해 드린 성가정의 6가지 법칙이 무엇인지 다 기억하십니까? 예수, 마리아, 요셉 가정은 무엇보다도 이 6가지 법칙을 스스로 사셨기 때문에 성가정을 이루셨다고 했습니다. 이 성가정의 법칙은 곧 부부생활의 법칙입니다(그러므로 오늘 혼인 갱신 식을 하시는 부부는 특히 이 6가지 법칙을 실행하겠다는 약속일 것입니다). 또 더 나아가서 이 6가지 법칙은 부부뿐만 아니라, 부모와 자녀, 자녀와 부모 관계도 똑같이 적용된다는 사실을 명심하시면 좋겠습니다. 오늘 성가정 축일을 지내면서 예수, 마리아, 요셉은 모두 다 이 6가지 법칙을 몸소 실천하심으로써 성가정을 이루셨다는 사실을 상기하시면서 지금부터 당장 실천함으로써 모두 다 성가정 이루시기를 바랍니다.

결론적으로 부족한 인간이기에 이 6가지 법칙을 알 뿐만 아니라, 꼭 실천할 수 있도록 하느님께 용기를 청하면서 이 제사를 통해서 열심히 기도해야 하겠습니다. 다 함께 따라 해 봅시다!

성가정과 부부 생활의 법칙이란, 첫째, '메아리의 법칙', 둘째, '실과 바늘의 법칙', 셋째, '수영의 법칙', 넷째, '타이어의 법칙', 다섯째, '김치의 법칙', 여섯째, '고객의 법칙'입니다. 아멘!

크리스마스 선물

동방박사의 선물

형제자매 여러분, 여러분들은 이번 성탄에 크리스마스 선물을 많이 받으셨습니까? 크리스마스 선물하면 무엇이 떠오르십니까? 산타클로스, 선물을 받기 위한 긴 양말, 아마 오 헨리의 단편소설 〈크리스마스 선물〉을 떠올리실 것입니다. 오 헨리의 단편소설 〈크리스마스 선물〉로 많이 알려져 있으나 원제는 〈동방박사의 선물(The Gift of the Magi)〉입니다. 소설가 오 헨리의 단편소설 〈크리스마스 선물〉의 줄거리를 보면 다음과 같습니다.

가난하지만 사랑이 넘치는 부부 짐과 델라가 살았습니다. 성탄절이 다가오자 두 사람은 걱정이 깊어 갔습니다. 서로에게 선물은 하고 싶은데 너무 가난해서 선물을 살 돈이 없었습니다. 고심 끝에 남편 짐은 아내의 긴 금발 머리에 꽂을 아름답게 장식된 머리핀을 사기로 마음먹고 아끼고 아끼던 손목시계를 팔았습니다. 반면에 아내 델라는 가죽으로 된 남편 시곗줄이 너무 낡았기에 남편에게 시곗줄을 선물하기 위하여, 자신의 아름답고 긴 금발의 머리카락을 싹둑 잘라 팔았습니다. 각각 그동안 보아 둔 크리스마스 선물을 기쁘게 구입했습니다. 남편 짐과 아내 델라는 서로를 기쁘게 할 마음으로 크리스마스이브 거의 같은 시간에 집에 도착했습니다. 남편은 아름답게 장식된 머리핀을 들고 아내의 머리에 꽂아 주려고 설레고 기쁜 마음으로 아내에게 달려갔지만, 아내를 본 순간 깜짝 놀라 우두커니 섰습니다. 아내의 아름다운 긴 금발의 머리는 이미 짧게 깎여 단발머리 소녀가 되었기 때문입니다. 이를 어찌합니까? 아내 델라 역시 새 시곗줄을 들고 있었으나 남편의 손목엔 이미 그 시계가 없었습니다. 이게 무슨 운명의 장난입니까? 준비된 선물은 이제 쓸모없게 됐지만 둘은 서로 부둥켜안고 행복의 눈물을 흘렸습니다. 자기에게 있어서 가장 소중하고 귀한 것을 팔아 각자 선물을 마련했지만 쓸모없게 되었습니다.

형제자매 여러분, 이렇게 그 부부에게 있어서 크리스마스 선물은 결코 평생 잊으려고 해도 잊을 수 없는 행복의 선물이 되었습니다. 비록 가난한 선물이지만, 무엇보다도 사랑의 마음이 담겨 있기에 소중한 것입니다. 사랑이 듬뿍 담긴 선물, 이러한 선물은 정말로 기쁨과 행복을 안겨 주는 선물입니다.

소설가 오 헨리는 이 〈크리스마스 선물〉을 통해서 동방의 박사들이 예수님께 드린 선물만큼이나 이들의 선물도 값지다고 평가하고 있습니다. 형제자매 여러분, 여러분들은 이번 성탄을 맞이해서 이런 사랑을 듬뿍 담은 선물을 예수님께 드렸습니까?

오늘 복음을 보면, 동방의 세 박사는 별빛의 인도에 따라, 예수님을 찾아뵙고 예물을 드렸습니다. 여러분도 알다시피, 동방박사는 중세 유럽 때부터 성인으로서 널리 공경하고 있었습니다. 현재도 가톨릭에서는 3명 모두 1월 6일에 기념하고 있는데 특히 이들이 예수 그리스도를 경배한 최초의 이교도라는 점을 매우 중시하고 있습니다. 전 세계 인류의 대표라는 의미에서 각각 백인, 흑인, 황인으로 묘사되고 있는데, 그 세 분의 이름이 무엇인지 알고 계십니까? 멜키오르(Melchior,

백인), 발타사르(Balthasar, 흑인), 가스파르(Caspar, 황인)입니다.

백인, 흑인, 황인은 전 세계 인종의 대표입니다. 그러므로 구세주의 탄생은 동방의 세 박사를 통하여 이제 전 세계 사람들에게, 만민에게 드러내 알려졌음을 상징합니다. 주님의 성탄은 이제 유대인뿐만 아니라, 온 세상 사람들에게 당신의 성탄을 더러 내셨습니다. 그러므로 주님의 성탄의 기쁜 소식이 이제 공적으로 알려졌기 때문에 '주님의 공현'이라고 말합니다.

형제자매 여러분, 이 세 분의 동방박사들이 예수님께 바친 예물이 무엇이지요? 황금과 유향과 몰약입니다. 참으로 값지고 보배로운 예물입니다. 오 헨리의 〈크리스마스 선물〉처럼 사랑이 담긴 선물로 각 상징을 통해서 예수님을 알아 모시고 있습니다. 황금은 정말로 비싸고 값집니다. 이것으로 왕관을 만듭니다. 그러므로 예수님께 황금을 봉헌했다는 것은 인류의 구원을 위해 오신 예수님께서 만민의 왕이심을 표상하고 있습니다. 그리고 유향은 제사 때 사용합니다. 향불을 피운다는 것은 정화와 우리의 기도를 상징합니다. 그러므로 인류를 위해 탄생하신 예수님은 대사제이시면서 우리의 기도를 받으실 신성을 갖춘 하느님이심을 상징하고 있습니다. 그리고 마지막으로 예수님께 드린 예물이 무엇이지요? 몰약입니다. 이 몰약은 시신에 처리하는 방부제입니다. 이 몰약도 그 당시에 아주 값비싼 약품입니다. 왜 몰약을 주님께 봉헌했겠습니까? 인류의 구원을 위해 비천한 인간의 몸으로 탄생하신 예수님께서는 십자가의 죽음을 통해 사흘 만에 부활하시는 불사불멸의 하느님이심을 상징하고 있습니다. 동방박사들이 예수님께 바친 황금과 유향과 몰약은 예수님께서 참하느님이시며 참사람이시고, 하늘과 땅의 왕이심을 의미합니다.

그러므로 형제자매 여러분, 주님의 공현 대축일을 경축하면서 우리도 동방박사들처럼 정말로 가장 값지고 보배로운 예물을 주님께 드려야 하겠습니다. 그런 예물이 과연 무엇이겠습니까? 오 헨리의 〈크리스마스 선물〉처럼 사랑이 듬뿍 담긴 선물이 무엇이겠습니까? 정말로 값지고 보배로운 예물은 바로 사랑의 삶을 사는 것입니다. 그리고 또한 우리 주님의 성탄의 기쁜 소식을 널리 알리는 것입니다. 동방의 세 박사에 의해서 공적으로 알려지게 된 것처럼 우리도 온 세상에 주님의 성탄의 기쁜 소식을 공적으로 전해야 하겠습니다. 그리고 마지막으로 동방박사들처럼 만민을 위해 탄생하신 주님을 만난다는 것은 안일한 길이 아닙니다. 별빛에 의존해 밤새도록 걸으면서 추위와 싸웠고 간교한 방해꾼 헤로데왕도 만났습니다. 그러므로 우리도 주님을 만나기 위해서 동방박사들처럼 "유대인들의 임금으로 태어나신 분이 어디 계십니까? 우리는 동방에서 그분의 별을 보고 그분께 경배하러 왔습니다."(마태 2,2)라고 말하면서 이 세상의 많은 유혹을 물리치고 스스로 시간을 내어 찾아 나서고 기도하고 공부함으로써 그분을 꼭 만나 뵈옵는 성탄이 되도록 해야 하겠습니다.

> "유대인들의 임금으로 태어나신 분이 어디 계십니까? 우리는 동방에서 그분의 별을 보고 그분께 경배하러 왔습니다."(마태 2,2) 아멘!

그리스도로 옷 입은 사람

"옷이 날개다."라는 말이 있듯이 옷을 잘 입게 되면 그만큼 돋보이게 됩니다. 마음에 드는 좋은 옷이 있다면 소중히 다루면서 큰 행사나 잔치 때에 곱게 차려입을 것입니다. 이렇게 함으로써 스스로 만족감을 느끼게 되고 다른 사람 앞에 그 자태를 뽐낼 것입니다. 마음에 드는 옷, 좋은 옷이 있다면 정갈하게 조심스럽게 입고 더러워지지 않도록 잘 관리를 하게 됩니다. 만약에 잘못해서 더러워지거나 찢어지게 된다면 몹시 속상해할 것입니다.

우리는 세례성사를 통해서 하느님 아버지의 사랑받는 아들, 딸이 되었습니다. 또한, 우리는 세례성사를 통해서 그리스도를 옷 입듯이 입은 사람이 되었습니다. 왜냐하면, 바오로 사도의 말씀처럼 "여러분은 모두 그리스도 예수님 안에서 믿음으로 하느님의 자녀가 되었습니다. 그리스도와 하나 되는 세례를 받은 여러분은 다 그리스도를 입었기"(갈라 3,26-27) 때문입니다.

우리는 세례를 통해서 이미 과거의 잘못된 삶을, 죄와 탐욕으로 얼룩진 삶의 옷을 벗어 버리고 순수하고 깨끗한 천상의 옷으로 갈아입었습니다. 그러므로 좋은 옷을 깨끗하게 잘 관리하면서 소중히 다루고 입어야 하듯, 세례성사로 거룩하게 된 우리의 몸과 마음도 깨끗하게 소중하게 보존해야 하겠습니다.

오늘 복음을 보면, 죄도 없으신 예수님께서 세례자 요한으로부터 요르단강에서 세례를 받으셨습니다. 이로써 하느님의 자녀가 되는 길을, 거룩한 하느님의 백성이 되는 방법을 가르쳐 주셨습니다. "누구든지 물과 성령으로 새로 나지 아니하면 아무도 하늘나라에 들어갈 수 없다."(요한 3,5) 이렇게 세례성사란 구원의 방법상 꼭 필요합니다. 그러므로 예수님을 따라 세례받은 우리도 세례성사의 은총을 잘 보존하고, 다른 사람들에게 그 은총의 힘을 드러낼 수 있도록 해야 하겠습니다.

우리가 좋은 옷을 잘 입는다는 것은 나 혼자만 만족하고 즐기는 것이 아니라, 더 나아가 품위를 유지하고 상대방이 나에게 관심과 호감을 느끼게 해야 할 것입니다. 더 나아가 환경이나 분위기와 조화를 이루어야 할 것입니다. 장례식에 갈 때 아무렇게나 등산복을 입고 갈 수 있겠습니까? 혼인예식에 초대받았는데 작업복을 입고 갈 수 있겠습니까? 그리고 더욱이 주일미사, 하느님의 초대를 받았는데 신경을 써야 하지 않겠습니까?

형제자매 여러분, 여러분은 세례를 통해서 하느님의 아들, 딸이 되었고 그리스도의 옷을 입었습니다. 세례성사로 그리스도를 옷 입듯이 입은 우리는 그리스도를 통해 나 혼자만 기쁨을 얻고 만족하는 것이 아니라, 우리를 통해 이웃이 주님을 알아보고 주님의 사랑을 깨달으며 주님께로 마음이 끌리도록 해야 하겠습니다.

예수님께서 세례받으실 때 하늘에서 "이는 내가 사랑하는 아들, 내 마음에 드는 아들이다."(마태 3,17)라는 소리가 들려왔습니다. 곧 예수님이 누구이신지 바로 이 말씀으로 명확히 더러 났습니다. 그러기에 주님의 세례는 공현 대축일의 완성이라고 말할 수 있습니다. 그래서 오늘로 성탄 시기가 끝나고 내일부터 연중 시기가 시작되는 것입니다. 형제자매 여러분, 그러면 어떻게 해야 사랑받는 아들, 마음에 드는 아들, 딸이 될 수 있겠습니까?

"그 옷 참 예쁘다. 참 맵시 있다. 그 옷 어디서 샀니? 상표가 뭐야? 참 고급스럽다. 나도 하나 사야겠는데?" 이렇게 물어 온다면 그 사람은 옷을 참 잘 입은 사람입니다. 이 옷 어디서 샀냐고? 그 옷 풍기성당에서 샀는데, 상표는 바로 예수님 표야. 하나 사실래요? 소개해 줄까요? 풍기성당에 나와 보셔요. 정말로 예쁘고 딩신에게 꼭 맞는 옷을 소개해 드리겠습니다. 그 옷은 바로 예수님이란 옷인데, 그 옷을 입기만 하면 기쁨과 평화가 흘러넘치고 아무리 추워도 따뜻하고 행복하답니다.

이렇게 예수님을 소개하며 전교한다면, 어떻게 하느님 아버지의 마음에 들지 않겠습니까? 어찌 하느님의 사랑을 듬뿍 받지 않겠습니까? 분명히 하느님 아버지의 마음에 쏙 드는 아들, 딸이 될 것입니다.

형제자매 여러분, 혹시 제 신품성사 때 모토로 삼은 성서 구절이 무엇인지 알고 계십니까? 그 성서 구절은 갈라 2,20에 나오는 "이제는 내가 사는 것이 아니라, 그리스도가 내 안에 사시는 것입니다."라는 말씀입니다. 세례를 받으면, 하느님의 자녀가 되고, 그리스도를 입을 뿐만 아니라, 그리스도가 내 안에 사시는 것입니다. 그러므로 얼마나 행복하겠습니까? 그러므로 이 행복한 삶 에로 이웃 사람들을 기쁘게 초대해야 하겠습니다.

그리스도의 옷을 입은 형제자매 여러분, "나는 그리스도밖에 자랑할 것이 없다."라는 바오로 사도처럼 그리스도, 주님을 자랑해야 하겠습니다. 정일근 씨가 쓴 〈쑥부쟁이 사랑〉이란 시를 소개해 드립니다.

사랑하면 보인다, 다 보인다

가을 들어 쑥부쟁이 꽃과 처음 인사했을 때
드문드문 보이던 보랏빛 꽃들이
가을 내내 반가운 눈길 맞추다 보니
은현리 들길 산길에도 쑥부쟁이가 지천이다

이름 몰랐을 때 보이지도 않던 쑥부쟁이 꽃이
발길 옮길 때마다 눈 속으로 찾아와 인사를 한다

이름 알면 보이고 이름 부르다 보면 사랑하느니
사랑하는 눈길 감추지 않고 바라보면, 모든 꽃송이
꽃잎 낱낱이 셀 수 있을 것처럼 뜨겁게 선명해진다

어디에 꼭꼭 숨어 피어 있어도 너를 찾아가지 못하랴
사랑하면 보인다. 숨어 있어도 보인다[8]

참 좋은 시입니다. 형제자매 여러분, 예수님을 사랑하십니까? 예수
님을 사랑하면 보입니다. 사랑하면 다 보입니다. 숨어 있어도 보입니
다. 내 안에 계신 예수님을 사랑하고 자랑해야 하겠습니다. 그러므로
우리는 주님의 사랑하는 아들, 마음에 드는 아들, 딸이 될 수 있기 때
문입니다.

"이는 내가 사랑하는 아들, 내 마음에 드는 아들이다."(마태 3, 17) 아멘!

---

8) https://simpaschal.tistory.com/12023573

연중 시기

새해에 대박 나시고
횡재하십시오!

지금으로부터 약 8년 전(15. 11. 02.)에 영국 일간지인 《데일리메일》에 이런 기사가 보도되었습니다. 그 기사의 제목은 "금속탐지기로 아뉴스데이(하느님의 어린양) 동전 발견, 가치로 17억 원 넘어"라는 제목입니다. 영국에서 1,000년 전 주조된 동전 5,248개가 무더기로 발견됐다고 하는데, 그 신문에 따르면, 금속탐지기 애호가 폴 콜먼(60) 씨는 처음 금속탐지기가 울렸을 때 맨홀 뚜껑이나 찌그러진 양동이라는 생각에 그대로 지나칠 뻔했다가 땅을 파기 시작했습니다. 그런데, 뜻밖에 그곳에서 은화 무더기를 발견했습니다.

유물로 인정된 이 동전 무더기의 가치는 공식적으로 산정되지는 않았지만, 약 100만 파운드(약 17억 5천만 원) 이상 나간다고 합니다. 그는 동전 무더기 중에 양과 깃발 문양이 있는 '아뉴스데이(하느님의 어린양)' 동전이 가장 진귀한 것이라고 했습니다. 50년간 취미로 '로마 동전, 중세 동전' 같은 물건을 금속탐지기로 찾아 온 콜먼 씨는 아뉴스데이(하느님의 어린양) 동전 발견으로 횡재를 얻었다고 합니다.[9]

형제자매 여러분, 이렇게 '하느님의 어린양'을 양각한 동전이 1,000

---

9) 머니S, 2015.11.03. https://moneys.mt.co.kr/news/mwView.php?no=2015110314208032109

년 전에 있었다는 것입니다. 그렇다면 '하느님의 어린양'은 누구이겠습니까? 우리는 하느님의 어린양을 구체적으로 이해하기 위해서는 구약의 이스라엘 백성들의 이집트 노예살이를 생각해 봐야 할 것입니다. 하느님께서는 이 이스라엘 백성들의 아우성을 듣고 이집트 노예살이에서 해방하기 위해서 모세를 영도자로 간택했습니다. 십계 영화나 성서를 보면 아시겠지만, 모세가 이스라엘 백성을 노예살이에서 해방하려고 파라오 왕 앞에 가서 하느님의 말씀을 전하고 여러 가지 기적을 행하지만, 파라오 왕은 꿈적도 하지 않습니다. 그래서 마지막 재앙을 내립니다. 이집트에 있는 모든 맏아들은 다 죽게 되는 재앙입니다. 하느님께서 일러 주신 그날 밤, 이스라엘 백성들은 하느님께서 일러 주신 대로 어린양을 잡아서 그 피를 문설주에 바르고 허리에 띠를 띠고 누룩 없는 빵과 함께 가족들이 모여 양고기를 먹도록 했습니다. 그다음 날 온 이집트가 발칵 뒤집혔습니다. 맏아들을 잃은 파라오 왕뿐만 아니라, 온 백성들이 울음바다를 이루었습니다. 할 수 없이 파라오 왕은 항복하고 이스라엘 백성들을 노예살이에서 해방하고 떠나보냅니다. 이 사건을 '빠스카(Pascha)'라고 부릅니다. '빠스카'란 "거르고 지나간다."라는 뜻입니다. 곧 주님의 천사가 어린양의 피로 문설주에 표시된 이스라엘 백성의 집을 거르고 지나감을 통해서 구원된 것입니다. 이스라엘 백성들은 어린양의 피로 죽음에서 생명을 건지고 해방된 이 사건을 잊으려야 잊을 수가 없습니다. 그래서 영국에서 발견된 1,000년 전에 동전에 새겨진 '어린양과 승리의 깃발'은 바로 이 사건을 나타내는 것입니다. 더 나아가 이스라엘 백성들은 홍해 바다를 건너서 생명을, 해방을 얻었습니다.

이 구약의 빠스카 사건은 신약에 와서 예수님과 연결이 됩니다. 곧 예수님은 신약의 빠스카이십니다. 구약에선 어린양의 피로써 구원되었지만, 신약에 와서는 예수님의 십자가상의 피로써 인간이 지은 죄라는 죽음의 강에서 구원되고 해방된 것입니다. 곧 예수님이 어린양처럼 희생되셔서 우리가 구원을 받게 된 것입니다. 그래서 오늘 복음에서 세례자 요한은 예수님을 '세상의 죄를 없애시는 하느님의 어린양'이시라고 소개하고 있습니다. 곧 예수님은 인류를 위한 속죄의 양이 되셨다는 것입니다.

형제자매 여러분 구약의 속죄 제사를 아십니까? 구약에서는 자신과 공동체가 죄를 짓게 되면 속죄하기 위한 제사를 봉헌했습니다. 그 속죄의 제물은 소나 양, 염소 같은 짐승이었습니다. 그래서 죄를 씻기 위해서 소나 양의 머리 위에 손을 덮어 자신의 죄를 그 동물들에게 덤터기를 씌워서 그 동물을 죽여 그 피를 제단에 뿌리고 나머지는 태워서 제사를 지냈습니다. 이렇게 해서 자신과 공동체의 죄를 속죄했습니다. 이와 마찬가지로 예수님께서는 우리의 죄를 덮어쓰시고 속죄의 양이 되셔서 십자가상의 제사를 봉헌하심으로써 우리는 구원된 것입니다.

형제자매 여러분, 우리는 매 미사 때 "하느님의 어린양, 세상의 죄를 없애시는 분이시니 이 성찬에 초대받은 이는 복되도다!"라고 선언하는 것은 곧 우리가 예수님의 죽음을 통하여 죄에서 벗어나 해방되었음을 확인하는 것입니다. 더 나아가, 어린양이신 예수님의 희생으로 구원되었다는 것을 선포하는 것입니다. 그러므로 "하느님의 어린양, 세상의 죄를 없애시는 주님, 자비를 베푸소서! 하느님의 어린양, 세상의 죄를 없애시는 주님, 평화를 주소서!"라고 기도할 때 정말로 진심에서 우러나오는 감사의 기도를 드려야 하겠습니다.

형제자매 여러분, 이 세상은 오늘날도 대신해서 속죄하는 어린양을 원하고 있습니다. 요즘 나라의 정치가들을 볼 때 모두가 앞에 나서서 이 나라를 좋은 나라로 만들겠다고 모두가 자신하고 있습니다. 그런데 아무도 이런 어린양이 되기를 바라지 않습니다. 이런 어린양이 많다면 얼마나 좋은 세상이 되겠습니까? 형제자매 여러분, 예수님을 믿고 따르는 우리 모두 '어린양'이 되어야 하지 않겠습니까?

형제자매 여러분, 1,000년 전에 만든 '하느님의 어린양' 동전 무더기를 발견한 영국의 금속탐지가는 하루아침에 횡재를 만났습니다. 형제자매 여러분, 여러분들도 횡재를 만나기를 원하십니까? 횡재를 원하신다면 하느님의 어린양이신 예수님을 만나십시오. 그리고 예수님을 모르는 많은 사람이 '하느님의 어린양'이신 예수님을 발견하고 알고 믿음으로써 인생 승리의 대박, 횡재를 이룰 수 있도록 어린양이신 예수님을 전하도록 해야 하겠습니다. 형제자매 여러분, 모두 다 어린양이신 예수님을 통해서 새해에 대박 나시고 횡재하시기를 바랍니다.

> "보라, 세상의 죄를 없애시는 하느님의 어린양이시다."(요한 1,29) 아멘!

동가식 서가숙

東家食 西家宿

옛날 제나라에 시집갈 나이가 다 된 딸을 둔 부모님이 살고 있었습니다. 그런데, 동쪽에 사는 총각 집에서 청혼이 들어왔습니다. 또 역시, 서쪽에 사는 총각의 집에서도 동시에 "부디 내 아들에게 시집와 달라."라는 청혼이 들어왔습니다. 동쪽에 있는 혼처는 부자지만 신랑감은 아주 얼굴이 못생긴 추남이었습니다, 반면에 서쪽에 있는 혼처는 비록 가난하지만 아주 얼굴이 잘생긴 미남이었습니다. 난처해진 부모님은 시집갈 딸의 마음이 중요하다고 생각하고 딸에게 물어봤습니다.

"만약 동쪽 혼처인 부자지만 추남인 남자에게 시집가고 싶으면 왼쪽 팔을 들어라. 그리고 서쪽 혼처인, 가난하지만 미남인 남자에게 시집가고 싶으면 오른쪽 팔을 들어라."라고 했습니다.

잠시 망설이면서 고심하던 딸은 두 팔을 모두 번쩍 들었습니다.

이것을 본 부모님이 깜짝 놀라서 그 이유를 물었습니다. 딸이 뭐라고 대답했는지 아십니까? "낮에는 동쪽에 있는 부잣집에 가서 먹고 입고 지내다가, 밤에는 서쪽에 있는 잘생긴 미남 집에 가서 자면 되지 않겠습니까?"라고 대답하더랍니다.[10]

---

10) https://bergen.tistory.com/68

형제자매 여러분, 이것은 《태평어람》에 나오는 얘기입니다만, 바로 여기에서 동가식(東家食), 서가숙(西家宿)이란 말이 유래된 것 같습니다. 형제자매 여러분, 이런 선택의 기로(岐路)에 서 있을 때, 과연 여러분은 어떻게 하겠습니까? 이것이 남의 문제가 아니고 자신의 문제라고 할 때 말입니다. 아니면 자신의 딸이 이런 선택을 해야 할 때 여러분은 부모로서 딸에게 어떻게 권유하겠습니까? 부자인 못생긴 남자에게 시집가도록 한다는 사람, 한번 손을 들어 보십시오.

아니다. 부자가 밥은 잘 먹여 주고 좋은 옷을 입혀 주겠지만, 한평생 사는데 비록 가난하지만 잘생긴 남자에게 시집가서 행복하게 살도록 한다는 사람, 한번 손을 들어 보십시오. 아무도 손 안 드는 것을 보면, 여러분들도 양손을 들기를 원하십니까?

참으로 결정을 내리기 어려운 일입니다.

형제자매 여러분, 오늘 복음 말씀을 보면, 예수님께서 갈릴레아로 가시게 되는데, 이사야가 예언한 대로 예수님을 통해서 "어둠 속에 있는 백성이 큰 빛을 보게 되었다."라고 말씀하십니다. 그때부터 예수님께서는 "회개하여라. 하늘나라가 가까이 왔다."라고 선포하셨다는 것입니다. 하늘나라에 가기 위해서 전제되는 조건이 회개라는 것입니다. 회개라는 것은 주님으로부터 멀어졌던, 잘못된 마음을 바로잡아 주님께로 방향을 바꾸라는 것입니다. 이런 작업을 하기 위해서, 많은 사람을 회개시켜 하늘나라로 초대하기 위해서 예수님께서는 그 협조자, 제자들을 부르셨습니다. 갈릴레아 호숫가에서 그물을 던지는 베드로라는 시몬과 그의 동생 안드레아를 보시고 부르십니다. 뚱딴지같이 "나를 따라오너라. 내가 너희를 사람 낚는 어부로 만들겠다."라고 하셨는데, 그러자 그들은 곧바로 그물을 버리고 예수님을 따랐다고 합니다. 거기에서 더 가시다가 예수님께서 다른 두 형제, 곧 제베대오의 아들 야고보와 그의 동생 요한이 배에서 아버지 제베대오와 함께 그물을 손질하는 것을 보시고 그들을 부르셨는데, 그들도 곧바로 배와 아버지를 버려두고 예수님을 따랐다고 오늘 복음은 전해 주고 있습니다.

형제자매 여러분, 오늘 예수님께서 당신의 제자들을 부르셨는데, 그들의 태도는 똑같이 '곧바로' 예수님을 따랐다는 것입니다. 어떻게 그들의 생계 수단인 그물과 배를 팽개치고, 함께 계시던 아버지를 버려두고 곧바로 따를 수 있었겠습니까? 예수님의 제자들도 인간인데 "나를 따르라!" 하고 초대하시는 예수님의 초대에 어찌 망설임이 없었겠습니까? 만약 모든 것을 버리고 예수님을 따른다면, 장래가 보장될 수 있는가? 출세할 수 있는가? 연세도 많은데 부모님은 누가 부양하겠는가? 가족들은 물고기라도 많이 잡아 오기를 눈 빠지게 기다리는데, 그 생계를 누가 책임진단 말인가?

아마 이런저런 두려움 때문에 망설였을 것입니다.

형제자매 여러분, 지난해 연말에 안동 목성동 주교좌성당에서 사제, 부제 서품식이 있었습니다. 이 사제, 부제로 서품되는 신학생들에게도 역시 이 망설임과 고뇌가 없었겠습니까? 정말로 한평생을 독신으로 제단에 봉사하면서 살아갈 수 있는가? 많은 신자를 지도하고 교육하면서 하늘나라로 인도할 막중한 책임이 있는데, 정말 착한 목자가 될 수 있겠는가?

언변도 없고 재능도 없고 아는 것도 없고 모든 것이 부족한데 강론도 매일 매일 해야 하는데, 어떻게 이를 감당할 수 있겠는가? 이런저런 두려움에 사로잡혀서 망설였을지도 모릅니다. 이런 중압감과 두려움에 시달리기보다 차라리 일반 신자로서 결혼해서 평범하게 사는 게 더 낫지 않을까, 수없이 저울질도 해 봤을 것입니다.

때론 미사를 거행하는 멋진 신부도 되고 싶고 결혼도 하고 싶고, 토끼 같은 예쁘고 귀여운 마누라와 자녀들을 생각해 보지 않았겠습니까? 조금 전 동가식 서가숙이란 예화에서 딸은 못생긴 부자와 잘생긴 가난한 사람을 선택하라고 했을 때 두 팔을 모두 들었다고 하는데, 그럴 수야 없지 않습니까?

형제자매 여러분, 우리의 인생은 선택입니다. 오늘 주님께서 부르십니다. "나를 따라오너라." 하고 부르십니다. 집에 가서 짐을 정리하고 아버지 장례를 치르고, 집안이 안정되면 그때 따르겠다고 할 수도 있겠지만, 주님은 즉시 따를 것을 원하십니다.

흔히들 냉담자 권유나 비신자 권유를 할 때 십중팔구는 이렇게 이야기합니다. 나중에 부모님 다 돌아가시고 돈 많이 벌어 놓고 자식들 시집 장가 다 보내고 난 뒤에, 퇴직하고 시간적 여유가 있으면 그때 성당에 나온다고 합니다. 형제자매 여러분, "어리석은 자야, 오늘 밤 너를 데려갈 것이다. 그러면 그 많은 재산은 과연 누구의 차지가 되겠느냐?"(루카 12,20 참조)라는 말씀으로 예수님께서 부자에게 일침을 준 사실을 명심해야 하겠습니다.

세상일은 우리의 계획대로 뜻대로 다 될 것 같지만, 안 되는 경우가 너무나도 많습니다. 그리고 내일을 아무도 모르기 때문입니다. 그러기에 주님께 맡기는 삶 이것이 신앙생활입니다. 또한, 쟁기를 잡고 뒤를 자꾸 돌아보는 사람도 합당치 않다고 말씀하셨습니다.

형제자매 여러분, 여러분들은 어떤 단체나 레지오에 가입하셨습니까? 이런저런 핑계 대지 마시고 저울질하시지 마시고 "나를 따라오너라." 하고 말씀하시는 말씀에 제자들이 즉시 따랐듯이 곧바로 실행하시면 얼마나 좋겠습니까? 예수님께서는 자신을 따른 제자들과 사람들에게 백 배로 갚아 주시겠다고 하셨는데, 그 약속을 잊지 마시기를 바랍니다.

"나를 따라오너라. 내가 너희를 사람 낚는 어부로 만들겠다."(마태 4,19) 아멘.

행복이란?

형제자매 여러분, 행복이 무엇이겠습니까? 행복! 참 좋은 거지요. 누구든지 행복해지기 위해서 살고 있지 않습니까? 조경수 씨가 부른 〈행복이란〉 노래 다 아시지요? 그 가사를 보면 다음과 같습니다

> 행복이 무엇인지 알 수는 없잖아요
> 당신 없는 행복이란 있을 수 없잖아요
> 이 생명 다 바쳐서 당신을 사랑하리
> 이 목숨 다 바쳐서 영원히 사랑하리
> 이별만은 말아 줘요 내 곁에 있어 줘요
> 당신 없는 행복이란 있을 수 없잖아요

형제자매 여러분, 참으로 가사가 좋습니다. 우리 다 함께 한번 불러 볼까요? 한마디로 "행복이 무엇인지는 몰라도 당신 없는 행복이란 있을 수 없다."라는 것입니다. 그렇습니까? 당신이 없으면 팥앙금 없는 찐빵이라는 것입니다. 이렇게 당신을 위해서 이 목숨 다 바쳐서, 이 생명 다 바쳐서 당신을 사랑할 만큼 없어서는 안 될 중요한 사람이라는 것입니다. 그러면 이 당신은 도대체 누구이겠습니까? 애인? 마누라? 남편? 영감님? 할망구? 나도 모르겠습니다. 어떤 사람은 돈만 많이 벌면 행복해질 수 있다고 합니다. 또 어떤 사람은 높은 지위에 오

르면 행복해질 수 있다고 합니다, 또 어떤 사람은 명예를 얻게 되면, 또 어떤 사람은 재산을 많이 모으게 되면, 또 어떤 사람은 많이 배워서 학식을 많이 쌓게 되면, 또 어떤 사람은 쾌락을 누리게 되면 행복해질 수 있다고 생각합니다. 그렇지만 이 행복은 그것만 있으면, 얻으면, 누리면, 된다고 하지만, 절대로 그것을 얻었다고 누린다고 행복해질 수는 없는 것입니다. 곧 그것을 행복으로 느끼는 순간 행복은 파랑새처럼 훨훨 날아가 버릴 것입니다. 그러면 진정한 행복은 어디에서 오겠습니까? 또 진정한 행복은 어디에 있겠습니까? 그 해답을 오늘 주님께서 직접 알려 주십니다.

형제자매 여러분, 오늘 복음 말씀을 보면, 마음이 가난한 사람, 슬퍼하는 사람, 온유한 사람, 옳은 일에 주리고 목마른 사람, 자비를 베푸는 사람, 마음이 깨끗한 사람, 평화를 위하여 일하는 사람, 옳은 일을 하다가 박해를 받는 사람, 주님 때문에 모욕을 당하고 박해를 받으며 터무니없는 말로 갖은 비난을 다 받는 사람이 행복하다는 것입니다. 우리가 생각하는 행복과는 정반대입니다. 여러분은 어떻게 생각하십니까? 마음이 가난한 사람이 행복하다. 가난? 모두가 싫어합니다. 천주교 신자는 모두가 가난해야 하겠습니까? 누구든지 가난은 물리쳐야 합니다. "마음이 가난해야 한다."라는 이 주님의 말씀은 '자기 자신을 알라는 것'입니다. 만약에 불치병에 걸린 사람이 유명하다는 의사에게 다 가 봐도, 좋다는 약을 다 써 봐도 아무런 소용없는 상황이라면, 자기 자신의 한계를 뼈저리게 느끼게 될 것입니다. 이런 경우에 오직 기적만 바라보게 될 것입니다. 바로 이런 상황에 놓인 사람이 마음이 가난한 사람입니다. 배가 풍랑을 만나 인간의 힘으로는 어쩔 수 없는 상황에 봉착했을 경우, 절대자 하느님을 찾으면서 그분께 매달리면서 도움을 청하는 사람입니다. 곧 자기 자신을 온전히 비운 사람, 겸손한 사람입니다. 그러므로 오늘 제1독서에서 스바니아 예언자는 "주님을 찾아라."라고, 또 "겸손한 마음을 갖도록 애써라."라고 말씀하십니다. 그리고 제2독서에서도 바오로 사도도 "자랑하려는 자는 주님 안에서 자랑하라."라고 말씀하십니다. 이것이 자기 자신을 비우는 마음의 가난한 상태일 것입니다.

　형제자매 여러분! 오늘 복음에서 행복한 사람이란 어떤 사람이 행복하다고 말씀하고 계십니까? 첫째, 마음이 가난한 사람들. 둘째, 슬퍼하는 사람들. 셋째, 온유한 사람들. 넷째, 의로움에 주리고 목마른 사람들. 다섯째, 자비로운 사람들. 여섯째, 마음이 깨끗한 사람들. 일곱째, 평화를 이루는 사람들. 여덟째, 의로움 때문에 박해를 받는 사람들. 바로 이런 사람들이 행복한 사람들이라고 예수님께서 말씀하셨습니다. 형제자매 여러분, 그러면 조경수 씨가 부른 〈행복이란〉 노래를 다시 한번 생각해 봅시다.

　　행복이 무엇인지 알 수는 없잖아요
　　당신 없는 행복이란 있을 수 없잖아요
　　이 생명 다 바쳐서 당신을 사랑하리
　　이 목숨 다 바쳐서 당신을 사랑하리
　　이별만은 말아 줘요 내 곁에 있어 줘요
　　당신 없는 행복이란 있을 수 없잖아요

　형제자매 여러분, 그러면 여기에서 당신은 도대체 누구이겠습니까? 바로 당신은 영감도 할망구도 아닌 예수님, 하느님이십니다. 예수님 없는, 하느님 없는 행복이란 있을 수 없다는 것입니다. 그래서 바오로 사도는 '나에게는 그리스도가 생의 전부'(필립 1,21 공동 번역)라고 말씀하셨습니다. 주님은 내 생의 전부, 행복 자체라는 것입니다.

그러므로 형제자매 여러분, 겸손한 마음으로 마음이 가난한 사람이 되어 하느님만을 찾으면서 진정 하늘나라를 차지하는 행복에 도달하도록 노력해야 하겠습니다. 더 나아가 행복이란 그저 주어지는 것이 아닙니다. 곧 행복한 삶이 되기 위해서 '진복팔단'에 제시된 대로 그런 삶을 살도록 노력해야 하겠습니다. 형제자매 여러분, 그러므로 하늘나라에서 받을 큰 상을 희망하면서 기쁘게 이 세상을 삽시다!

> "행복하여라, 마음이 가난한 사람들! 하늘나라가 그들의 것이다."(마태 5,3)

소금과 빛이 되신
사랑하는 내 어머니

형제자매 여러분, 오늘은 여러분들에게 〈어머니, 사랑하는 내 어머니〉라는 글을 먼저 소개해 드리겠습니다.

우리 부모님은 막노동 일을 하셨다고 한다. 일하는 도중 철근에 깔리신 어머니를 구하시려다 아버지는 사망하시고 어머니는 한쪽 다리를 잃으셨다고 한다. 일을 가지 못하시는 어머니는 나물을 캐서 팔곤 하셨다. 난 항상 들판에 쩔뚝거리며 나물 캐러 다니시는 어머니가 싫었고 밤새 그 나물을 다듬으시는 모습도 싫었다. 더더군다나 시장 한 귀퉁이에서 쪼그리고 앉아 지나가는 사람들에게 구걸 비슷하게 장사하는 것도 마음 들지 않았다.

학교 갔다 집에 돌아오니 퉁퉁 부은 다리 한쪽을 주무르시며 나물을 다듬고 계신다. 나를 보자 어머니는 기쁜 낯으로 3,000원을 주신다. 난 그 돈을 보자 화가 치민다. "난 거지 자식이 아니란 말이야. 이런 돈 필요 없어!" 그러고는 밖으로 나와 버렸다. 난 비록 풍요롭게 먹고 입지는 못했지만, 공부는 악착같이 했다. 그래서 부잣집 자식 놈들보다 공부는 항상 잘했다. 하지만 그 자식들에게 당하는 미움도 만만치 않았다. 그날 4교시가 끝날 무렵 아이들이 갑자기 웅성거린다. 복도를 보니 어머니가 쩔뚝거리시며 교실로 들어선다. 선생님 드리려고 장사를 하면서 다듬은 나물을 한 봉지 들고서, 어머니는 내가 어제 집에 들어오지 않자 걱정이 되셔서 학교에 오신 거란다. 선생님과의 면담을 끝내고 어머니가 돌아가시자 아이들이 한마디씩 한다. "야! 이민식, 니네 엄마 병신이었냐?" 그놈은 그 잘난 부잣집 아들 현우였다. 현우는 어머니의 걸음걸이를 따라 한다. 무엇이 우스운지 반 아이들은 웃어 댄다. 난 화가 나서 그놈을 정신없이 두들겨 팼다. 그리고서는 교실을 나와 버렸다. 저녁 무렵 집에 가니 집 앞에 잘 차려입은 여자와 현우가 어머니에게 소리를 지르고 있었다. "아니 애비 없는 자식은 이래도 되는 거야? 못 배우고 없는 티 내는 거야 뭐야? 자식 교육 좀, 잘 시켜! 어디 감히 우리 집 귀한 자식 얼굴을 이렇게 만들어 놓는단 말이야, 흥? 어머니라는 작자가 병신이니 자식 정신이 온전하겠어?" 어머니는 시종일관 죄송하다는 말뿐이다. 난 그러는 어머니의 모습이 싫었다. 집에 들어가도 어머니는 아무 말씀이 없으시다. 난 어머니에게 한마디 한다. "다시는 학교에 오지 마, 알았어? 창피해서 죽는 줄 알았단 말이야?" "그래, 미안하다. 난 민석이가 걱정돼서…." "난 차라리 엄마가 없었으면 좋겠어." 난 해서는 안 될 말을 해 버렸다. 슬픔을 보이시는 어머니를 못 본 척하며 자는 척했다. "난 꼭 성공할 거야." 난 밤새 이렇게 외쳤다.

17년 후, 난 의사가 되었다. 가정도 꾸리고 병원도 장모님께서 개업해 주셨다. 난 너무도 풍요로운 생활에 어머니를 잊고 살았다. 돈은 꼬박꼬박 어머니께 보내 드렸지만 한 번도 찾아가 본 적은 없었다. 아니, 어머니라는 존재를 잊고 살려고 노력했다는 해석이 옳을지 모르겠다. 그런 어느 날, 퇴근길에 우리 집 앞에서 어느 한 노인과 가정부 아주머니가 싸우고 있는 걸 봤다. 다가서니 그 노인은 내가 가장 잊고자 하는 어머니였다. 전보다 더 야윈 얼굴에 허름한 옷차림 그리고 여전히 절뚝거리는 다리, 어머니는 나를 보자 기뻐하신다. "민석아, 많이 좋아졌구나!" 난 어이없다는 듯 "사람 잘못 보셨습니다." 난 차갑게 한마디 한다. 뭐가 모자라서 나에게 온단 말인가? 그동안 보내 드린 생활비로도 모자란단 말인가? "민, 석, 아….." 어머니의 떨리는 목소리. "전 민석이가 아니라 최영호입니다." 난 이 한마디를 끝으로 집으로 들어가 버렸다. 가정부는 애써 돌려보낸 후, 별 노망든 할머니가 다 있다고 푸념을 늘어놓는다.

그 후, 한 달 동안 난 악몽에 시달렸다. 할 수 없이 난 다시는 되돌아가기 싫은 시장이 있는 우리 집으로 발길을 돌린다. 시장 한 귀퉁이에서 여전히 나물을 팔며 기침을 하시는 어머니의 모습이 보인다. 난 가만히 곁에 가서 지켜본다. 나물을 사려는 한 아주머니가 묻는다. "할머니는 자식이 없나요?" "아니여, 우리 아들이 서울 큰 병원 의사여. 내가 살면서 얼마나 산다고 자식 신세를 져. 요즘도 '자꾸 올라오라.'라는 거, 뿌리치느라 혼났구만. 우리 아들 같은 사람 세상에 둘도 없어. 우리 아들이 효자여 효자!" 어머니는 자식 자랑에 기분이 좋았는지 나물을 많이도 넣어 드린다. 그런 어머니를 뒤로하고, 난 예전의 집으로 향한다. 아직도 변한 게 없는 우리 집, 거의 쓰러져 가는데도 용케 버티고 있었다. 이런 곳에서 살았다는 게 생각이 없을 정도였다. 난 방 틈으로 돈 봉투를 밀어 놓고는 돌아섰다.

1년이 지난 후 난 어머니의 사망 소식을 고교 담임 선생님으로부터 전해 듣게 되었다. 그래도 무슨 이유에서인지 내 발길은 어머니의 집으로 향하게 되었다. 시장에는 어머니의 모습이 정말로 보이질 않았다. 도착한 곳에는 선생님이 혼자 집을 지키고 계셨다. 나를 알아보신 선생님, 아무 말씀도 없으시다. 무거운 침묵이 흘렀다. "민석아, 내 옆에 와서 잠깐 앉아라." 선생님이 처음으로 하신 말씀이셨다. 선생님께선 낯익은 보따리를 나에게 주신다. 바로 어머니가 가지고 다니시던 나물 보따리였다. 이 보따리로 밤새 다듬은 나물들을 싸서 시장에 팔러 가시곤 하셨다. "풀어 보거라." 선생님의 말씀대로 난 보따리를 풀었다. "돈 아닙니까?" "그래 돈이다. 네 어머니가 너에게 주시는 마지막 선물이다." "그동안 네가 돌아올까 봐서 그리고 혹시나 네가 성공하지 못하면 다른 사업을 할 수 있도록 모아 두신 돈이란다. 너 하나 믿고 무슨 미련인지 이곳을 떠나지 못하고 너를 기다리셨다. 너에게 잘해 주지 못해 항상 미안해하셨다. 내가 가끔 네 어머니의 말동무가 되어 드렸단다. 그래서 나에게 네 어머니의 유언을 전하도록 부탁하셨다. 그리고 내가 모르고 있었던 사실들도 함께 말이다." 선생님의 얘기들은 나에게 충격으로 다가왔다. 선생님의 얘기는 이러했다. 내가 아주 어렸을 적, 나를 키워 주신 부모님은 퇴근길에 쓰레기통을 뒤지고 있는 나를 발견했다고 한다. 자식이 없던 터라 나를 데리고 가서 키웠다고 한다. 늦게 얻은 자식이라 얼마나 기뻤는지 모른다고 한다. 어린 나를 집에 혼자 둘 수 없어 항상 나를 공사판에 데리고 다니셨다고 한다. 그런 어느 날 무너지는 철근 밑에 있는 나를 보고 어머니가 뛰어드셨다고 한다. 그리고 아버지도 어머니와 나를 구하기 위해 몸을 던지셨다고 한다. 그 사고로 아버지는 돌아가시고 어머니는 한쪽 다리를 잃으셨다고 한다. 그러니깐 난 아버지의 목숨과 어머니의 다리로 살아난 운 좋은 놈이라고 한다. 혼자가 되신 어머니, 다리마저 불편하신 어머니께 주위 사람들은 나를 고아원에 보내라고 하지만, 어머니는 나를 자신의 목숨보다 소중히 여기셨기에 나를 버리지 않고 키우셨다고 한다. 그 후 어머닌 아버지를 잊기 위해 이곳으로 옮기셔서 나물을 팔며 나를 키워 오신 거란다. 내가 대학에 다닐 때 암인 걸 아신 어머니는 자신의 몸보다 내 학비를 마련하기 위해 병원도 가지 않으셨다고 했다. 암 전문의로 명성을 날리는 내가, 내 어머니를 암으로 돌아가시게 하시다니…. 어머니는 마지막으로 나를 한번 보자고 물어물어 서울까지 오셨다고 한다. 그런 어머니에게 난 가슴에 못을 박고 말았다. 자신이 낳은 자식도 아닌데 자신의 목숨보다 소중히 여기셨던 어머니를 버린 나, 자신을 용서할 수 없었다. 하지만 나를 조용히 내려다보시는 어머니의 사진이 잔잔한 미소를 보이시고 있다. 이런 자식마저도 어머니는 사랑하시나 보다. 내 어머니, 사랑하는 내 어머니…. 그 후 난 시간이 날 때마다 이곳에 들른다. 혹시나 어머니가 나물을 파시고 계실 것 같은 착각에서 말이다.[11]

형제자매 여러분, 정말 감동적인 글입니다. 오늘날에도 이런 어머님이 계십니까? 어머님은 오늘 복음의 말씀처럼, 소금과 빛이 되셨습니다. 어머님은 자신을 소금처럼 녹여 음식의 맛을 내듯이 자식에게 모든 것이 되었습니다. 초가 자신을 태워 빛을 내듯이 아들을 위해서 자신을 불태워 버리셨습니다. 조금 전 예화의 어머님과 같이 사는 삶, 이것이 바로 세상의 소금과 빛이 되는 삶입니다. 분명히 그분은 누구에게나 '소금과 빛이 되신 사랑하는 내 어머니'라고 칭송받을 것입니다.

형제자매 여러분, 이런 삶을 역시 우리 주님께서 이미 사셨고 모범으로 보여 주셨습니다. 그래서 우리는 오늘 주님을 상징하는 초를 축성했습니다. 그러므로 짠맛을 잃은 이 세상에 부패를 방지하고 정의를 세워 맛나는 세상을 만들기 위해 세상의 소금이 되어야 하겠습니다. 또한, 자신을 태워 이 세상의 어두움을 밝히는 세상의 빛이 되어야 하겠습니다.

> "너희는 세상의 소금이다. 너희는 세상의 빛이다."(마태 5,13-14) 아멘.

---

11) https://blog.naver.com/unckc/80118602880

안중근 어머니께서
의사에게 보낸 편지

형제자매 여러분, 다가오는 2월 14일이 무슨 날인지 알고 계십니까? 2월 14일은 '발렌타인데이(Valentin's Day)'입니다. 그러면 '발렌타인데이'는 무슨 날이지요. 이날은 '보통 여자가 좋아하는 남자에게 초콜릿을 선물하는 날'입니다. '서로 사랑을 고백하는 날'입니다. 그런데, 이날 본당 신부에게 어느 누가 초콜릿을 선물하는지 한번 기대해 봅니다. 기대해도 되겠습니까?

형제자매 여러분, 발렌타인이라는 사람은 도대체 어떤 사람이겠습니까? 발렌타인은 로마의 주교 발렌타인 성인을 말합니다. 로마 황제 클라우디우스 2세는 전쟁을 떠나는 병사들에게 결혼을 금지했습니다. 그런데 이때 전쟁을 떠나는 한 병사와 사랑에 빠진 한 여인이 있었습니다. 이 모습을 너무나 안타깝게 여긴 발렌타인 주교님은 이들의 결혼을 몰래 허락하고 혼인성사의 주례를 서 주었습니다. 이것이 발각되어 감옥에 갇혔다가 270년 2월 14일 처형되고 맙니다. 2월 14일은 발렌타인 주교님의 순교를 기념하는 날입니다. 그런데, 지금은 세계 각지에서 이날은 남녀가 사랑을 고백하고 맹세하는 날로 의미를 지니고 있습니다.[12]

---

12) https://zkwkak2022.com/172

그건 그렇고 또한 2월 14일은 무슨 날일까요?

2월 14일, 이날은 바로 우리나라의 영웅 '안중근 의사'가 사형선고를 받은 날입니다. '안중근 의사 사형선고일' 모르셨죠? 안중근 의사는 천주교 신자입니다. 세례명이 무엇인지 알고 계십니까? 토마스입니다. 2월 14일은 안중근 의사 사형선고일인데 일본은 그 사실을 숨기려고 우리한테 얄팍한 상술로 초콜릿을 주고받는 날로 만들었습니다. 참 믿기 힘든 역사적 치욕입니다. 발렌타인데이는 30살의 나이로 형장의 이슬로 사라져 버린 대한민국의 영웅 안중근 의사가 사형선고를 받으신 날, 1910년 2월 14일, 바로 그날임을 명심해야 하겠습니다. 형제자매 여러분, 혹시 〈영웅〉이라는 영화 보셨습니까? 재판정에서 "나는 테러리스트가 아니라 대한민국 독립군 대장이다."라고 영웅답게 떳떳하게 말하는 안중근 의사의 말씀이 아직도 귓전에 맴돕니다. 잘된 감동적인 영화입니다. 한번 꼭 보시기를 권장합니다. 특히 안중근 의사가 사형선고를 받고 감옥에 있을 때 안중근 의사 어머니 조마리아 여사가 아들에게 편지를 썼는데 그 편지가 눈길을 끌고 있습니다. 영화 〈영웅〉에서 "내 아들, 나의 사랑하는 도마야, 널 보낼 시간이 됐구나. 멈추지 말고 뒤를 돌아보지 말고 큰 뜻을 이루렴." 하고 편지를 써 내려가는데 눈물이 핑 돌더군요. 그 편지 일부분을 소개해 드립니다.

"네가 만약 늙은 어미보다 먼저 죽는 것을 불효라 생각한다면, 이 어미는 웃음거리가 될 것이다. 너의 죽음은 너 한 사람의 것이 아니라 조선인 전체의 공분을 짊어지고 있는 것이다. 네가 항소를 한다면 그것은 일제에 목숨을 구걸하는 짓이다. 네가 나라를 위해 이에 이른즉 딴 맘 먹지 말고 죽어라. 옳은 일을 하고 받은 형이니 비겁하게 삶을 구하지 말고, 대의에 죽는 것이 어미에 대한 효도이다. 아마도 이 편지가 이 어미가 너에게 쓰는 마지막 편지가 될 것이다. 여기에 너의 수의를 지어 보내니 이 옷을 입고 가거라. 어미는 현세에서 너와 재회하기를 기대치 않으니, 다음 세상에는 반드시 선량한 천부의 아들이 되어 이 세상에 나오너라."[13]

형제자매 여러분, 여러분도 아시다시피 안중근 의사는 1909년 중국 하얼빈역에서 이토 히로부미를 저격한 뒤 이듬해 2월 14일 사형선고를 받았습니다. 형제자매 여러분, 여러분은 안중근 의사 어머니 편지를 듣고 무엇을 생각하셨습니까? 사람들은 "어머니, 정말 대단한 분이시네.", "어떻게 사형선고를 받은 아들에게 '당당하게 죽어라!'라고 말씀하실 수 있을까?", 또 어떤 사람들은 "안중근 의사 어머니 편지 정말 감동! 감동이다." 등의 반응을 보였습니다. 이런 어머님의 편지를 받고 안중근 의사가 어머니에게 답장을 쓴 편지는 다음과 같습니다.

"어머니 전상서, 불초한 자식은 감히 한 말씀을 어머님 전에 올리려 합니다. 엎드려 바라옵건대 자식의 막심한 불효와 아침저녁 문안 인사 못 드림을 용서하여 주시옵소서. 이 이슬과도 같은 허무한 세상에서 감정에 이기지 못하시고 이 불초자를 너무나 생각해 주시니 훗날 영원의 천당에서 만나 뵈올 것을 바라오며 또 기도하옵니다. 이 현세(現世)의 일이야말로 모두 주님의 명령에 달려 있으니 마음을 편안히 하옵기를 천만번 바라올 뿐입니다. 분도(안 의사 장남)는 장차 신부가 되게 하여 주시길 희망하오며, 후일에도 잊지 마시옵고 천주께 바치도록 키워 주십시오. 이상이 대요(大要)이며, 그밖에도 드릴 말씀은 허다하오나, 후일 천당에서 기쁘게 만나 뵈온 뒤 누누이 말씀드리겠습니다. 위아래 여러분께 문안도 드리지 못하오니, 반드시 꼭 주교님을 전심으로 신앙하시어

---

13) https://cafe.daum.net/subdued20club/ReHf/4199032

후일 천당에서 기쁘게 만나 뵈옵겠다고 전해 주시기 바라옵니다. 이 세상의 여러 가지 일은 아들 정근과 공근에게 들려주시옵고 배려를 거두시고 마음 편안히 지내시옵소서. 아들 도마 올림"[14]

형제자매 여러분, 그 어머니에 그 아들, 장합니다. 오늘 복음에서 "예." 할 것은 "예." 하고 "아니오." 할 것은 "아니요."라고 말하라고 가르침을 줍니다. "예.", "아니요."를 분명히 말하고 행동한 안중근(토마스) 의사와 그 어머니 조마리아 여사를 본받아야 하겠습니다. "네가 항소를 한다면 그것은 일제에 목숨을 구걸하는 짓이다. 네가 나라를 위해 이에 이른즉 딴 맘 먹지 말고 죽어라. 옳은 일을 하고 받은 형이니 비겁하게 삶을 구하지 말고, 대의에 죽는 것이 어미에 대한 효도이다." 이렇게 모친 조마리아 여사는 사형선고를 받은 아들 안중근에게 "당당하게 죽어라."라고 말함으로써 '예와 아니요'를 분명하게 말한 모범입니다. 그리고 아들 안중근(토마스)도 하늘나라에서 만나자는 유언을 하고 형장의 이슬로 사라짐으로써 조국애를, '예와 아니요'를 통해서 몸으로 실천하신 영웅이 되셨습니다.

> "너희는 말할 때에 '예.' 할 것은 '예.' 하고 '아니요.' 할 것은 '아니요.'라고만 하여라. 그 이상의 것은 악에서 나오는 것이다."(마태 5,37) 아멘!

---

14) https://cafe.daum.net/subdued20club/ReHf/4199032

원수까지도 용서한 사랑의 기적

형제자매 여러분, 주일학교 초등부 어린이들에게 다음과 같은 질문을 해 보았습니다. "만약에 친구가 나를 한 대 쳤다면 여러분은 어떻게 하겠습니까?"라는 질문입니다. ① 나도 똑같이 한 대 친다 ② 두 대 친다 ③ 봐준다 ④ 엄마에게 일러 준다. 여러분들은 과연 어떻게 하시겠습니까? "두 대 친다."라는 어린이들이 많았다고 합니다. 한 대 맞았는데 두 대를 친다. 앙갚음하는데 배로 갚아 준다는 것입니다. 이런 경향 때문에 눈은 눈으로, 이는 이로 하는 법이 생겼습니다. 이를 동태복수법, 동해복수법, 탈리온법이라고 합니다. 한 대를 맞았으면 두 대가 아니라, 한 대만 쳐야 한다는 법입니다. 그 이상은 절대로 안 된다는 법입니다. 눈을 다치게 했으면 눈만 다치게 해야지, 절대로 눈코를 다치게 해서는 안 된다는 것입니다. 팔만 부러뜨렸으면 팔만 부러뜨려야지, 다리까지 부러뜨려서는 안 된다는 법입니다. 이 법이 세계 최초의 성문법, 즉 함무라비법전입니다.

형제자매 여러분, "'눈은 눈으로, 이는 이로'가 아니라, 누가 네 오른뺨을 치거든 다른 뺨마저 돌려대어라. 누가 너에게 천 걸음을 가자고 한다면, 그와 함께 이천 걸음을 가주어라."(마태 5,38-41 참조) 이것이 예수님의 말씀입니다. 더 나아가 "원수까지도 사랑하라."(마태 5,44)라고 말씀하십니다. 형제자매 여러분, 어찌 성인이 아니고서야 어떻게 "원수까지도 사랑하라."라는 말씀을 실천할 수 있겠습니까? 원수까지도 사랑할 수 있다고 생각하는 사람, 한번 손을 들어 보십시오. 그럼 원수는 사랑할 수 없다고 생각하는 사람 손을 들어 보십시오. 아마 다음이야기를 들으시면, 예수님의 말씀을 따라서 "원수까지도 사랑할 수 있겠구나!" 생각하시게 되실 것입니다.

형제자매 여러분, 어떤 사람이 4대 독자인 아들을 살해했습니다. 정말 하늘이 무너져 내리는 아픔을 견뎌야 했습니다. 게다가 사랑하는 부인까지도 살해했습니다. 어디 그뿐입니까? 그의 노모까지도 살해했습니다. 이렇게 단란한 세 가족을 잃은 슬픔을 무엇으로 위로하겠습니까? 그 살인자를 때려죽여도 속이 풀리지 않을 것입니다. 그의 마음속에 부글부글 끓어오르는 원한을 어떻게 없앨 수 있겠습니까? 이런 아픔을 품고 살아가는 고정원 형제는 하느님을 알고 모든 것을 내려놓았습니다. 2006년 3월 31일 《가톨릭신문》에 고정원 형제에 대한 이런 기사가 났습니다.

제목은 "가족 셋 살해한 청년 양아들 삼은 고정원 씨, 원수까지도 용서한 사랑의 기적!"

기적! 사람으로서는 상상하기조차 힘들고 인간의 힘으로는 도저히 이룰 수 없는 일을 우리는 기적이라 부른다. 연쇄살인범(유영철)의 손에 노모와 아내, 4대 독자, 온 가족을 잃고서도 그를 위한 탄원서를 내 세간을 놀라게 했던 고정원(루치아노, 64) 씨에게서 우리는 조그만 기적을 발견했다.
그런 고 씨가 최근 유영철을 양아들로 삼고 싶다는 뜻을 밝혀 다시 한 번 신선한 충격을 던져 주고 있다. 그는 여기서 한발 더 나아가 유영철의 두 자녀를 자신의 호적에 입적시켜 키우고 싶다는 바람까지 털어놓아 용서의 극치, 사랑의 위대함을 돌아보게 하고 있다.

고 씨의 이 같은 결심은 그를 지속적으로 만나며 정신적 지주 역할을 해 온 조성애 수녀(주교회의 사형제도 폐지소위원회 위원)를 만난 자리에서 속내를 털어놓음으로써 세상에 알려지게 됐다. 지난 설날을 앞두고도 남몰래 유 씨에게 영치금을 넣어 주고 "그의 아이들이 떡국이라도 제대로 먹을 수 있을지⋯. 부모를 잘못 만나 평생 멍에를 지고 살지나 않을까 염려된다."라는 말로 속 깊은 사랑을 보여 주었던 그였다.

이런 용서와 사랑의 모습은 과거에도 없지 않았다. 이른바 '여의도 차량 질주 사건'으로 애지중지하던 손자를 잃고서도 손자를 죽인 살인자를 찾아가 용서했을 뿐 아니라 옥바라지에 구명운동을 하다 나중에 양자로 삼기까지 했던 신자 할머니가 있었다. 그러나 고 씨의 경우는 모든 가족을 한꺼번에 처참한 모습으로 떠나보낸 터여서 그의 사랑과 용서는 더 큰 감동으로 우리에게 다가온다.

"다른 사람들은 저를 미친 사람 취급할지도 모릅니다. 원수의 아이까지 키우겠다고 하니⋯. 그러나 제 가슴속에 그런 마음이 생기는 것을 저도 어찌하지 못하겠습니다."

고 씨의 놀랍기만 한 소식을 전해 들은 이들은 그의 선택을 '기적'이라는 말 외엔 설명할 길이 없다고 입을 모으고 있다.

지난 3월 24일 서울 방배4동 성당에서 열린 생명윤리 특별강연회에서 고 씨를 만난 신자들은 끓어오르는 감동을 주체하기 힘든 모양이었다.

오랫동안 교정 사목 후원 활동을 하며 재소자들과 만나 왔다는 최정순(마리나, 54, 서울 사당5동 본당) 씨는 "그분을 통해 사랑의 힘이 얼마나 위대한지 다시금 돌아보게 된다."라며 "그에게 그런 마음을 불러일으키신 분은 하느님이심을 느끼게 된다."라고 말했다.

자신의 결심이 알려진 후에도 담담하게 성당과 집을 오가며 신앙을 키워 가고 있는 고 씨는 "늦게나마 하느님을 알게 돼 얼마나 다행인지 모른다."라는 말로 현재의 심경을 드러내 보였다.

"제 마음속에 일어나는 모든 변화는 오롯이 저를 일깨워 주시는 주님의 힘 때문입니다. 제 힘만으로는 도저히 견뎌 낼 수 없을 것만 같았던 아픔을 이렇게 이겨 나가게 해 주시니까요."

하루도 빠짐없이 펜을 꾹꾹 눌러 가며 성경을 필사하고 있다는 고 씨. 하늘을 한번 올려다볼 때마다 천국에서 손짓하는 자신의 가족들을 만나는 것일까, 알 듯 말 듯 한 미소가 그의 마음속에서 일어나고 있는 기적의 의미를 오래도록 생각하게 한다.[15]

형제자매 여러분, 이것이야말로 정말로 '원수까지도 용서한 사랑의 기적'이 아니고 무엇이겠습니까? (박수) "원수를 어떻게 사랑하느냐?" 그건 말도 안 된다는 말을 뒤엎은 사람입니다. 이렇게 "원수도 사랑할 수 있다."라고 삶으로써 증언한 사람입니다. 그래서 고정원(루치아노) 형제는 2013년 12월 7일 서울 명동 가톨릭회관에서 서울 대교구장 염수정 대주교님으로부터 '제30회 가톨릭 대상'을 받았습니다.

형제자매 여러분, 고정원(루치아노) 형제는 "그러므로 너희 아버지께서 완전하신 것처럼 너희도 완전한 사람이 되어라."(마태 5,48)라는 주님의 말씀을 몸소 실천한 사람입니다. 곧 십자가상에서 당신을 못 박

---

15) 《가톨릭신문》, 2006. 03. 31.

는 사람들에게 예수님께서 "아버지 저들을 용서하소서. 저들은 그들이 하는 바를 모릅니다."라고 기도하시면서 용서하셨듯이, 고정원(루치아노) 형제는 원수까지도 용서함으로써 예수님의 참 제자가 되셨습니다. 그러므로 우리도 그런 용서의 삶을 살아갈 수 있도록, 원수까지도 사랑할 수 있는 은혜를 이 제사를 통해서 마음을 모아 열심히 기도해야 하겠습니다.

> "너희는 원수를 사랑하여라. 그리고 너희를 박해하는 자들을 위하여 기도하여라."(마태 5,44) 아멘!

♥ 사순 시기 ♥

죄의 기원과 유혹

찬미 예수님! 형제자매 여러분, 우리는 지난 수요일 머리에 재를 받고 사순절을 시작했습니다. "회개하고 복음을 믿어라.", "사람아, 너는 먼지이니, 먼지로 돌아갈 것을 생각하여라."라는 말씀과 함께 말입니다. 오늘은 첫 번째 독서 창세기를 통해서 죄의 기원에 대해서 말씀해 주십니다. 여러분들이 얼마나 똑똑한지 한번 물어보겠습니다.

하느님께서 에덴동산을 만들고 그 가운데 어떤 나무를 심었습니까? 생명나무와 선과 악을 알게 하는 나무를 심었습니다. 곧 동산 가운데에 선악과나무를 심어 놓았는데 뱀이 와서 여자를 유혹하여 "이 선악과를 따 먹으면 눈이 열려 하느님처럼 된다."라고 유혹했습니다. 여자는 그만 꾐에 넘어가 선악과를 따 먹었습니다. 아담과 하와는 뱀의 꼬임에 넘어가 선악과를 따 먹었습니다. 여러분, 만일 아담과 하와가 한국 사람이었다면 뱀의 유혹에 넘어갔겠습니까? 안 넘어갔겠습니까? 절대로 넘어가지 않았습니다. 왜냐고요? 한국 사람이라면 뱀이 와서 유혹할 때, '이때다.' 하면서 얼른 뱀을 때려잡아 먹기 때문입니다.

그런데 요즘 한국 뱀 같으면 간이 커서 선악과 따위를 따 먹으라고 유혹하지 않습니다. 왜 그렇겠습니까? 선악과를 따 먹으라고 유혹하지 않고 아예 하와를 유혹해서 데리고 도망치기 때문입니다.

형제자매 여러분, 누가 만들었는지는 모르지만, 참 재미있는 유머입니다. 하와가 이렇게 뱀의 유혹에 넘어갔습니다. 왜 넘어갔겠습니까? 첫째, '교만' 때문입니다. 간교한 뱀이 와서 유혹합니다. "하와야, 하느님께서 '너희는 동산의 어떠한 나무에서든지 열매를 따 먹어서는 안 된다.'라고 말씀하셨다던데 정말이냐?" 하와가 이르기를 "아이다. 우리는 동산에 있는 나무 열매를 먹어도 된다. '그러나 동산 한가운데에 있는 나무 열매만은, 너희가 죽지 않으려거든, 먹지도 만지지도 마라.' 하고 하느님께서 말씀하셨다." "하와야, 왜 하느님께서 그렇게 말씀한지를 아느냐? 먹어도 결코, 죽지 않는다. 왜냐면 그것을 먹으면 눈이 열려 하느님처럼 되어 선과 악을 알게 될까 봐 그런 거야, 이 맹추야." 가만히 듣고 보니 그럴듯했습니다. 하와가 선악과를 보니 참으로 먹음직스러웠고 슬기롭게 해 줄 것처럼 탐스러웠다는 것입니다. 그래서 자기가 따서 먹고 함께 있던 남자에게도 주었다는 것입니다. 그러자 그들은 눈이 열려 알몸인 것을 알고, 무화과 나뭇잎을 엮어서 둘러쌌다는 것입니다. 이것이 인류의 최초의 치마입니다.

형제자매 여러분, "눈이 열러 하느님처럼 되고 싶었다." 하느님과 대등 관계를 원했다는 것입니다. 하느님은 창조주이고 인간은 피조물인데, 하느님과 맞짱 뜨려는 교만이 문제였습니다. 역시 성경의 바벨탑 사건도 '우리의 위상을 세상에 떨치고자' 하는 교만 때문입니다.

형제자매 여러분, 그러면 둘째로, 하와가 뱀의 유혹에 넘어간 이유는 무엇이겠습니까? 둘째는 '탐욕' 때문입니다. 선악과 열매를 보니 먹음직스럽고 정말로 탐스러웠다는 것입니다. 하와는 감각적으로 매력적인 것에 끌렸다는 것입니다. 먹는 일반 버섯보다 독버섯은 훨씬 화려하고 아름답습니다. 독버섯의 아름다운 자태에 넘어가 먹고 죽듯이 탐스러운 그 모습에 그만 넘어갔습니다. 뱀은 이런 하와의 약점을 파고들었습니다. 사람마다 유혹에 약한 부분이 있습니다. 어떤 사람은 돈에 약합니다. 돈이라면, 양잿물도 먹습니다. 비굴한 행동도 합니다. 어떤 사람은 여자에 약합니다. 눈만 맞으면 도망칩니다. 특히 자매님들은 명품이나 옷에 약합니다. 남편에게 무슨 거짓말을 해서라도 사고 맙니다. 콩이나 팥을 팔아서라도 삽니다. 또 어떤 사람들은 자존심에 약합니다. 이 자존심을 건드리면 너 죽고 나 죽자 하고 싸웁니다. 또 권력과 명예욕에 약한 사람도 있습니다. 선거에 떨어져도, 논 팔고 집 팔고 또 나섭니다. 형제자매 여러분, 스스로 점검해 보고 스스로 탐욕이라는 사탄의 유혹에 뚫리지 않도록 경계해야 하겠습니다.

형제자매 여러분, 하느님께서는 왜 선악과나무를 만드셨겠습니까? 인간을 로봇과 같이 만들지 않았기 때문입니다. 선택의 자유를 주시기 위해 선악과나무를 만드셨습니다. 여러분들은 옛날에 결혼하시기 전에 연애해 보셨습니까? 아니면 선을 보셨습니까? 신랑 각시 얼굴이라도 보셨습니까? 아마 부모님들이 하라고 해서 결혼했을 것입니다. 요즘 젊은이들은 턱도 없을 것입니다. 저들이 좋아서 결혼하지 않습니까? 부모님이 정해 준 대로 하라고 하겠습니까? 내가 결혼하는데, 사랑하는 사람을 선택 못 하고 보기 싫은 못생긴 사람과 살아야 한다면, 또 먹기 싫은, 보기만 해도 구역질이 나는 음식을 먹어야만 한다면, 그것은 생지옥일 것입니다. 하느님께서는 인간에게 고귀한 자유를 주셨습니다. 스스로 선택해서 기쁘게 할 수 있도록 말입니다. 형제자매 여러분, 자유가 아니면 죽음을 달라는 이유를 아시겠지요. 또한, 인간에게 자유가 주어졌기 때문에 책임이 따릅니다. 여러분이 오늘 성당에 올 수도 있고 안 올 수도 있습니다. 학생이 학교에 갈 수도 안 갈 수도 있습니다. 마찬가지로 선악과를 따 먹을 수도 있고 안 따 먹을 수도 있습니다. 거기에 대한 책임은 스스로 져야 합니다.

형제자매 여러분, 선악과 열매를 따 먹은 결과 인간은 어떻게 되었습니까? "아담아 너 어디 있느냐?" 하느님의 소리를 듣고 동산 나무 뒤에 숨었다는 것입니다. 첫째, 피했다는 것입니다. 하느님께서 그들이 어디 있는지 몰라서 불렀겠습니까? 아닙니다. 하느님께서는 그들 스스로 자기들이 무슨 짓을 했는지 깨닫고 하느님 앞에 나와 용서를 구하기를 바랐을 것입니다. 그러나 아담은 하느님의 소리를 듣고 내가 벗어서 두려워 숨었다고 했습니다. 자신의 두려운 상태만 말합니다. 아담은 자신이 지은 죄를 사실대로 말하고 하느님께 용서를 구해야 했을 것입니다. 이렇게 해서 아담은 회개하고 용서를 받을 그 기회를 놓쳤습니다. 옛날에 최순실과 국정농단자들은 잘못을 인정하지 않았습니다. '내가 이러려고 대통령 됐나?' 자괴감이 든다고 했지만, 그들 모두 용서의 기회를 아담처럼 놓쳤기에 탄핵이 되고 말았습니다.

둘째로, 그 잘못을 남에게 책임 전가를 했습니다. 아담은 선악과 열매를 먹은 책임을 하느님께 돌리고, 하와는 뱀에게 돌렸습니다. 아담은 하느님이 주신 그 여자가 주기에 먹었다? 하와는 뱀이 꾀어서 먹었다고 말입니다. 다 자기의 잘못은 언급하지 않고 남을 탓했습니다. 옛날 박 대통령은 나는 국가를 위한 순수한 마음으로 했는데, 그만 최순실을 잘못 만나, 그럴 줄 몰랐다고 순실이에게 모든 것을 떠넘겼습니다. 책임을 물으려면 자유가 있어야 합니다.

형제자매 여러분, 아담과 하와는 선악과를 따 먹거나 따 먹지 않을 자유가 있었겠습니까? 예스입니까? 노우입니까? 물론 예스입니다. 그렇다면 아담과 하와는 따 먹은 책임이 있습니다. 그런데 그 책임을 전가했습니다. 아담과 하와도 그랬고 역시 국정농단자들도 그랬습니다.

형제자매 여러분, 그 결과 인간은 어떻게 되었습니까? 에덴동산에서 쫓겨나 인생의 고통을 겪게 되었습니다. 역시 우리나라 사태를 볼 때 그들도 그렇게 되어야 하지 않겠습니까?

　형제자매 여러분, 오늘 예수님께서도 악마의 유혹을 받으셨습니다. 단식 가운데 허기지신 예수님께 돌을 빵으로 만들어 보라는 물질적인 유혹을 받으셨습니다. 무슨 말씀으로 물리치셨습니까? "사람은 빵만으로 살지 않고 하느님의 입에서 나오는 모든 말씀으로 산다." 또 성전 꼭대기로 예수님을 데려가서, "아래로 한번 뛰어 봐라. 정말 하느님의 천사가 도와주는지, 네 능력을 한번 과시해 봐라!" 예수님이 무슨 말씀으로 물리치셨습니까? "주 너의 하느님을 시험하지 마라!" 마지막으로 예수님을 높은 산으로 데리고 가서 이 세상의 부귀영화를 보여 주며 나에게 절하면 다 주겠다고 유혹했는데 예수님께서 무슨 말씀으로 물리치셨습니까? "사탄아 물러가라, 주 너의 하느님께 경배하고 그분만을 섬겨라."라는 말씀으로 물리치셨습니다.

　형제자매 여러분, 마지막으로 낙타와 상인 이야기를 하고 마치도록 하겠습니다.

　한 아랍 상인이 추운 겨울밤 사막에서 천막을 쳐 놓고 살을 에는 찬 바람을 피해 웅크리고 누워 있었습니다. 밖에는 그의 낙타가 추위에 떨고 서 있었습니다. 그런데 이 낙타가 내려진 천막 문을 젖히고 고개를 쑥 들이밀더니 "주인님, 추워 죽겠습니다. 이 고개만이라도 천막 안에 넣으면 안 되겠습니까?" 주인은 못마땅했지만 그러라고 했습니다. 그런데 조금 있다가 이 낙타가 한다는 소리가 "주인님, 내 어깨가 몹시 춥습니다. 제발 제 어깨와 앞발만 좀 들여놓게 해 주세요." 하는 것입니다. 주인은 또 낙타의 어깨와 앞발을 들여놓도록 허락하였습니다. 조금 있다가 이 낙타는 살며시 주인에게 접근하여 처량한 목소리로 "주인님, 내 육봉과 몸이 몹시 시려 옵니다. 내 육봉과 몸을 좀 들여놔 주세요." 하고 애원하였습니다. 할 수 없이 또 주인은 이에 동의하였습니다. 이제 낙타는 천막 안으로 거의 다 들어와 있었습니다. 조금 더 있다가 이 낙타는 "주인님, 이제 제 엉덩이가 얼어서 제 엉덩이 같지 않습니다." 하면서 엉덩이와 뒷발을 들여놓자고 애걸하였습니다. 마지못해 주인이 이에 동의하여 엉덩이와 뒷발을 다 들여놓게 되었습니다. 그런데 이 조그만 천막 안에 들어선 낙타가 한다는 말이 "주인님, 천막 안이 참 따뜻하고 좋습니다. 그런데, 우리 둘이 여기 함께 있기에는 너무 좁습니다. 이제 주인님께서 밖으로 나가 주시는 게 어떻겠습니까?"라고 말하는 것이었습니다. [16]

형제자매 여러분, 이 이야기의 교훈이 무엇이겠습니까? 주인은 낙타에게 한 발 한 발 양보하다가 천막 밖으로 쫓겨나는 신세가 되었습니다. 이와 마찬가지로 우리가 이 세상을 살아가면서 죄와 타협을 할 때마다 우리도 이 꼴이 될 수 있다는 것입니다. 그러므로 죄가 발을 들여놓지 못하도록 각성하라는 교훈으로 받아들여야 하겠습니다. "이번한 번뿐이니까 눈 감아 달라. 다른 사람들 다 하는데, 다 좋은 게 좋은 것 아닌가?"라는 유혹들을 방심하고 있다가 자기도 모르게 당하고 맙니다. 우리가 세상을 살아가면서 아무리 작은 유혹이라도 단호히 "안돼!"라고 물리칠 수 있는 도덕적 용기가 필요합니다. 그러므로 오늘 복음의 예수님처럼 단호하게 "사탄아, 물러가라!"라고 외칠 수 있는 신앙인이 되어야 하겠습니다. 아무쪼록 은총의 사순절에 악의 유혹을 과감히 물리치고 기쁘고 떳떳하게 부활절을 맞으시기 바랍니다.

> "사탄아 물러가라!"(마태 4, 10) 아멘!

---

16) https://gall.dcinside.com/mgallery/board/view/?id=huz&no=76714

무릉도원

武陵桃源

형제자매 여러분, '무릉도원(武陵桃源)'이란 말을 들어 보신 적이 있으십니까? 풍기에도 복숭아밭이 있습니다만, 아름다운 복숭아꽃과 관계된 얘기입니다. 곧 '무릉도원'이란 한마디로 '평화롭고 조용한 이상향(理想鄕)'이란 뜻입니다. 이 말은 중국의 유명한 시인 도연명(陶淵明, 365~427)의 〈도화원기(桃花源記)〉에서 비롯된 말입니다. 그 줄거리만 간단히 소개하겠습니다.

진(晉)나라 태원(376~396) 연간의 일입니다. 무릉(武陵)의 어느 고기잡이가 시냇물을 따라 무작정 올라가던 중, 문득 양쪽 언덕이 온통 복숭아 숲으로 덮여 있는 곳에 닿았습니다. 막 복숭아꽃이 만발해 있을 때라 고기잡이는 노를 저으며 정신없이 바라보고 있었습니다. 복숭아 숲은 가도 가도 끝이 없었습니다. 꽃잎은 푸른 잔디 위로 펄펄 날아내리고 강물에 아름다운 꽃잎이 둥둥 떠내려오고 있었습니다. '대체 여기가 어디란 말인가? 이 숲은 어디까지 계속되는 것일까?' 이렇게 생각하며 노를 저어 가는 동안 마침내 시냇물 근원지까지 오자 숲도 함께 끝나 있었습니다. 앞은 산이 가로막혀 있고, 산 밑으로 조그마한 바위 굴이 하나 있었습니다. 그 굴속에서 뭔가가 빛나고 있는 것 같았습니다. 다가가서 보니 겨우 사람이 통과할 수 있게 뚫린 굴이었습니다. 고기잡이는 배를 버려둔 채 굴을 더듬으며 안으로 들어갔습니다. 이윽고 앞이 탁 트인 들이 나타나 보였습니다. 보기 좋게 줄을 지어 서 있는 집들, 잘 가꾸어진 기름진 논밭, 많은 남녀가 즐거운 표정으로 들일에 바빴습니다. 이곳을 찾게 된 고기잡이도 그를 맞는 사람들도 서로 함께 놀라며 어찌 된 영문인지 그 까닭을 물었습니다.

마을 사람들은 옛날 진(秦)나라의 학정을 피해 처자를 데리고 이 속세와 멀리 떨어진 곳으로 도망쳐 온 사람들의 후손들이었습니다. 그들은 조상들이 이리로 찾아온 뒤로 밖에 나가 본 일이 없이 완전히 외부 세계와 교섭이 중단되어 있었습니다. "지금은 도대체 세상이 어떻게 되어 있느냐?"라고 마을 사람들은 묻고 또 물었습니다. 마을 사람들의 환대를 받으며 며칠을 묵고 난 고기잡이는 처음 왔던 길의 목표물을 기억해 가며 집으로 돌아왔습니다. 그 고기잡이는 곧 이 사실을 태수에게 알렸습니다. 태수는 보고를 받고 사람을 보내 찾아보았으나, 고기잡이가 말한 그런 곳을 발견할 수 없었습니다. 유자기(劉子驥)라는 고사(高士)가 이 소식을 듣고 찾아 나섰으나 뜻을 이루지 못하고 도중에 병으로 죽고 말았습니다. 그 뒤로 많은 사람이 복숭아꽃이 필 때를 기다려 찾아가 보았으나 무릉도원 사람들이 속세의 사람들이 찾아오는 것을 막기 위해 다른 골짜기에까지 많은 복숭아나무를 심어 두었기 때문에 끝내 찾을 수 없었다고 합니다.[17]

형제자매 여러분, 이런 유래에 따라, '무릉도원' 하면 '별천지, 이상향, 유토피아, 천국' 등으로 불리게 되었습니다. 누구든지 살고 싶은 곳, 꼭 가고 싶은 곳을 말합니다.

바로 오늘 복음에서 베드로는 예수님의 황홀한 모습을 보고 "우리 함께 여기에 삽시다! 주님을 위해서 집을 지어 드리겠습니다. 모세와 엘리

---

17) https://blog.naver.com/malbaldori/222849415987

야를 위해서도….” 바로 무릉도원 같은, 천국의 모습을 보았기 때문입니다.

　형제자매 여러분, 오늘 복음 말씀을 보면, 예수님께서 어떤 제자들을 데리고 산에 오르셨습니까? 베드로, 야고보, 요한이지요. 이 세 제자는 특별히 예수님께서 사랑하는 제자들입니다. 베드로와 야고보와 요한만을 따로 데리고 타볼산에 오르셨습니다. 이 타볼산은 해발 575m, 평야 위에 투구 모양처럼 우뚝 솟은 산입니다. 예수님께서 이 산에 올라 기도하실 때 몸에서 휘황찬란하게 빛이 발하고 옷은 눈부시게 희었다고 합니다. 하늘에서는 모세와 엘리야가 나타나고 구름 속에서 “이는 내가 사랑하는 아들, 내 마음에 드는 아들이니 너희는 그의 말을 들어라.”(마태 17,5)라는 하느님의 목소리가 우렁차게 들려왔다고 했습니다. 예전에 한 번도 본 적이 없는 예수님의 휘황찬란한 모습을 보고 베드로는 뿅 갔습니다. 그래서 “주님을 위해서, 모세와 엘리야를 위해서 초막집을 셋 지어 드리겠다고 하면서 우리 함께 여기서 삽시다! 이보다 더 좋은 데가 어디 있습니까? 바로 이곳이 천국입니다. 무릉도원입니다.”라고 베드로는 주님께 말씀드렸습니다.

　형제자매 여러분, 그동안 한 번도 본 적이 없는 예수님의 변모된 모습을 왜 제자들에게 보여 주었겠습니까? 오늘 변모 사건 이전에 예수님께서는 제자들에게 처음으로 당신의 수난 예고를 말씀하셨습니다. “당신이 반드시 예루살렘에 가시어 원로들과 수석 사제들과 율법 학자들에게 많은 고난을 받고 죽임을 당하셨다가 사흘 만에 되살아난다.”라고 말입니다. 곧 십자가에 못 박혀 돌아가신다고 말했습니다. 베드로는 이 말씀을 듣고 “절대로 안 된다.”라고 펄쩍 뛰었습니다. 이런 베드로에게 주님께는 “사탄아 물러가라. 너는 나에게 걸림돌이다.

너는 하느님의 일은 생각하지 않고 사람의 일만 생각하는구나!"(마태 16,23)라고 하시면서 큰 책망을 하셨습니다. 제자들은 이 말씀을 듣고 주님께 큰 실망을 했습니다. "어떻게 우리 주님께서 많은 고난을 받고 십자가에 못 박혀 돌아가셔? 그건 말도 안 된다."라고 말입니다. 예수님께서는 이런 제자들에게 용기와 힘을 주시기 위해서, 부활의 영광스러운 당신의 모습을 맛보기로 보여 주셨습니다. 돌무덤을 열고 부활하신 주님의 모습을 생각해 보셨습니까? 또한, 부활의 영광에 도달하기 위해선 십자가가 꼭 필요하다는 것을 제자들에게 확인시켜 주시기 위해서 그렇게 하셨을 것입니다. 그러므로 형제자매 여러분, 우리도 주님처럼 십자가를 통해서 부활의 영광에 참여할 수 있도록, 사순절 동안 스스로 기도하고 희생하며, 봉사함으로써 주님과 함께 십자가의 길로 나아갈 수 있도록 노력해야 하겠습니다. 왜냐하면, 십자가 뒤에는 무한한 영광이 있기 때문입니다.

형제자매 여러분, 예수님께서 황홀하게 변모하셨을 때 하늘에서 어떤 소리가 들려왔습니까? "이는 내가 사랑하는 아들, 내 마음에 드는 아들이니 너희는 그의 말을 들어라."(마태 17,5)라는 말이 들려왔습니다. 분명히 예수님은 하느님의 사랑받는 아들, 마음에 드는 아들이십니다. 형제자매 여러분, 여러분은 과연 하느님의 사랑받는 아들, 딸입니까? 우리는 하느님의 사랑받는, 마음에 드는 아들, 딸이 되기 위해서 노력하는 삶을 살아야 하겠습니다.

> "이는 내가 사랑하는 아들, 내 마음에 드는 아들이니 너희는 그의 말을 들어라."(마태 17,5) 아멘.

'죽음의 상인' 노벨 사망하다!

다이너마이트를 발명했던 알프레드 노벨의 일화입니다. 노벨은 다이너마이트를 발명하여 유럽의 거부가 되었습니다. 광산에서분만 아니라 전쟁터에서도 다이너마이트는 유용한 무기가 되었습니다.

그런데 어느 날 노벨은 무심코 신문을 읽다가 깜짝 놀랐습니다. 자신의 사망 기사가 어느 프랑스의 신문에 실렸기 때문입니다. 사실은 그의 형이었던 루드비히 노벨이 죽은 것을 신문사가 잘못 보도했던 것입니다. 이 사망 기사도 당황스러운 것이었지만 노벨을 더 당혹스럽게 했던 것은 그 헤드라인 기사의 제목이었습니다.

그 기사 제목은 이러했습니다.

"다이너마이트를 발명한 '죽음의 상인' 노벨 사망하다."

노벨은 사람들이 자기를 '죽음의 상인'이라 부르는 데 큰 충격을 받았습니다. 자신의 발명품이 인류의 발전에 도움이 되기도 하였지만, 반대로 전쟁과 파괴로 수많은 사람의 생명을 빼앗아 간 치명적인 무기였다는 것을 절실히 깨닫게 되었습니다.

결국, 자신은 다른 사람의 목숨을 대가로 돈을 번 셈이 되었습니다. 이 일이 있은, 후 노벨은 자신의 삶에 대해서 심각하게 고민했습니다. 그래서 무언가 보람 있는 일을 하고자 자신이 모은 전 재산으로 인류의 발전을 위해 혁혁한 공헌을 한 각 분야의 과학자들을 시상하는 노벨상을 만들었습니다.

오늘날 노벨을 떠올릴 때 그 누구도 그를 전쟁 상인으로 기억하지 않습니다. 노벨상은 개인과 나라가 서로 받고자 원하는 더없는 영광의 상이 되었습니다.

사망 오보 기사가 나간 8년 후 1896년 노벨은 정말로 죽었습니다. 그 때 사망 기사의 제목은 이렇게 바뀌었습니다.

"세계 평화를 위해 살다 간 믿음의 사람 노벨 사망하다."[18]

형제자매 여러분, 오늘 복음에서 여인은 우물가에서 예수님을 만났고 예수님은 이 여인에게 생명의 물을 주셨습니다. 충격을 받은 여인은 마을 사람들에게 자신이 메시아를 만났다고 알리기 위해 물동이도 우물가에 놓고 돌아갔습니다.

아마 노벨도 자신의 사망 기사를 읽으며 우물가의 여인과 같은 경험을 했을지도 모릅니다. 그는 그날 아침 자신의 사망 기사를 접하고 예수님을 만났고 생명의 물을 얻었을 것입니다. 그래서 파괴를 하는 다이너마이트 물동이를 버리고 동네로 돌아가 평화를 위해서 일하겠다고 사람들에게 말했던 것입니다.

오늘도 물을 긷기 위하여 우물가로 달려가는 형제자매 여러분! 물동이는 준비하셨습니까? 그리고 여러분들은 어떤 물을 담으시렵니까? 그냥 우물물을 퍼 담으시겠습니까? 영원히 목마르지 않은 생명의 물을 담으시렵니까? 선택은 여러분이 하셔야 합니다. 예수님께서 주시는 영원히 목마르지 않은 생명의 물은 '하느님의 사랑'입니다. 우리는 예수님을 통해서 영원히 목마르지 않은 생명의 물을 마시게 되고 기

---

18) https://bnj0691.tistory.com/1354059

쁨과 행복을 누리게 될 것입니다. 예수님은 곧 길이요, 진리요 생명이시기 때문입니다.

그러나, 우리가 예수님, 하느님 외에 다른 것에서 갈증을, 목마름을 해결하려고 한다면, 결코 해결할 수 없을 것입니다. 예를 들면, 돈이나 권력이나 명예나 그 어떤 것도 목마름을 해결해 줄 수 없습니다. 바닷물을 마신 것처럼, 마시면 마실수록 갈증만 더할 뿐입니다. 공허할 뿐입니다.

그러므로 형제자매 여러분, 예수님께 모든 것을 맡기고 귀의하십시오. 그러므로 형제자매 여러분, 예수님께 모든 것을 의탁하십시오. 예수님께서 오늘 우리에게 말씀하십니다. "이 물을 마시는 자는 누구나 다시 목마를 것이다. 그러나 내가 주는 물을 마시는 사람은 영원히 목마르지 않을 것이다. 내가 주는 물은 그 사람 안에서 물이 솟는 샘이 되어 영원한 생명을 누리게 할 것이다."(요한 4,13)라고 말입니다. 그러므로 우리도 그 여인처럼 "선생님, 그 물을 저에게 주십시오."(요한 4,15)라고 청해야 하겠습니다.

> "이 물을 마시는 자는 누구나 다시 목마를 것이다. 그러나 내가 주는 물을 마시는 사람은 영원히 목마르지 않을 것이다. 내가 주는 물은 그 사람 안에서 물이 솟는 샘이 되어 영원한 생명을 누리게 할 것이다."(요한 4,13) 아멘.

여러분은 당달봉사가 아니십니까?

다음과 같은 이야기가 있습니다. 한 번쯤 들어 봤을지도 모르겠습니다.

조선의 태조 이성계는 왕이 되기 이전부터 무학대사와 인연이 깊었습니다. 태조는 왕이 된 이후에도 힘들거나 스트레스를 받는 일이 있으면 무학대사를 찾아가곤 했습니다.

어느 날 태조가 오랜만에 무학대사를 찾아가 대화를 나누는 와중에 대사에게 농담을 던졌습니다.

"스님은 꼭 돼지같이 생겼습니다."

무학대사는 웃으면서 말했습니다.

"대왕께서는 부처님처럼 생겼습니다."

이성계는 자신이 아무리 한 나라의 왕이지만 스님께 지나친 농담을 한 것 같아 미안한 마음으로 말했습니다.

"저는 스님을 돼지에 비유했는데, 어찌 스님께서는 제게 부처님처럼 생겼다고 칭찬하십니까?"

무학대사는 얼굴에 미소를 띠며 말했습니다.

"부처의 눈에는 부처만 보이고, 돼지 눈에는 돼지만 보이는 법입니다."[19]

---

19) https://blog.naver.com/PostView.nhn?blogId=anibs03&logNo=120029296160

형제자매 여러분, 여러분들은 무학대사의 방어전이 통쾌했다는 생각이 들 것입니다. 태조는 농담 어설프게 했다가 KO 패를 당한 셈이지요? 단순한 대화이지만, 매우 깊은 뜻이 담겨 있습니다. 무학대사는 부처 마음만 품고 있으니 세속의 왕도 부처님처럼 보이고, 대왕은 늘 돼지처럼 탐욕스럽게 살다 보니 청정한 승려도 돼지처럼 생각하게 된다는 의미심장한 말입니다. 돈에 미친 사람은 돈만 보이고, 도박에 미친 사람은 화투만 보이고, 다른 것은 도통 보이지 않습니다.

형제자매 여러분, 앞을 못 보는 사람을 뭐라고 부릅니까? '시각 장애인, 소경, 봉사'라고 합니다. 그러면 눈을 뜨고도 앞을 못 보는 사람을 뭐라고 부르지요? '당달봉사', '청맹과니'라고 합니다.

시각 장애인은 이 아름다운 세상을 못 보니 얼마나 가련하겠습니까? 이제 개나리, 진달래, 목련, 벚꽃이 만발하는 참 좋은 계절 봄이 돌아왔습니다. 겨울이 지나고 봄을 맞이했는데, 봄을 보고 여러분은 무엇을 느꼈습니까? 여러분들은 아름다운 꽃들을 보고 무엇을 생각하셨습니까?

형제자매 여러분, 이런 아름다운 시가 있습니다. 제목은 〈예수님은 봄이다〉라는 시입니다.

예수님은 봄이다
봄은 사랑이다

봄이 입 맞춘 자리마다
환한 꽃들 피어나고

봄의 숨결 닿은 자리마다

푸른 싹 돋아난다

예수님은 봄이다
봄은 사랑이다[20]

형제자매 여러분, '예수님은 봄이다.' 너무나도 참 잘 표현했습니다. 이 봄을 보고 예수님을, 주님을, 하느님을 생각해야 하지 않겠습니까? 이 아름다운 세상 누가 만들었겠습니까? 이 꽃, 새싹, 구름, 하늘, 대자연의 아름다움을 보고 이것을 있게 하신 창조하신 하느님을 모른다면, 우리 역시 당달봉사, 청맹과니가 아니고 무엇이겠습니까? "찬양하라. 주님을 너희는 찬양하라."라는 시편의 말씀처럼 하느님을 찬양할 수 있는 눈이 뜨여야 하지 않겠습니까?

오늘 복음 말씀을 보면 태생 소경이 예수님으로부터 치유를 받았습니다. 태생 소경은 예수님께서 손수 그에게 진흙을 바르시고 실로암못에 가서 씻었더니 빛을 보게 되었습니다. 그는 봄인 예수님을 통해서 꽁꽁 얼어붙었던 겨울 태생 소경에서 이젠 예수님이 입 맞춘 자리마다 환한 꽃들 피어나듯 앞을 보게 되는 사랑의 꽃이 활짝 피었습니다. 얼마나 감격스러운 일입니까? "찬양하라. 주님을 너희는 찬양하라."라고 목청껏 외쳤을 것입니다. "너는 사람의 아들을 믿느냐? 선생님, 그분이 누구십니까? 제가 그분을 믿을 수 있도록 말씀해 주십시오. 너와 말하는 사람이 바로 그다. 주님, 저는 믿습니다."(요한 9,35-38 참조) "주님, 저는 믿습니다! 주님, 저는 믿습니다!" 세상이 떠나가도록 그는 외치면서 "예수님,

---

20) 이수철(프란치스코) 신부, 베네딕도 요셉 수도회 〈예수님은 봄이다〉

감사합니다! 감사합니다!"라고 하면서 예수님을 경배했을 것입니다.

그런데도 바리사이파 사람들은 태생 소경을 치유한 기적을 보고도 예수님을 "안식일을 지키지 않았으니 하느님에게서 온 사람이 아니다."라고 치부하니 이 어찌 당달봉사가 아니고 무엇이겠습니까? 돼지의 눈에는 돼지만 보이고, 뭐 눈에는 뭐만 보인다고 하더니, 바리사이파 사람들의 눈에는 하느님으로부터 파견된 메시아이신 예수님은 안 보이고 안식일을 깬 죄인만이 보였을 뿐입니다. 그래서 예수님께서 그들에게 차라리 "너희가 눈먼 사람이었으면 오히려 죄가 없었을 것이다."라고 말씀하셨습니다.

형제자매 여러분, 이 바리사이와 똑같은 우를 범하지 맙시다! 예수님의 기적을 보고도 엉뚱한 행동을 한다면, 이 바리사이파 사람과 똑같은 행동을 한다면 우리 역시 당달봉사가 아니고 무엇이겠습니까? 이 아름다운 대자연과 삼라만상을 보고 이것을 만드신 하느님을 몰라본다면, 우리 역시 당달봉사가 아니고 무엇이겠습니까?

그러므로 이 아름다운 세상을 볼 수 있음에 감사해야 하지 않겠습니까? 아름다운 음악을 들을 수 있음에 감사하고 감사해야 할 것입니다. 그리고 치유를 받은 소경이 외쳤던 것처럼, "주님 믿습니다. 믿습니다!"라고 고백하면서 주님을 언제나 찬양해야 하겠습니다.

"너는 사람의 아들을 믿느냐? 선생님, 그분이 누구십니까? 제가 그분을 믿을 수 있도록 말씀해 주십시오. 너와 말하는 사람이 바로 그다. 주님, 저는 믿습니다."(요한 9,35-38 참조) 아멘.

○○○야, 나오너라!

지금으로부터 약 12년 전 《평화신문》에 이런 기사가 났습니다. "루르드 68번째 기적의 주인공"이라는 제목의 기사입니다. 형제자매 여러분, 프랑스 루르드 아시죠? 루르드는 프랑스 남서부 피레네산맥 기슭의 산골 마을로 해마다 600만 명의 순례 객이 찾는 유명한 성모님 발현 성지이자 기적의 성지입니다. 저는 두 번이나 이 성지를 순례했습니다. 한 번은 여름에 또 한 번은 겨울에 다녀온 적이 있습니다. 이 성지는 1858년 벨라뎃다에게 성모님께서 18번 발현하신 성모님 대표 성지입니다. 그 기사 내용을 소개해 드립니다. 제목은 "루르드 68번째 기적의 주인공"이고 부제목은 '프랑스 수리공, 하이킹으로 마비된 다리 치유'입니다.

【앙쥐르, 프랑스=CNS】 마비된 다리가 기적적으로 치유된 후 1600km 하이킹을 마친 프랑스의 한 텔레비전 수리공이 68번째 루르드 기적의 당사자로 공식 인정받았다.

루르드 기적 주장을 심사하는 루르드 국제 의학 위원회는 "심도 깊은 전문가 검사들을 한 후에 이 치유가 주목할 만한 사건, 현행 과학으로 설명할 수 없는 치유라고 결론을 내렸다."라고 앙쥐르 교구장 엠마누엘 델마 주교가 말했다. 델마 주교는 "이 치유는 이 사람을 위해 하느님에게서 온 개인적 은사, 은총의 한 사례, 구세주 그리스도에게서 오는 표징으로 여겨질 수 있다"라고 덧붙였다.

올해 65살인 세르쥐 프랑소와 씨는 디스크 돌출로 두 번이나 수술을 받았으나 실패한 후에 2002년 4월 12일 교구 순례단으로 루르드로 순례를 갔다. 그는 2~3분 기도를 하고 나서 처음에는 왼쪽 다리에 엄청난 통증이 오더니, 호의적인 느낌과 따뜻한 기운이 느껴졌고 마비된 다리가 완전히 나았다고 말했다.

이제는 퇴직한 이 텔레비전 기술자는 자신에게 일어난 일을 1년 후 루르드 국제 의학국에 보고했다. 20명으로 이뤄진 국제 의학위원회는 2008년 12월 1일 이 일을 주목할 만하다고 판단했고, 교회법 위원회는 2010년 9월 이 사례를 연구했다.

프랑소와 씨는 다리가 나은 후 프랑스에서 스페인 산티아고 데 콤포스텔라까지 산티아고 순례를 마쳤다.

델마 주교는 3월 27일 성명을 통해 해당 위원회는 이 완쾌가 "급작스럽고, 기능 면에서 완전하고, 다른 특정 치료와 무관하며, 8년이 지난 오늘날까지 계속되고 있다."라면서 "루르드에서 완전히 그리고 영구적으로 치유된 것이 확실하다."라고 밝혔다.

양쥐르 교구 사무처장 트레노 몬시뇰은 4월 4일 델마 주교의 선언을 가톨릭교회에 의한 공식적인 기적 확인으로 여겨야 한다고 밝혔다.

해마다 600만 명이 찾는 루르드는 프랑스 남서부 피레네산맥 기슭의 산골 마을로 1858년 베르나데트에게 성모 마리아가 18번 발현한 대표적 성모 성지다.[21]

이런 기적이 있듯이 도저히 설명할 수 없는 또 하나의 기적이 일어났습니다. 오늘 복음의 죽은 나자로를 다시 살리신 기적입니다. 장사

---

21) 《평화신문》, 2011. 4. 6. https://news.cpbc.co.kr/article/372593

지낸 지 나흘이나 되었는데, 예수님께서 무덤으로 가셔서 "나자로야, 나오너라."라는 말씀으로써 죽었던 나자로를 소생시키십니다.

먼저 나자로를 소생시키기 전 주님께서는 라자로의 누이동생들로부터 믿음을 확인합니다. "네 오빠는 다시 살아날 것이다. 마지막 부활 때에 오빠도 살아나리라."라는 것을 알고 있습니다. "나는 부활이요, 생명이다. 나를 믿는 사람은 죽더라도 살고, 또 살아서 믿는 사람은 영원히 죽지 않을 것이다. 너는 이것을 믿느냐? 예, 주님! 저는 주님께서 이 세상에 오시기로 되어있는 메시아이시며 하느님의 아들이심을 믿습니다."(요한 11,25-27) 이렇게 믿음을 확인하신 후 주님께서는 "나자로야, 나오너라."(요한 11,43) 이 말씀으로 죽었던 나자로를 다시 살리셨습니다. 이 기적을 통해서 예수님께서 기도하셨듯이 "여기 둘러선 군중이 아버지께서 저를 보내셨다는 것을 믿게 하려는 것입니다." 참으로 하느님께서 보내신 신적인 권능을 갖고 계신 하느님의 아들이심이 증명되신 기적입니다. 부활이요, 생명이신 주님이심이 증명되신 기적입니다.

또한, 주님께서는 라자로의 죽음을 슬퍼하시면서 눈물까지 흘리셨습니다. 그리고 라자로의 무덤에 당도하여 무덤에 묻힌 나자로를 "나자로야, 나오너라!"라는 말씀으로 라자로를 죽음으로부터 다시 살리셨습니다.

형제자매 여러분, 오늘날 어떤 사람을 두고 예수님께서 눈물을 흘리시며 슬퍼하시겠습니까? 또 어떤 사람에게 예수님께서 죽음의 무덤에서 나자로처럼 나오라고 말씀하시겠습니까? 그 무덤의 종류는 다양합니다. 주님께서는 남을 미워하는 증오의 무덤에서 빨리 나오라고 우리에게 외치십니다. 남을 용서치 못하는 무덤에서 빨리 나오라고 외치십니다. 또한, 절망과 포기하는 무덤에서 빨리 나오라고 외치십니다. 그리고 죄악을 짓는 무덤에서, 탐욕의 무덤에서, 돈과 명예와 권력의 노예가 되어 사는 무덤에서, 빨리 나오라고 주님께서는 외치고 계십니다. 더 나아가 쾌락의 무덤에서 빨리 나오라고, 도박의 무덤에서 빨리 나오라고, 알코올과 마약중독의 무덤에서 빨리 나오라고, 오만함의 무덤에서 빨리 나오라고, 주님을 떠나 있는 냉담의 무덤에서 빨리 나오라고, 나쁜 습관의 무덤에서 빨리 나오라고, 무신앙의 무덤에서, 무관심의 무덤에서 빨리 나오라고, 나태함의 게으름의 무덤에서 빨리 나오라고, 우상숭배와 점을 치는 무덤에서 빨리 나오라고 호통을 치십니다. 그러므로 우리를 죽음으로 몰아넣는 이러한 것으로부터 진정 벗어날 수 있도록 노력해야 하겠습니다. 특히 사순절을 통해서 이런 모든 것들로부터 빠져나와 진정 죽음을 면하고 기쁘게 부활의 기쁨에 참여하도록 사순절을 통해서 노력해야 하겠습니다.

주님께서 "나자로야, 나오너라!" 외치심은 우리 모두에게 하시는 말씀입니다. "(바오로야, 베드로야, 마리아야, 세실리아야…) 나오너라!"라는 말씀으로 알아들어야 하겠습니다.

그러므로 다 함께 외쳐 봅시다! 자기 세례명을 부르면서 모든 악과 유혹과 욕심과 나태함에서 "나오너라!"라고 외쳐 봅시다.

시작! 하면 다 함께 자기 세례명을 부르면서 "○○○야, 나오너라!"라고 외칩니다. 시작! 다시, 한 번 더 크게 자기 세례명을 부르면서 "○○○야, 나오너라!" 외쳐 봅시다. 시작! 아멘.

변덕이 죽 끓듯 한다

찬미 예수님! 형제자매 여러분, 여러분들의 며느님들은 다 안녕하십니까? 왜 이런 질문을 하는가 하면, 요즘 며느리들에게 잘못하면 밥도 못 얻어먹는다고 하네요. 나중에 늙어서 며느리에게 밥이라도 얻어먹으려면 며느리에게 잘해야 합니다. 그런 의미에서 며느리가 싫어하는 것이 무엇인지를 먼저 알아야 하겠지요. 며느리가 가장 싫어하는 것이 무엇인지 알아야 며느리들에게 잘할 수 있지 않겠습니까?

장래의 시어머니 여러분, 아니 시어머니 여러분, 며느리가 가장 싫어하는 그 첫 번째가 무엇인지 알고 있습니까? 그 첫 번째 1위는 '집 밖에 나가서 며느리 험담하는 시어머니'입니다. 예를 들면 "우리 며느리는 너무 똑똑하고 잘난 체해서 문제야. 시어머니 말에 콧방귀나 뀌고 언제나 말대꾸를 하니 말일세." 이렇게 흉을 볼 것이 아니라, 오히려 며느리를 칭찬한다면 얼마나 좋겠습니까? 그리고 며느리가 싫어하는 2위는 '친정 식구 험담하는 시어머니'입니다. 대신에 "에미야, 니네 식구들은 어째 마음 씀씀이가 이리 좋지?"라고 칭찬한다면 흐뭇해할 것입니다. 그리고 3위는 '외출하거나 음식 하는 데 간섭을 하는 시어머니'입니다. "에미야, 우리 아들 넥타이 색깔이 뭐니? 내 아들은 이런 거 안 좋아한다. 바꾸거라. 내 아들은 내가 더 잘 안다." 그러면 며느리는 속으로"별꼴이야, 별것 다 간섭하네?" 할 것입니다. 그러나 사이다 며느리는 "어머니, 그거 남편이 산 거예요."라고 말할 것입니다. 그리고 며느리가 싫어하는 4위는 '거짓말하는 시어머니'입니다. 아들이 아무 말도 안 했는데 "이렇게 하라고 했잖니."라고 거짓말하는 시어머니입니다. 그리고 며느리가 싫어하는 시어머니 5위는 '신경질적이고 변덕이 죽 끓듯 하는 시어머니'입니다. '하도 이랬다 저랬다 변덕을 부려서 종잡을 수 없는 시어머니'입니다. 또 아들 집에 '불쑥불쑥 몰래 찾아오는 시어머니'입니다. "에미야, 내 아들 집 내가 가는데, 말하고 가야 하니?" 이런 시어머니에게 사이다 며느리는 뭐라고 말씀드리겠습니까? "어머니, 저희 집 현관문 지문(홍채) 인식이라 꼭 미리 저에게 말씀해 주셔야 해요."

형제자매 여러분, 며느리들이 "변덕이 죽 끓듯 하는 시어머니를 싫어한다."라고 했는데, "변덕이 죽 끓듯 한다."라는 속담 들어 보셨지요? 그 뜻이 무슨 뜻이겠습니까? 변덕이 지나침을 이르는 말입니다. 죽 끓듯이 부글부글 예측하기 힘들다는 뜻입니다. 죽 끓일 때 불 조절을 잘해야 하는데 불이 세면 빨리 끓어 넘치고 불이 너무 약하면 끓을 생각을 안 합니다. 그러다가 갑자기 확 끓어 넘칩니다. 죽 끓일 때 불 조절이 힘듭니다. 죽 끓일 때와 같이 변덕이 너무 심해 상대하기 힘들다는 것을 은유적으로 표현한 속담입니다. 여기에 계신 여러분 중에는 변덕이 죽 끓듯 하는 분은 한 분도 안 계시지요?

형제자매 여러분, 오늘 전례 중에 우리는 변덕이 죽 끓듯 하는 군중을 봅니다. 예수님께서 예루살렘에 가까이 오셨을 때 성 밖에서 군중들은 예수님을 열렬히 환영합니다. 수많은 군중은 자신의 겉옷을 벗어 길에다 깔고 어떤 이들은 종려나무 가지를 손에 꺾어 들고 흔들며 외칩니다. "다윗의 자손께 호산나! 주님의 이름으로 오시는 분은 복

되시어라. 지극히 높은 곳에 호산나!"(마태 21,9)

형제자매 여러분, '호산나' 뜻이 무엇이지요? "구원하소서!" 구원해 달라는 뜻입니다. "우리를 구원하러 오시는 메시아시여, 왕이시여, 구원해 주소서."라는 뜻입니다.

이렇게 열렬히 환영하던 군중들이 예수님께서 예루살렘 성안에 들어오시자 돌변해서 이젠 예수님을 "십자가에 못 박으시오!"라고 큰 소리로 외쳤습니다. 당신들의 왕이라고 외쳐 대던, 메시아라고 환영했던 사람들이 돌변해서 이제 저자는 우리의 왕이 아니니 "십자가에 못 박아라!"라고 외쳐 댑니다. 이게 변덕쟁이가 아니고 무엇이겠습니까? 변덕이 죽 끓듯 군중들도 그랬습니다.

형제자매 여러분, 군중들은 처음엔 열렬히 환영했지만, 생각이 바뀌어 이젠 "십자가에 못 박아라!"라고 이율배반적인 행동을 합니다. 어떻게 생각하면, 이 군중들은 우리들의 모습이 아닌가 생각됩니다.

그러므로 우리는 어떠한 처지에서든지 변덕을 부리지 말고 항구하게 오로지 주님을 왕으로 받들어 모시는 충성스러운 신앙인이 되어야 하겠습니다. 예루살렘 성 밖에서 열렬히 환영하던 군중들처럼 말입니다. 다 함께 따라 해 봅시다.

"다윗의 자손께 호산나! 주님의 이름으로 오시는 분은 복되시어라. 지극히 높은 데서 호산나!"(마태 21,9) 아멘.

❤✝ 부활 시기 ✝❤

주님의 부활과 천국이 없다면?

찬미 예수님! 주님의 영광스러운 부활을 진심으로 축하드립니다.

유럽을 방문 중인 교황님이 시내 관광을 하다가 갑자기 운전을 해 보고 싶었습니다. "여보게! 내가 운전할 기회가 별로 없는데 차를 좀 운전해도 되겠나?" 운전기사는 간곡하게 부탁하는 교황님의 청을 거절할 수 없어서 핸들을 맡기고 뒷자리에 앉았습니다. 그런데 교황님이 규정 속도를 위반해서 그만 경찰의 단속에 걸렸습니다. 교황님을 알아본 경찰관이 난감한 얼굴로 경찰서장에 연락했습니다. "이 일을 어찌해야 좋을지 모르겠습니다." 그러자 서장이 물었습니다. "혹시 또 국회의원이야?" "아닙니다. 더 중요한 분인 것 같습니다." "그럼 뭐야! 대통령?" "아닙니다." 너무 답답한 서장이 소리를 버럭 질렀습니다. "그럼 도대체 누구란 말이야?" 그러자 경찰관이 이렇게 말했습니다. "확실히 모르지만, 교황님을 운전기사로 부리고 있는 분이십니다."[22]

형제자매 여러분, 교황님을 운전기사로 모시는 분, 그분은 과연 누구시겠습니까? 아마 참으로 대단하신 분이실 것입니다. 그분은 바로 죄와 죽음을 걸머지고 십자가에 못 박혀 돌아가셨다가 사흘 만에 부

---

22) https://hamasa.tistory.com/13661900

활하신 예수님이십니다. 교황님을 운전기사로 모시면서 교회를 세워 주시고 다스리시는 분이십니다. 바로 그분이 오늘 죽음으로부터 부활하신 복된 날, 거룩한 날입니다. 그러므로 다 함께 사순절 때 부르지 못했던 '알렐루야'를 힘차게 외쳐 봅시다.

"주 참으로 부활하셨도다. 알렐루야! 알렐루야!"

형제자매 여러분, '알렐루야'가 무슨 뜻입니까? "너희는 야훼 하느님을 찬미하라."라는 뜻입니다. 바로 이날은 죽음을 물리치신 주님을 찬양하고 찬미함이 마땅한 날입니다.

형제자매 여러분, 이 세상에서 가장 불행한 사람은 누구이겠습니까? 이 세상에서 가장 불행한 사람은 부활을 믿지 않는 사람, 곧 미래에 대한 희망이 없는 사람입니다. 만약에 우리에게 내일의 희망이 없고, 천국에 대한 소망이 없다면 얼마나 불행한 일이겠습니까?

하루살이와 메뚜기가 하루 종일 재미있게 놀다가 저녁이 됐습니다. 메뚜기가 하루살이에게 "하루살이야, 오늘은 그만 놀고 내일 만나자. 그러자 하루살이가 메뚜기에게 물었습니다. "내일이 뭔데?" 다음 날 하루살이가 죽고 없으니까 메뚜기는 외로웠습니다. 그래서 메뚜기는 개구리를 찾아가 친구가 되었습니다. 온 여름 동안 개구리와 함께 들판에서 재미있게 뛰어놀다가 어느덧 서늘한 가을이 돌아왔습니다. 그러자 개구리가 "메뚜기야, 겨울 지나고 내년에 만나서 놀자." 그러자 메뚜기가 개구리에게 "내년이 뭔데?" 하고 물었습니다. 메뚜기는 1년만 살기 때문에 내년을 알 리가 없겠지요.[23]

---

23) https://m.blog.naver.com/xogmlths/222466924127

형제자매 여러분, 만약 주님께서 부활하시지 않으셨다면 우리에게는 희망도 없습니다. 부활이 없는 인생은 조금 전에 말씀드린 하루살이처럼 내일을 모르는 허무한 인생이 될 것입니다. 역시 메뚜기처럼 내년을 모르는 허무한 인생이 될 것입니다.

형제자매 여러분, 사육신 중의 한 사람인 성삼문을 잘 알고 계시지요? 성삼문이 죽을 때 이런 말을 했습니다. "둥둥둥 북소리 울리며 죽음을 재촉하니 서산마루에 해가 지도다. 황천에는 여관도 없다는데 오늘 밤은 어디서 묵어 갈꼬?"

이렇게 부활하신 주님을 믿지 않는 사람들은 죽음 앞에서 갈 곳 없는 불쌍한 존재가 되고 맙니다.

유명한 발명가 에디슨은 임종할 때 친구와 아내의 손을 붙잡고 "여보, 하늘이 보여요. 너무 아름다워요." 하며 눈을 감았답니다.

사랑하는 형제자매 여러분! 반드시 하느님께서 마련하신 천국이 있습니다. 부활의 세계가 있습니다. 그러므로 바오로 사도는 "주님께서 부활하시지 않으셨다면 우리의 신앙도 헛되다."라고 말씀하셨습니다. 주님의 부활은 신앙의 근본을 찾은 날입니다. 우리가 주님을 하느님의 아들이라고 믿고 고백하는 이유가 바로 여기에 있는 것입니다.

형제자매 여러분, 주님의 부활을 통하여 우리는 신앙의 근본을 찾았을 뿐만 아니라, 우리도 주님을 믿고 따를 때 부활하리라는 희망 속에 살게 되었습니다. 그러기에 가톨릭은 희망의 종교입니다. 또한, 예수님께서 '죽었다가 사흘날에 다시 살아날 것'이라고 말씀한 대로 부활하신 이날은 참 하느님이심이 증명되신 날입니다. 그러므로 우리는 '부활이요, 생명이신 주님께' 영광과 찬미를 돌려드리며 감사와 기쁨을 나누어야 하겠습니다.

형제자매 여러분, 하루하루를 부활하신 주님을 모시고 믿음 안에서 희망 속에서 기쁘게 사시기 바랍니다. 형제자매 여러분, 아무쪼록 부활하신 주님께서 주시는 기쁨과 평화가 여러분 가정과 여러분 모두에게 충만하시길 빕니다. 아멘.

"주 참으로 부활하셨도다. 알렐루야! 알렐루야!"

견리사의 견위수명

見利思義 見危授命

형제자매 여러분, 혹시 동의단지회(同義斷指會)를 아십니까?

　　1909년 3월 안중근 등 12명의 독립운동가들이 한자리에 모였습니다. 러시아 연해주(블라디보스토크) 인근에 있는 크라스키노라는 마을입니다. 이 마을은 우리 의병들이 총검술 등 군사훈련을 받고 처음으로 국내로 잠입했던 독립운동의 거점입니다. 12명은 그 자리에서 동의단지회(同義斷指會)를 결성하고 곧바로 실천에 들어갔습니다. 태극기를 펼쳐 놓고, 칼을 준비한 후 왼손 무명지 관절 한 마디를 자르는 것입니다. 뼈와 살이 잘려 나가고 피가 솟구치는 그 장면은 상상만 해도 몸서리쳐지지만, 이들의 독립 의지가 얼마나 강력했는가를 짐작하게 하는 모습입니다. 생살이 잘려 나가고 핏발이 튀는 고통을 감내할 만큼 이들의 독립 의지는 장렬했습니다. 이들은 피가 흐르는 손가락을 들어 태극기 위에 혈서를 썼습니다. '대한독립(大韓獨立)' 참으로 피맺힌 글귀였습니다.[24]

형제자매 여러분, 그들은 손가락을 잘라 솟구치는 그 피로 '대한독

24) 나무위키(namu.wiki) 참조

립'이라고 태극기에 혈서를 썼습니다. 그 고통이 얼마나 컸겠습니까? 그 고통만큼 나라를 위한 충정의 마음과 독립 의지가 장렬했습니다. 이런 충정과 대한독립의 꿈을 안고 안중근은 1909년 10월 26일 중국 하얼빈역에서 이토 히로부미(伊藤博文)에게 권총으로 세 발을 명중시켰습니다. 1909년 이토 히로부미가 러시아의 재무상 코코브쵸프와 회담하기 위해 하얼빈에 오게 된 것을 기회로 삼아, 하얼빈역에서 이토 히로부미를 권총으로 사살시킨 것입니다. 이토 히로부미는 '한일병탄'과 관련해 일제의 제국주의적 침략과 대한제국의 식민지화를 주도한 인물이었습니다. 안 의사는 현장에서 체포되었습니다.

그리고 1910년 2월 14일 사형선고를 받고, 같은 해 3월 26일 처형되었습니다. 안 의사는 그때 31세였습니다. 위대한 거사를 앞두고 왼손 약지를 잘라 다짐했던 그 의지대로 흔들림 없이 거사를 이행했습니다.

형제자매 여러분, 견리사의 견위수명(見利思義 見危授命), 무슨 뜻인지 알고 계십니까? "이익을 보거든 정의를 생각하고 위태로움을 보거든 목숨을 바쳐라."라는 뜻입니다. 안 의사는 그 글 그대로 실천했습니다. 여기서 견리사의(見利思義)와 견위수명(見危授命)은 안중근 의사가 여순 감옥에서 나라의 앞날을 걱정하며 자신의 철학과 심경을 피력했던 간절한 마음이 담겨 있는 내용입니다. 오늘날 현재, 이렇게 나라를 생각하는 정치인이 과연 얼마나 있겠습니까? 견리사의(見利思義)는 이익 보는 것을 비판하는 것이 아니라 그 이익을 얻는 과정이 정당한 것인지 아닌지를 따져 보라는 뜻입니다. 이익이 된다고 수단과 방법을 가리지 않고 이익을 추구하면 안 되기 때문입니다. 1910년 2월 안중근 의사가 순국하시기 전 옥중에서 남긴 글씨입니다. 그 글 끝에 '경술 이월 여순 옥중 대한국인 안중근 서(庚戌二月

於旅順獄中 大韓國人 安重根 書)'라는 낙관이 있고 그 아래 장인이 찍혀 있습니다. 여기서 장인이란 손가락이 잘린 손바닥 도장을 말합니다.

형제자매 여러분, 안중근 의사는 천주교 신자인데, 세례명이 무엇인지 알고 계십니까? 오늘 복음에 예수님의 제자 중 한 사람인 토마스가 등장합니다만, 안중근 의사도 토마스입니다. 안중근 의사는 나라의 독립 투지를 다지기 위해서 영광스럽게 손가락을 잘랐습니다만, 부끄럽게도 토마스 사도는 "나는 그분의 손에 있는 못 자국을 직접 보고 그 못 자국에 내 손가락을 넣어 보고 또 그분의 옆구리에 내 손을 넣어 보지 않고는 결코 믿지 못하겠소."(요한 20,25) 라고 말했습니다. 여드레 뒤에 부활하신 주님께서 다시 나타나셔서 토마스에게 "네 손가락을 여기 대 보고 내 손을 보아라. 네 손을 뻗어 내 옆구리에 넣어 보아라. 그리고 의심을 버리고 믿어라."(요한 20,27)라고 말씀하셨습니다. 손가락을 넣어 보고 확인한 다음 토마스는 무릎을 꿇고 "저의 주님, 저의 하느님!"(요한 20,28) 하고 고백함으로써 부활하신 주님을 받아들입니다. 그때 주님께서 하신 말씀을 우리 모두 명심해야 하겠습니다. "너는 나를 보고서야 믿느냐? 보지 않고도 믿는 사람은 행복하다."(요한 20,29)라는 말씀을 하십니다. 사도 토마스의 손가락은 참으로 부끄러운 손가락이 되었습니다. 반면에 안중근 의사의 손가락은 길이길이 모든 사람에게 기억되는 영웅의 손가락이 되었습니다.

형제자매 여러분, 믿음은, 신앙은, 결코 눈으로 보고서 믿는 것이 아닙니다. 눈으로 볼 수 없는 것을 확증하는 것이기 때문입니다. 믿음은 머리로만 믿는 것이 아니라 가슴으로 믿는 것입니다. 주님의 부활은 사랑입니다. 우리를 너무나 사랑하셨기 때문에 십자가를 지시고 돌아가셨고 죽음으로부터 참 하느님이심을 믿도록 우리를 배려해 주신 하느님의 참사랑의 증거입니다.

형제자매 여러분, 여러분은 조상님의 존재를 믿습니까? 증조, 고조 할아버지 할머니를 보셨습니까? 보지 못했어도 내가 있음을 통해서 믿는 것과 같습니다. 이와 마찬가지로 이 세상 만물을 통해서 이것을 만드신 분, 곧 하느님이 존재하심을 믿는 것과 똑같습니다. 이 세상 모든 사람이 결과를 통해서 원인인 하느님을 알아보는 신앙의 눈이 열리면 얼마나 좋겠습니까? 사랑하면 알게 되고 사랑하면 통하게 됩니다. 견리사의 견위수명(見利思義 見危授命), "이익을 보거든 정의를 생각하고 위태로움을 보거든 목숨을 바쳐라."라는 안중근 의사의 말처럼 산다면, 이 세상은 달라질 것입니다. 또한, 부활하신 주님께서 말씀하신 대로 산다면 참으로 행복한 신앙인이 될 것입니다.

> "너는 나를 보고서야 믿느냐? 보지 않고도 믿는 사람은 행복하다."(요한 20,29). 아멘!

부활하신 주님을 만나 보셨습니까?

　형제자매 여러분, 오늘은 부활 제3주일입니다. 여러분들은 부활하신 주님을 만나셨습니까? 아직 못 만나셨다면 문제가 있습니다. 오늘은 부활하신 주님을 만나 뵈옵는 방법을 여러분에게 알려 드리겠습니다.

> 어느 날 밤 어떤 사람이 꿈을 꾸었습니다.
> 주님과 함께 해변을 걷고 있는 꿈이었습니다.
> 하늘 저편에 자신의 인생의 장면들이 번쩍이며 비쳤습니다.
> 한 장면씩 지나갈 때마다 그는 모래 위에
> 난 두 쌍의 발자국을 보았습니다.
> 하나는 그의 것이고 다른 하나는 주님의 것이었습니다.
>
> 인생의 마지막 장면이 비쳤을 때
> 그는 모래 위의 발자국을 돌아보았습니다.
> 그는 자기가 걸어온 길에 발자국이
> 한 쌍밖에 없는 때가 많다는 사실을 알아차렸습니다.
> 그때가 바로 그의 인생에서는
> 가장 어렵고 슬픈 시기들이었다는 것도 알게 되었습니다.

그것이 몹시 마음에 걸려 그는 주님께 물었습니다.

"주님, 주님께서는 제가 당신을 따르기로, 결심하고 나면

항상 저와 함께, 동행하겠다고 하셨습니다.

그런데 지금 보니 제 삶의 가장 어려운 시기에는

한 쌍의 발자국밖에 없습니다.

제가 주님을 가장 필요로 했던 시기에

주님께서 왜 저를 버리셨는지 모르겠습니다."

주님께서 대답하셨습니다.

"나의 소중하고 사랑하는 아들아,

나는 너를 사랑하기 때문에, 너를 결코 버리지 않는다.

네가 시련과 고난을 당할 때에 한 쌍의 발자국만 보이는 것은

내가 너를 업고 걸었기 때문이다."[25]

형제자매 여러분, 위의 이야기처럼 부활하신 주님께서는 우리가 어려울 때, 고통 중에 있을 때 업고 우리를 인도하시는 주님이십니다. 특히 오늘 복음 말씀을 보면, 진정 함께하시는 주님이심을 알 수 있습니다. 엠마오라는 고향으로 실의에 차 터덜터덜 맥없이 걸어가는 제자들과 함께, 동행하셨습니다.

제자들은 그래도 예수님께 큰 희망을 걸고 모른 것을 버리고 예수님을 따랐는데, 졸지에 힘없이 십자가에 못 박혀 돌아가셨습니다. "당신이 하느님의 아들이라면 십자가에서 한번 내려와 보시지."라는 비꼬는 말에도 아랑곳하지 않으시고 처형당하셨습니다. 적어도 이스라엘을 로마의 압제에서 해방하실 분으로 철석같이 믿었는데 말입니다.

---

25) https://blog.naver.com/hanbit65/223056111319

그들은 무척 실망했습니다. 아무런 대책도, 희망도 없이, '이젠 쫄딱 망했구나.' 생각하면서 할 수 없이 고향으로 발길을 돌리게 되었습니다. 터덜터덜 그 걸음걸이가 얼마나 무거웠겠습니까?

이런 제자들에게 부활하신 주님께서 동행하시면서 최근에 예루살렘에서 일어났던 일들을 성경을 예로 들면서 설명해 주셨습니다. 그때 그들은 내면에서 우러나오는 그 무엇이 그들을 뜨겁게 감동하게 했습니다. 또한, 주님이 멀리 가려고 하시자, "이제 날도 저물었으니 저희와 함께 묵어 가십시오."라고 하면서 집안으로 모셨습니다. 그래서 식탁에 앉아서 빵을 떼어 나누어 주실 때 그들은 부활하신 주님을 만나 뵈었습니다.

형제자매 여러분, 여러분도 엠마오로 가던 제자들처럼 주님에 대해서 알려고 노력하면 부활하신 주님을 만나 뵐 수 있을 것입니다. 첫째로, 제자들은 부활하신 예수님을 만나 "길에서 우리에게 말씀하실 때나 성경을 풀이해 주실 때 속에서 우리 마음이 타오르지 않았던가?"라고 고백했듯이, 우리도 성경 말씀을, 주님을 알려고 공부하며 노력할 때 부활하신 주님을 만나실 수 있습니다. 두 번째로는 예수님께서 빵을 들고 찬미를 드리신 다음 그것을 그들에게 나누어 주실 때 그들의 눈이 열려 부활하신 예수님을 알아보았듯이, 우리도 성찬 예식을 통해서 빵을 떼어서 나눌 때, 곧 나눔을 실천할 때 부활하신 예수님을 만나실 수 있을 것입니다.

형제자매 여러분, 미사의 구성을 볼 때 두 부분으로 나눌 수 있는데, 어떻게 나눌 수 있겠습니까? 곧 말씀의 전례와 성찬의 전례로 나눌 수 있습니다. 결론적으로 미사성제에 열심히 참여할 때 부활하신 주님을 만나실 수 있습니다. 형제자매 여러분, 오늘 독서나 복음 말씀을 집에서 미리 읽고 오신 분, 손을 들어 보십시오. 미리 말씀을 읽고 묵상하고 공부를 하셨다면, 부활하신 주님을 만나 뵐 수 있습니다. 곧 성경을 통독한다거나, 필사한다거나, 성경공부반에 들어가서 공부를 하든지, 성경 말씀을 열심히 묵상함으로써 부활하신 주님을 만나 뵐 수 있습니다.

그리고 성찬의 전례를 통해서 정성을 들여 예물을 봉헌하고 빵을 나누고, 주님을 모실 때 부활하신 주님을 만나 뵐 수 있습니다. 기도 중에 제일 좋은 기도가 미사이기 때문입니다. 그러므로 주일미사뿐만 아니라 평일미사도 열심히 참여할 수 있도록 노력하는 신앙인이 되어야 하겠습니다.

어떤 부인(수잔 앤더슨)이 시력이 나빠 수술을 받았다가 수술이 잘못되어 그만 실명하고 말았습니다. 실명이 된 아내를 남편이 아내의 직장까지 매일같이 함께 출퇴근을 시켜 주었습니다. 그런데 어느 날 남편이 아내에게 "언제까지나 내가 당신을 데리고 다닐 수 없고, 당신도 언제까지나 날 의지할 수가 없으니까 이제부터는 당신 혼자 출근하시오."라고 말했습니다.

아내는 그 이야기를 듣고 남편의 말에 수긍은 했지만, 마음 한구석엔 섭섭함이 밀려왔습니다. 그래서 이를 악물고 혼자 출근하기 시작했습니다. 넘어지기도 하고, 부딪치기도 하고 때로는 서러워서 눈물도 흘렸지만 조금씩 적응이 되고 익숙해져 갔습니다. 그렇게 혼자 다니기 시작한 지 보름쯤 지난 어느 날, 버스를 탔는데 버스 운전사가, "부인은 좋겠네요. 아주 훌륭한 남편을 두셨군요. 매일 한결같이 부인을 보살펴 주는군요."라고 말하는 것입니다.

그 말을 들은 수잔 앤더슨 부인은 "무슨 말씀이신지요? 나는 혼자 있는데, 남편은 직장에 나갔는데, 무슨 말씀인가요?"라고 했습니다. 알고 보니까, 남편은 아내가 버스를 타면, 같이 타서 뒷자리에 앉고, 아내가 형제자매 여러분, 이렇게 사는 삶이 바로 신앙생활입니다. 하느님은 우리가 자립하기를 원하십니다. 그래서 때론 우리에게 고난과 역경을 주시기도 하십니다. 하지만 꼭 기억해야 하겠습니다. 시각 장애인인 아내를 언제나 뒤에서 지켜보고 있는 남편처럼, 하느님께서도 우리를 돌봐 주시기 위해서 언제나 동행하신다는 사실을 말입니다.

우리가 실의에 차 절망하고 있을 때, 고통 중에 있을 때, 주님께서는 우리를 업고 걸으셨고, 조금 전 예화에서 앞을 못 보는 부인의 남편처럼, 항상 뒤에서 지켜보시고 보호해 주시는 주님이십니다.

그러므로 형제자매 여러분, 우리는 제자들처럼 감히 "저녁때가 되어 이미 날도 저물었습니다. 저희와 함께 묵으십시오." 하고 멀리 가시려는 주님을 붙들어 모실 용기가 있어야 하겠습니다. 그래야만 부활하신 주님을 만나 뵐 수 있습니다.

더 나아가 우리는 주님께 모든 것을 맡기고, 신뢰하는 신앙을 가져야 하겠습니다. 토마스 사도처럼 부활하신 주님을 만나 뵙고 "저의 주님, 저의 하느님!" 하고 무릎을 꿇고 고백할 수 있도록, 신앙의 눈이 열려 부활하신 주님을 만나 뵐 수 있도록 도움을 청해야 하겠습니다. 진정 우리 모두 이 제사를 통해서 부활하신 주님을 만나 뵐 수 있는

---

26) https://m.blog.naver.com/jennita2/30187741384

영광을 주실 수 있도록 제자들처럼 감히 주님께 청합시다!

"저희와 함께 묵으십시오. 저녁때가 되어 가고 날도 이미 저물었습니다."(루카 24,29) 아멘!

주님의 목소리를 알아들어야

찬미 예수님! 형제자매 여러분, 오늘은 〈늙은 아버지와 아들〉이란 글을 먼저 소개해 드리겠습니다.

90세의 노인이 50세 된 아들과 거실에 마주 앉아 있었습니다. 그때 우연히 까마귀 한 마리가 마당의 나무에 날아와 앉았습니다. 그래서 늙은 아버지가 아들에게 물었습니다. "아들아~ 저게 뭐냐?" 그러자 아들은 다정하게 대답합니다. "네, 아버님. 까마귀입니다." 잠시 후, 늙은 아버지는 아들에게 다시 물었습니다. "얘야~ 저게 뭐냐?" 아들은 다시 똑똑한 발음으로 대답합니다. "네, 까마귀입니다. 까마귀요."

잠시 후, 늙은 아버지는 아들에게 세 번째 다시 물었습니다. "얘야~ 저게 뭐냐?" 그러자 아들은 고개를 돌리고 늙은 아버지를 바라보면서 큰 소리로 대답을 했습니다. "네, 아버님. 까마귀예요. 까마귀!" "아~ 그래." 늙은 아버지는 고개를 끄덕였습니다.

그런데 얼마 후, 늙은 아버지는 또 물었습니다. "얘야~ 저게 뭐냐?" 똑같은 질문이 벌써 네 번째였습니다. 반복되는 똑같은 질문에 드디어 아들은 짜증이 났습니다. 그래서 고개를 휙~ 돌리면서 퉁명스럽고 큰 소리로 쏘붙였습니다. "아~ 글쎄 까마귀라니까요! 까마귀! 안 들리세요?" 아들의 대답엔 늙은 아버지가 느낄 만큼 충분하게 짜증이 섞여 있었습니다. 늙은 아버지도 그걸 알아차렸습니다.

그러자 아버지는 방으로 들어가셨고, 방에서 뭔가를 들고나오셨습니다. 너무 오래되어 색이 바래진 아버지의 낡은 일기장이었습니다. 늙은 아버지는 그 일기장의 한쪽을 펼치고는 아들에게 건네주면서 읽어 보라고 말했습니다. 거기엔 이렇게 적혀 있었습니다.

　오늘은 까마귀 한 마리가 마당 나무에 날아와 앉았다. 네 살배기 내 아들은 "저게 뭐야?" 하고 물었다. 내가 "응~ 까마귀란다." 하고 대답해 주자, "까마구?" 하고 따라 했다. 참 귀엽고 신기했다. 아들이 말을 하다니. 그런데 이 녀석은 "저게 뭐야?" 하면서 조그만 입으로 연거푸 23번을 똑같이 물었다. 나는 사랑하는 아들을 내 무릎에 앉히고서 "응~ 까마귀란다. 까마귀. 따라 해 봐. 까마귀!" "까마구?" "아니~ 까마귀~" "까마구?"
　나는 까마귀라고 똑같은 대답을 23번을 하면서도 즐거웠다. 오늘 하루는 아들과 행복을 맛보며 대화를 했다. 사랑하는 내 아들….

　아버지의 일기장엔 자기가 네 살짜리 아기였을 때의 이야기가 적혀 있었다.[27]

　형제자매 여러분, 여러분 모두 자식을 키우고 있는 마당에 어버이날을 앞두고 한번 생각해 보시면 좋겠습니다. 먼 훗날 우리 자식들이 늙은 나에게 이러지 말란 법이 없습니다. 자녀들이 그 사랑을 보고 그대로 배우는 것입니다. 그러므로 어른이 된 우리가 먼저 부모님의 사랑에 다시 한번 감사하면서 모범을 보여야 하지 않겠습니까? "주 너의 하느님이 너에게 명령하는 대로, 아버지와 어머니를 공경하여라. 그러면 너는 주 너의 하느님이 너에게 주는 땅에서 오래 살고 잘될 것이

---

27) https://m.blog.naver.com/chodee318/221803661884

다."(신명 5,16)라는 하느님 아버지의 말씀을 명심하시면 좋겠습니다.

"아들아, 저게 뭐냐?" 늙으면 눈도 잘 안 보이고 기억력도 없어서 어린아이처럼 됩니다. 심지어 노망도 합니다. 내 걸음마 어린 시절 진자리, 마른자리 다 갈아 주시고 같은 말을 23번이 아니라 수십 번, 수백 번 물어도 모두 다 사랑으로 품어 주셨듯이 우리도 기쁨으로 모셔야 하지 않겠습니까?

오늘도 늙으신 부모님은 우리를 부르십니다. "아들아, 딸아, 저게 뭐냐?" "예, 아버님, 어머님. 저게 까마귀예요." "뭐라고? 까마구?"라고 하더라도 귀찮게 생각하지 말고 어린 시절 나를 바라보며 부모님이 대견하게 생각하며 행복했던 것처럼, 나도 연세 많으신 부모님이 참으로 이만하시길 다행이라고 생각하면서 감사해야 하지 않겠습니까?

형제자매 여러분, 역시 나를 낳아 주신 부모님께 사랑으로 감사드려야 함은 물론, 천지의 창조주이신 하느님 아버지께도 감사드리는 기쁨의 삶을 살아야 하지 않겠습니까? 천년도 하루같이, 우리를 돌보시고 먹이시는 하느님 아버지의 부르심에 언제나 "예." 하고 달려가야 하지 않겠습니까? 일 년이 365일인데, 며칠을 봉헌하며 살아가고 있습니까? 하루가 24시간인데, 몇 시간을 봉헌하며 살아가고 있습니까? 겨우 1주일에 주일미사 한 시간 내는 것도 이리 재고 저리 재고 아까워하지 않으셨습니까? 자기가 할 것 다 하면서 여행이나 동창 모임에는 기쁘게 달려가면서 하느님 아버지께는 바쁘다고 이런 핑계 저런 핑계 대면서 꽁무니를 빼지 않으셨습니까? 바로 이런 삶이 조금 전에 말씀드린 "아들아 저게 뭐냐?" 몇 번 계속해서 물어보는 질문에 짜증스럽고 퉁명하게 "까마귀라니까요? 까마귀! 안 들리세요?"라고 하느님께 소리치는 것과 같은 사람일 것입니다.

형제자매 여러분, 오늘은 성소 주일입니다. 성소란 '하느님의 거룩한 부르심'을 말합니다. 우리는 평신도로 살아가면서 이 하느님의 부르심에 기쁘게 응답해야 하지 않겠습니까? "아들아, 딸아, 이번 주일 성당에서 꼭 보자. 자주 성당에서 만나자. 레지오 회합이나, 반 모임에서 꼭 만나자."라고 말씀하시는 주님의 말씀에 여러분은 퉁명스럽게 대답하시겠습니까?

　형제자매 여러분, 오늘 복음에서 양들은 목자이신 주님의 목소리를 알아듣는다고 했습니다. 오늘도 푸른 풀밭으로 인도하시는 주님의 목소리를 듣고 만사를 제쳐 놓고 달려가야 하지 않겠습니까? 유행가에 '태평양을 건너서라도, 대서양을 건너서라도' 달려간다고 하지 않았습니까? 오늘 성소 주일을 맞이해서 나를 부르시는 하느님의 목소리를 알아들을 수 있는 신앙인이 되어야 하겠습니다.

　하느님께서는 아브라함을 부르셨습니다. "아브라함아, 아브라함아, 정든 고향을 떠나 내가 일러 줄 땅으로 가거라."(창세 12,1) "아브라함아! 예, 여기 있습니다. 너의 아들, 네가 사랑하는 외아들 이사악을 나에게 번제물로 바쳐라."(창세 22,1-2 참조)

　또 주님께서 떨기 가운데에서 "모세야, 모세야 하고 부르셨을 때, 예, 여기 있습니다…. 내가 이제 너를 파라오에게 보낼 터이니 내 백성 이스라엘 자손들을 이집트에서 이끌어 내어라."(창세 3,4-10)라고 하셨습니다.

　"주님께서 '사무엘아, 사무엘아' 하고 부르셨을 때, 사무엘은 '말씀하십시오, 당신 종이 듣고 있습니다.'"(1사무 3,10) 그들은 모두 하느님의 목소리를 알아듣고 기꺼이 응답했습니다.

　"양들은 주님의 목소리를 알아듣습니다." 그러므로 우리도 주님의 목소리를 알아들어야 하겠습니다. 그러기 위해서 라디오의 주파수를 맞추듯 주님의 목소리에 주파수를 맞출 수 있어야 하겠습니다. 주파수가 맞지 않을 때 잡음만 나고 들을 수 없을 것입니다.

　아울러 오늘 성소 주일을 맞이해서 많은 젊은이가 주님께서 부르시는 목소리를 알아듣고 사제나 수도자의 길로 나아갈 수 있도록 열심히 기도해야 하겠습니다.

> "이렇게 자기 양들을 모두 밖으로 이끌어 낸 다음, 그는 앞장서 가고 양들은 그를 따른다. 양들이 그의 목소리를 알기 때문이다."(요한 10,4) 아멘!

예수님과 무섬 외나무다리

경북 영주에는 무섬마을이라는 곳이 있습니다. 멀리서 보면 '물 위에 뜬 섬' 같다고 해서 '물섬마을'로 불렸는데, 언젠가부터 ㄹ 받침을 떼고 '무섬마을'이 됐다고 합니다.

영주시 문수면 수도리에 있는 무섬마을은 안동의 하회마을, 예천의 회룡포, 영월의 선암마을과 청령포와 같이 마을의 3면이 물로 둘러싸여 있는 대표적인 물돌이 마을입니다. 낙동강의 지류인 내성천과 영주천이 합수되어 태백산과 소백산 줄기를 끼고 마을의 삼면을 감싸듯 휘감아 돌아 마치 섬처럼 육지 속의 섬마을로 전통을 고스란히 간직한 채 살아가고 있는 마을입니다. 강변에 넓은 백사장이 펼쳐져 있고, 그 건너편으로는 울창한 숲이 있어 경관이 매우 아름답습니다.

이 무섬마을에 사람들이 들어와 살기 시작한 것은 17세기 중반으로 반남 박씨인 박수가 처음으로 이곳에 들어와 살기 시작했고, 이후 조선 영조 때 그의 증손녀 사위인 예안 김씨인 김대가 이곳에 들어와 살기 시작하면서 지금까지 반남 박씨와 예안 김씨 두 집안이 집성촌을 이루어 살고 있습니다. 현재 약 48가구에 100여 명의 주민이 거주하고 있는데, 가옥 중 38동이 전통가옥이고, 16동은 조선 시대 후기의 전형적인 사대부 가옥입니다. 예안 김씨는 선성 김씨라고도 하는데 현재 종친회에서 정식으로 부르는 이름은 예안 김씨라고 합니다.

이 '무섬마을'에는 한 가지 볼거리가 있습니다. 이것은 '한국의 아름다운 길 100선'에 드는 곳입니다. 무섬마을 전체를 태극 모양으로 에워

싸고 돌아가는 낙동강 지류의 내성천 위의 외나무다리입니다. 이 다리
는 바로 350여 년간 무섬마을과 강 건너를 연결해 준, 유명한 외나무다
리입니다. 1979년 수도교가 놓이기 전까지 무섬마을의 유일한 통로 역
할을 한 외나무다리는 길이가 무려 150m에 이르고, 폭은 30cm에 불
과한 다리입니다. 폭이 좁아 긴 장대에 의지한 채 건너야 합니다. 외나
무다리는 해마다 새로 다리를 만들었는데, 장마철이면 불어난 강물에
다리가 떠내려가기 때문이었다고 합니다. 수도교의 건설로 사라졌던
외나무다리는 최근 옛 모습 그대로 복원되어 매년 10월에 '나무다리 축
제'를 만들어 가는 중심이 되고 있습니다.

이 영주 무섬마을 외나무다리를 걷다가 중간에 걸터앉아 물소리, 바
람 소리를 듣다가 고개를 들어 사방을 둘러보는 것만으로도 온갖 시름
은 다 사라집니다. 한번 가 보고 싶지 않으십니까?

형제자매 여러분, 이 무섬의 외나무다리를 생각하시면서 여러분은
무엇을 생각하셨습니까? 저는 이 외나무다리를 생각하면서 예수님을
생각하게 되었습니다. 왜냐하면, 오늘 복음에서 예수님께서는 "나는
길이요, 진리요, 생명이다. 나를 통하지 않고서는 아무도 아버지께 갈
수 없다."(요한 14,6)라고 말씀하셨기 때문입니다. 이 외나무다리를 통
하지 않고서는 옛날에 아무도 무섬으로 들어갈 수 없었고 또 무섬에
서 나올 수도 없었기 때문입니다. 바로 이렇게 예수님은 섬을 연결해
주는 다리처럼 아주 중요한 역할을 하시는 분이십니다. 곧 우리와 하
늘나라를 연결해 주는 다리로서 '길이요, 진리요, 생명이신 분'이십니
다. 이 외나무다리를 건너지 않으면 아무도 무섬으로 들어갈 수 없듯
이 예수님을 통하지 않고서는 아무도 천국으로 들어갈 수 없기 때문
입니다.

그러므로 우리는 예수님을 열심히 믿고 그분의 말씀인 사랑을 실천함으로써 하늘나라를 향해 한 발 한 발 다가가야 할 것입니다. 왜냐하면 "우리의 주님은 길이요, 진리요, 생명이시기 때문입니다. 또 그분을 통하지 않고서는 아무도 아버지께 갈 수 없기"(요한 14,6) 때문입니다. 다 함께 외쳐 봅시다.

"나는 길이요, 진리요, 생명이다. 나를 통하지 않고서는 아무도 아버지께 갈 수 없다."(요한 14,6) 아멘.

자기야, 나한테 할 말 없어?

형제자매 여러분, 오늘 예수님께서는 제자들과 이별을 앞두시고 그들에게 지극한 사랑과 위로와 격려의 말씀을 해 주십니다.

"너희가 나를 사랑하면 내 계명을 지킬 것이다. 그리고 내가 아버지께 청하면, 아버지께서는 다른 보호자를 너희에게 보내시어, 영원히 너희와 함께 있도록 하실 것이다. 그분은 진리의 영이시다."(요한 14,15) "나는 너희를 고아로 버려두지 않고 너희에게 다시 돌아오겠다."(요한 14,18) "나를 사랑하는 사람은 내 아버지께 사랑을 받을 것이다. 나도 그를 사랑하고 그에게 나 자신을 드러내 보일 것이다."(요한 14,21)

형제자매 여러분, 〈송아지〉 노래 아시지요? 옛날 국민학교 1학년 때, 〈학교 종〉, 〈송아지〉, 〈비행기〉 같은 노래를 불렀는데, 언젠가 아동 미사 때 초등학교 저학년 어린이들에게 한번 불러 보라니까 잘 모르는 것 같았습니다. 그래서 다 함께 〈송아지〉 노래를 합창하게 했습니다. 그런 다음, "송아지는 엄마 소를 닮았는데, 여러분은 누구를 닮았습니까?"라고 물어보았습니다. 그랬더니 모두 "아빠, 엄마요."라고 대답했습니다. 그런데 한 어린이가 "예수님요!" 예수님을 닮았다고 했습니다. 이 어린이는 참으로 신앙적으로 영특한 대답을 했습니다.

모름지기 신앙인은 세례성사를 통해서 하느님의 아들딸들이 되었으니 아빠 하느님 아버지, 예수님을 닮아야 하지 않겠습니까? 형제자매 여러분, 하느님 아버지와 예수님을 닮으려면 어떻게 해야 하겠습니까? 사랑을 실천해야 하겠지요. 오늘 복음에서 "너희가 나를 사랑하면 내 계명을 지킬 것이다."라는 말씀대로 말입니다.

옛날에 농부가 송아지를 팔려고 하면, 어미 소를 몰고 우시장까지 함께 갑니다. 그러면 송아지는 어미 소를 졸졸 따라 아무것도 모르고 팔려 갈 우시장까지 옵니다. 그러다가 송아지가 다른 주인에게 팔려 고삐를 매고 끌려갈 때면 엄마 소도 울고 송아지도 몸부림치면서 울어 댑니다. 팔려 간 후에도 며칠 동안은 엄마 소도, 송아지도 계속해서 우는데 애처롭기 그지없습니다. 밥도 먹지 않습니다. 엄마 소 생각은 온통 송아지뿐이고 송아지도 온통 엄마 소 생각뿐이기 때문입니다.

"어미가 어떻게 자기의 젖먹이를 잊겠느냐? 설사 너희는 잊을지라도 나는 결코 너희를 잊지 않겠다."라고 말씀하신 하느님께서는 사랑 자체이시기 때문에 온통 우리 생각뿐이십니다. 그래서 예수님께서는 "너희는 악할지라도 너희 자식들에게 좋은 것을 줄줄 아는데 하물며 하늘에 계신 너희 아버지께서 구하는 너희에게 더 좋은 것, 곧 성령을 주시지 않겠느냐?"라고 말씀하셨습니다.

그래서 오늘 복음에서 제자들과 이별을 하시면서 예수님께서는 제자들에게 보호자 성령을 주시겠다고 약속하십니다. 그리고 더 나아가 너희를 고아처럼 버려두지 않고 다시 오겠다고 말씀하십니다. 형제자매 여러분, 고아원의 아이들을 한번 생각해 보십시오. 엄마 아빠가 얼마나 보고 싶고 그립겠습니까? 그리고 팔려 간 송아지처럼 외로움과 그리움에 얼마나 서럽게 울었겠습니까?

오늘 복음 말씀은 우리에게 참으로 위안이 되는 말씀을 해 주셨습니다. 그러므로 우리는 이러한 주님의 사랑에 감사하면서 응답하는 삶을 살아가도록 노력해야 하겠습니다. 형제자매 여러분, 그러면 주님의 사랑에 감사하면서 응답하기 위해서 우리는 어떻게 살아가야 하겠습니까?

어떤 한 남자분이 신혼 초에 친구들과 술 한잔을 하면서 재미있게 대화를 나누고 있었습니다. 그런데 갑자기 이 남자의 핸드폰이 울렸습니다. 바로 그 남자분의 부인이었습니다. 그래서 그 남자는 자신의 부인에게 "친구들이 그만 끊으라고 야단이다. 내가 다시 전화할게."라고 말했습니다. 그러자 그 부인이 "자기야, 나한테 할 말 없어?"라고 묻는 것이었습니다. 이 친구는 "무슨 말?" 하고 부인에게 되물었습니다. 부인은 "시옷 자로 시작하는 말 있잖아?"라고 말했습니다. 하지만 그 남자는 "그게 뭔데? 도저히 모르겠다!"라고 말했습니다. 부인은 답답하다는 듯이 이렇게 말했습니다. "시옷 자로 시작하고 '해' 자로 끝나는 말 있잖아?" 하지만 이 남자는 여전히 알아듣지 못하고 "모르겠다!"라고 말했습니다. 그 남자의 친구들은 전화가 길어지자 "야, 술맛 떨어진다. 빨리 대답하고 빨리 끊어!"라고 재촉했습니다. 그래서 그 남자는 부인에게 "야, 도저히 모르겠다. 그냥 끊자!"라고 말했습니다. 부인은 화난 목소리로 이렇게 말했습니다. "야, 시옷 자로 시작해서 '해' 자로 끝나고, 모두 세 글자야. 이제 알겠어?" 이 남자는 힌트를 듣고서야 드디어 "아, 이제 알았다." 하며 고개를 끄덕였습니다. 그리고 이렇게 말했다고 합니다. "수고해!"

형제자매 여러분, 이 부인은 남편으로부터 무슨 말을 듣고 싶어 했겠습니까? 이 남편의 부인은 "사랑해!"라는 말을 분명히 듣고 싶었던 것입니다. 하지만, 이 남자는 부인이 원하는 대답 대신에 "수고해!"라고 말한 것입니다. 하긴 "수고해!"도 시옷 자로 시작해서 '해' 자로 끝나고, 모두 3글자인 것은 맞습니다. 하지만 아내가 원하던 답은 아니었습니다. 자매님들, 한번 남편들한테 시험해 보세요. 뭐라고 대답하는지. 잘못 대답했다고 싸우지는 마시고요.

형제자매 여러분, 이제 예수님께서 제자들과 이별을 앞두고 있습니다. 주님께서 제자들에게 가장 듣고 싶은 말은 무엇이겠습니까? 형제자매 여러분, 이 순간에 예수님께서 여러분에게 가장 듣고 싶은 말은 무엇이겠습니까? 조금 전 부인이 남편에게 듣고 싶었던 말은 "사랑해!"란 말이었듯이 주님께서도 우리에게 가장 듣고 싶어 하시는 말은 바로 "주님, 사랑해요!"라는 말일 것입니다. 또한, 더 나아가 우리 이웃 사람들에게 사랑을 실천하기를 원하고 계십니다. 그런데 조금 전 예화에서 눈치 없는 그 부인의 남편처럼 그저 "주님, 수고하세요!"라는 엉뚱한 말만 한다면, 주님께서 얼마나 서운하시겠습니까?

형제자매 여러분, 이제 우리 주님께서 우리에게 간절히 듣고 싶어 하시는 말을 다 함께 외쳐 봅시다!

"주님, 사랑합니다!" "주님, 사랑해요!" "주님, 사랑합니다!" 아멘.

예수님의 신발 크기는?

형제자매 여러분, 여러분은 예수님에 대해서 얼마나 잘 알고 계십니까? 혹시 예수님의 신발 크기를 알고 계십니까? 예수님의 신발 크기는 272mm입니다. 왜 272mm인지 제 이야기를 잘 들어 보시면 이해되시리라 믿습니다.

로마에 가면, '쿼바디스 도미네' 성당이 있습니다. '쿼바디스 도미네' 이 말이 무슨 뜻이지요? 그보다도 먼저, 로마의 황제 얘기부터 하겠습니다. 로마의 네로 황제는 정신착란으로 로마 시내에 다 불을 지르도록 명령합니다. 그래서 이 대화재로 로마가 한순간에 다 불타 잿더미로 변해 버렸습니다. 백성들의 원망이 대단했습니다. 도대체 화재의 원인이 무엇인가? 폭동이 일어날 것 같았습니다. 이것을 잠재우기 위해 이 로마시의 대화재의 원인을 천주교도들이 불을 질렀기 때문이라고 덮어씌웠습니다. 그래서 로마시의 방화 혐의자인 천주교인들을 모조리 잡아 가두고 박해하기 시작하였습니다. 심지어 콜로세움 원형 경기장에 끌어내어 사자나 호랑이 이런 맹수들의 밥이 되게 해서 사람들의 구경거리로 만들었습니다. 이런 잔인한 박해 속에서 박해를 피해 베드로 사도는 급히 로마를 떠나 달아나게 됩니다. 그런데 한참 도망을 쳐 달아나다 보니 누가 그 앞을 떡 버티고 막고 있었습니다. 주님이었습니다. 깜짝 놀란 베드로가 "쿼바디스 도미네(주여, 어디로 가시나이까?)"라고 물었습니다. 그러자 주님께서는 "네가 버린 내 양들을 위해 내가 또다시 십자가를 지러 로마로 올라간다."라고 하셨습니다. 베드로는 주님의 이 말씀을 듣고 잘못을 뉘우치며 통곡하면서 다시 발길을 돌려 박해 현장인 로마로 돌아가게 됩니다. 결국, 베드로는 다시 잡혀 주님을 증언하다가 순교의 영광을 차지하게 됩니다.

형제자매 여러분, 이 '쿼바디스 도미네' 성당은 베드로가 로마의 박해를 피해 도망치다 주님을 만난 바로 그 자리에 세워져 있습니다. 성당 안 제대 중앙에는 십자가가 걸려 있고 좌우 벽면에는 십자가에 못 박히신 예수님의 그림과 거꾸로 십자가에 매달리어 순교한 베드로의 순교 그림이 그려져 있습니다. 그리고 뒤편 성당 안 입구에는 도망치던 베드로를 만났을 때 떡 버티고 섰던 주님의 두 발자국이 대리석에 선명하게 나타나 있습니다. 거기에 신발을 벗고 제 발을 대 보니 제 발과 똑같았습니다. 내 신발이 272mm이니까 예수님 신발은 몇 mm가 되겠습니까? 여러분, 이제 이해되십니까?

그건 그렇고 실제로 예수님이 승천하신 곳은 이스라엘 올리브산 정상 부근인데 그곳에는 조그마한 예수님 승천 경당이 세워져 있습니다. 그 경당 뒤편에는 조그만 바위가 하나 있는데, 예수님께서 승천하실 때 오른쪽 발에 힘을 주어서 조금 푹 패여 있습니다. 사실인지는 몰라도 그 바위가 경당 안에 있습니다.

형제자매 여러분, 하여튼 오늘 독서와 복음을 보면, 제자들이 우러러보는 가운데 주님께서 하늘로 올라가셨습니다. 오늘 화답송 시편에서는 그 기쁨을 이렇게 노래하고 있습니다. "환호 소리 가운데 하느님이 오르신다. 나팔 소리 가운데 하느님이 오르신다. 모든 민족들아, 손뼉을 쳐라. 기뻐 소리치며 하느님께 환호하여라." 이렇게 주님 승천의 기쁨을 노래하고 있습니다. 환호 소리 가운데, 나팔 소리 가운데 승천하시는 주님을 보고 제자들은 물끄러미 쳐다보고 있었습니다. 그런데 두 천사가 나타나서 "갈릴레아 사람들아, 왜 하늘을 쳐다보며 서 있느냐? 너희를 떠나 승천하신 저 예수님께서는, 너희가 보는 앞에서 하늘로 올라가신 모습 그대로 다시 오실 것이다."(사도 1,11)라고 말씀해 주었습니다.

　형제자매 여러분, 우리 주님께서는 제자들이 지켜보는 가운데 영광스럽게 하늘나라로 올라가셨습니다. 왜 주님께서 승천하셨겠습니까? 이 주님 승천의 목적은 첫째, 예수님께서는 죄와 죽음의 승리자로서 하늘나라의 문을 열어 주시기 위해서입니다. 우리보다 앞서가심은 무엇보다도 하늘나라의 문을 여시어 길을 트기 위해서입니다. 하늘나라의 길에 대한 개통식 날이 바로 주님께서 승천하신 날입니다. 그래서 주님께서는 하느님과 사람 사이의 중개자가 되셨습니다. 성부 오른편에 좌정하시어 세상의 심판자가 되셨습니다. 그리고 하늘과 땅의 주님이 되셨습니다.(승천 감사송 참조) 그리고 둘째는, 하늘나라에 우리 자리를 마련하시기 위해서입니다. 요즘 우리는 식당이나 음악회나 중요한 자리에 가기 위해서는 예약을 미리 해야 합니다. 예약하지 않으면 들어가지도 못합니다. 그런데 우리 주님께서 하늘나라에 우리 자리를 예약해 놓으시니 얼마나 든든하겠습니까? 그러므로 예수님의 말씀을 열심히 믿고 따르고 실천해야 하겠습니다. 셋째, "내가 떠나는 것이 너희에게 이롭다. 내가 떠나지 않으면 보호자께서 너희에게 오지 않으신다."(요한 16,7)라는 말씀대로 우리 주님께서 먼저 가심은 하느님의 선물인 성령을 보내 주시기 위해서입니다. 그리고 마지막으로 주님께서 승천하신 이유는 우리의 희망을 하늘에 두도록 하기 위해서입니다. 그래서 오늘 승천 감사송에서는 "저희 머리이시고 으뜸이신 분이 앞서가심은, 비천한 인간의 신분을 떠나시려 함이 아니라, 당신 지체인 저희도 희망을 안고 뒤따르게 하심이옵니다."라고 밝히고 있습니다. 그러므로 우리는 언제나 천상 고향을 바라보며 희망 속에서 이 세상을 기쁘게 살아가야 하겠습니다.

형제자매 여러분, "갈릴레아 사람들아, 왜 하늘을 쳐다보며 서 있느냐? 너희를 떠나 승천하신 저 예수님께서는, 너희가 보는 앞에서 하늘로 올라가신 모습 그대로 다시 오실 것이다."(사도 1,11)라는 천사의 말씀을 생각하면서 하늘만 쳐다보고 있을 것이 아니라, 현실로 돌아와 오늘 복음 말씀, "너희는 온 세상에 가서 모든 피조물에게 복음을 선포하여라."(마르 16,15)라는 말씀을 실천해야 하겠습니다. 이 복음 선포는 온 세상의 모든 피조물이 다 해당됩니다. 그러므로 예수님께서 승천하시기 직전에 당부하신 말씀, 예수님의 유언을 꼭 실천함으로써 하늘나라에 보화를 많이 쌓는 현명한 신앙인이 되어야 하겠습니다.

"너희는 온 세상에 가서 모든 피조물에게 복음을 선포하여라."(마르 16,15) 아멘!

성령은 보호자, 하느님의 힘

형제자매 여러분, 사람은 살아가면서 후견인이 필요합니다. 여러분들의 보호자, 후견인은 누구십니까? 어렸을 때는 부모님이나 형님, 누나, 친구 같은 사람이 함께 있으면 겁 없이 으스대고 했습니다. 누가 나를 때리고 괴롭힐 때 도와주는 사람이 있다면 참으로 든든합니다. "엄마, 쟤가 나 때렸어." "그래, 어떤 놈이야!" 가서 혼내 줍니다. 형이 상급 학년에 있으면 든든합니다. 누가 혹시 때리거나 놀리면 그들을 혼내 주거나 위험으로부터 보호해 주기 때문입니다.

때로는 권력도 힘이 됩니다. 청와대 누구다, 검찰청 누구다 하면 웬만한 일은 전화 한 통화만으로 통했습니다. 그래서 권력 사칭을 해서 비리를 저지르는 일이 얼마나 많습니까? 또, 돈도 힘이 됩니다. 가난하고 미개한 나라일수록 돈이 통합니다. 이집트에 가니 가이드 말이 이 나라는 돈이면 안 되는 일이 없답니다. 며칠씩 바쁘다면서 놀다가 급행료 주면 즉시 일이 해결됩니다. 이렇게 그만큼 사람이나 돈이나 권력이 배경이 되고 힘이 됩니다.

그런데 이런 것들은 다 힘이 한계가 있습니다. 사람도 나이 들면 힘이 없고 곁을 떠나 죽습니다. 권력도 떨어지면 허무하고 돈도 사라지면 그뿐입니다. 그래서 부자가 3대를 못 간다고 하지 않습니까?

하지만 형제자매 여러분, 우리 곁에는 든든하고 영원한 후원자가 계십니다. 그분이 누구이시겠습니까? 그분은 바로 성령님이십니다. 성령님은 '보호자'라고도 불리는데, '빠라끌리또'라고 합니다. 성령을 헬라어로 '파라클레토스'-'곁에'라는 뜻을 가진 '파라'와 '돕는 자'라는 뜻을 가진 '클레토스'가 합친 단어입니다. '곁에서 나를 돕는 자' 또는 '변호사', '상담자', '위로자'라는 뜻도 있습니다. 내 곁에 언제나 계시며 나를 도와주시고 영원토록 함께 하시고 위로하시고 상담해 주시고 변호해 주시는 분이 성령님이십니다. 그렇다면 이 험난한 세상 풍파를 헤치며 살아가는 우리에게 성령은 얼마나 힘이 되겠습니까? 그래서 성령은 우리들의 보호자일 뿐 아니라, 한 마디로 하느님의 힘, 에너지입니다.

형제자매 여러분, 낙숫물이 바위를 뚫을 수 있을까요? 한 방울 한 방울 떨어지는 빗방울은 아무것도 아니지만, 어젠가 바위가 닳아 구멍이 파입니다. 그 힘과 위력이 대단합니다. 형제자매 여러분, 옛날에 큰 바위를 어떻게 잘랐는가 한번 생각해 보셨습니까? 옛날엔 바위를 자르는 전기톱도 없었는데 말입니다. 경주 남산에 가 보면 옛날 선조들이 큰 바위를 어떻게 잘랐는가 그 해답을 주는 흔적이 남아 있습니다. 자르려고 하는 큰 바위에다 정으로 구멍을 팝니다. 일직선으로 드문드문 자르려고 하는 방향으로 말입니다. 그 구멍에다 겨울에 물을 가져다가 붓습니다. 그러면 물이 스며들어 얼어 부풀어 금이 갑니다. 거기에다 쇠로 된 쐐기를 박고 계속해서 물을 부어 얼리면 조금씩 금이 가다가 결국엔 쫙 갈라집니다. 참으로 지혜가 대단합니다. 이렇게 성령은 물이 얼어 금이 가 바위를 가르듯이 보이지 않는 하느님의 힘입니다.

형제자매 여러분, 이렇게 성령은 하느님의 힘, 에너지입니다. 하느님의 힘을 받으면 안 되는 것이 없습니다. 동정녀 마리아가 잉태하여 예수님을 낳았듯이 말입니다. 자동차에서 배터리가 방전되면, 차 시동을 걸 수 없습니다. 다시 충전해야 합니다. 이와 마찬가지로 방전된 배터리를 재충전하듯이 우리 신앙생활도 오래 살다 보면, 방전되어 재충전이 필요합니다. 이 재충전은 바로 성령을 받는 것입니다. 형제자매 여러분, 오늘 성령강림 대축일을 맞이하여 성령의 은혜를 충만히 받고 방전된 인생 재충전을 하시기 바랍니다. 그래서 모두 신바람 나는 신앙생활을 하시기 바랍니다.

형제자매 여러분, 아랫글을 잘 들어 주시기를 바랍니다. 〈공짜로 열 번 태워 주세요〉라는 제목의 글입니다.

저는 평범한 회사 생활을 하는 34살의 회사원입니다. 용인 민속촌 근방의 회사에서 근무하다가 회사 일 때문에 서울 역삼역 근처 본사에 가게 되었습니다. 용인 회사에 있을 때는 자가용을 이용하여 출퇴근하다가 막상 서울을 가려고 하니까, 차도 막힐 것 같고 지하철을 타자니 너무 답답할 것 같아서 오랜만에 버스를 타고 가기로 마음먹고 버스를 기다렸습니다. 언제나 그랬듯이 버스는 만원이라고 생각했는데, 그날은 보통 때와 다르게 서 있는 사람은 4명 정도고 모두 앉아 있는 상태였습니다. 구성쯤 도착해서 막 출발을 하려고 할 때의 일입니다. 한 할아버지가 양손 가득히 짐을 들고 버스를 간신히 탔습니다. 한눈에 보기에도 당신의 아들이나 딸에게 주려고 시골에서 가져온 식료품같이 보였습니다. 그리고, 나서 한 10미터 정도 앞으로 나갔을까요? 갑자기 버스가 급정거하는 것이었습니다. 놀란 사람들이 앞을 바라보았습니다. 운전기사가 할아버지에게 차비 없으면 빨리 내리라고 했습니다. 할아버지는 어쩔 줄 몰라 하며 한 번만 태워 달라고 애원하다시피 말을 하고 있었습니다. 마음속으로 운전 기사에게 어르신한테 너무한다며 뭐라고 말하고 싶었지만 차마 입이 떨어지지 않았습니다. 그런 찰나에 초등학생으로 보이는 여자아이가 앞으로 성큼성큼 걸어갔습니다. 그리고는 가방을 내려놓고 여기저기 뒤지기 시작했습니다. 그리고 기사 아저씨한테 막 소리를 지르는 것이었습니다. "(귀가 떨어져 나갈 정도의 큰 소리로) 할아버지잖아요! 아저씨!! 앞으로는 이렇게 불쌍하신 분들 타시면 공짜로 10번 태워 주세요."라고 말하면서 만 원짜리를 돈통에 넣는 게 아니겠어요? 순간 눈물이 핑~ 돌 정도의 찡~ 함이 제 가슴을 스치고 지나가더군요. 그리고는 할아버지를 자기가 앉아 있던 자리로 모시고 가는 게 아니겠어요. 정말 제가 태어나서 이렇게도 창피했던 적이 있었나 하는 순간이었습니다. 나 아닌 다른 사람들도 같은 마음이었을 거로 생각합니다. 왜 이렇게도 고개를 들 수가 없고, 어른이라는 게 이렇게도 후회가 되는 하루였습니다. 내릴 때쯤 다 왔을 때 저는 만 원을 지갑에서 꺼냈습니다. 그리고는 내리는 문이 열렸을 때 그 꼬마 주머니에 만 원짜리를 얼른 찔러 넣고는 도망치듯 뛰어내렸습니다. 그렇게라도 하지 않으면 제 마음이 편치 않을 것 같았습니다.[28]

형제자매 여러분, 어른들도 가만히 있는데, 초등학생 어린이에게 그런 상황에서 어떻게 그런 용기가 있었겠습니까? "할아버지잖아요! 아저씨!! 앞으로는 이렇게 불쌍하신 분들 타시면 공짜로 10번 태워 주세요." 아마 성령의 역사하심이라 생각됩니다. 성령은 이렇게 우리에게 용기를 줍니다. 예수님의 제자들도 그랬습니다. 제자들은 목숨을 바쳐 순교까지 하면서 용감하게 부활하신 주님을 증언했습니다. 그래서 오늘 두 번째 독서에서 바오로 사도는 "성령에 힘입지 않고서는 아무도 예수님은 '주님이시다.' 할 수 없다."(1고린 12, 3)라고 했습니다. 이렇게 성령은 힘과 용기를 줍니다. 또한, 성령은 첫 번째 독서에서 여

---

28) https://uhy4351.tistory.com/856

러 나라 사람들이 모였지만 다 알아듣고 일치를 이루었듯이 성령은 하나가 되게 합니다.

그러므로, 형제자매 여러분, 오늘 성령강림 대축일을 맞이하여, 한 분도 빠짐없이 성령의 은혜를 충만히 받음으로써, 인생 재충전하시기를 간절히 빕니다. 그리고 더 나아가 사도들을 본받아서 정말로 힘차게 냉담자 회두를 비롯해서 전교를 열심히 하시기를 바랍니다. 또한, "성령은 하나가 되도록 한다."라고 했습니다. 분열이나 다툼이 있는 곳에는 절대로 성령이 역사하시지 않습니다. 어떠한 처지에서든지 기도하면서 하나가 되도록 힘쓰는 풍기성당 가족이 되시기를 기원합니다.

"오소서. 성령님, 저희 마음에 오소서!" 아멘!

연중 시기

아름다운 배려를 위한
예수님의 부르심과 파견

오늘은 〈아름다운 배려〉라는 글을 먼저 소개해 드립니다.

결혼을 앞둔 두 연인은 누구보다도 굳은 사랑을 맹세하며 큰 희망에 부풀어 있었다. 남자는 둘이 살 작은 아파트를 준비했고, 여자는 그 보금자리를 채울 혼수품을 보러 다니며 행복해했다.

그렇게 두 사람이 들뜬 마음으로 결혼 준비를 하고 있을 때, 여자의 아버지가 사업에 실패하여 큰 빚을 지게 되었다. 설상가상으로 여자의 아버지는 그 충격으로 쓰러져 병원에 입원까지 하셨다. 남자는 여자를 진심으로 위로했고, 여자도 자신이 어려울 때 함께해 주는 남자가 있어 든든했다. 그들은 아버지의 병세가 호전되기를 기다렸다가 결혼식을 올리기로 했다. 다행히 여자의 아버지는 오래지 않아 회복되었다.

그런데 결혼을 몇 주 앞둔 어느 날, 남자가 여자에게 어렵사리 고백을 하는 것이었다. "그동안 숨겨서 미안해. 사실 그 아파트…. 사지 못했어. 그런데 자기가 그 아파트를 너무 마음에 들어 해서 차마 말하지 못했어. 정말 미안해…." 여자도 사실 새 아파트에 들여놓을 혼수품을 준비할 형편이 아니어서, 고민을 하던 차였기 때문에 그 말에 그다지 실망하지 않았고 남자의 거짓말을 용서했다. 그들은 새 아파트 대신 작은 전세방에 보금자리를 꾸몄다. 그런데 남자가 가져다주는 월급이 결혼

전에 이야기하던 것보다 너무 적었다. 그래도 여자는 알뜰살뜰 사는 것도 신혼 재미라고 느끼며 꼼꼼하게 살림을 했다.

그러는 사이에 여자의 아버지도 건강을 완전히 되찾고 다시 사업을 시작하여 재기에 성공하였다. 그런데 사람의 마음이란 게 참 간사했다. 친정 형편이 다시 좋아지자 여자는 자신의 빠듯한 신혼살림이 궁상맞게 느껴졌고, 비좁기만 한 전세방도 구질구질하게 보였다.

결혼 전 아파트를 사 두었다는 남편의 거짓말, 월급 통장에 찍힌 쥐꼬리만 한 액수…. 이 모든 게 상처로 되살아났다. 그러자 그렇게 사랑스럽던 신랑이 마냥 미워졌다. 결국, 여자는 어느 날 친정어머니에게 속상한 마음을 털어놓았다. 여자는 푸념과 하소연을 늘어놓으면서 서러움에 눈물을 쏟았다. 그런데 어머니의 눈에서도 조용히 눈물이 흘러내리는 것이 아닌가?

"사실은 김 서방이 아무 말도 말라고 했는데 이제는 털어놓아야겠다." 어머니가 딸의 손을 꼭 잡고 들려준 얘기는 이러했다. 남자는 친정아버지가 그리되고 혼수를 마련할 형편이 못 되는 여자의 마음이 상할까 봐 아파트를 팔아 장인의 빚을 갚는 데 보탰다. 그리고 대출을 받아 장인의 병원비를 대고 자신의 월급에서 그 빚을 갚아 나갔던 것이다.

어머니의 이야기를 듣는 여자의 눈에서 하염없이 눈물이 흘러내려 얼굴을 적셨다. 그 눈물은 조금 전에 흘렸던 눈물과는 다른 깊은 감동의 눈물이었다.[29]

형제자매 여러분, 이렇게 아름다운 배려를 해 줄 사람이 이 세상에 어디 있겠습니까? 조금 전 읽어 드린 글에서 바로 그 남편은 아내를 위해서, 그 가족을 위해서 참말로 아름다운 배려를 했습니다. 이만큼, 이보다도 더 인류의 구원을 위해서 아름다운 배려를 한 분이 또한 계

---

29) 행복을 엮는 사람들, 《행복 쪼꼬렛》, 도서출판 하이퍼북, 2007, 138~140

십니다. 바로 그분은 십자가에 돌아가시면서 우리를 구원해 주신 예수님이십니다. 바로 그분이 오늘, 이 아름다운 배려를 몸소 실천할 제자들을 부르시고 파견하십니다. 그런데 그들의 구성원을 보면 빼어난 사람은 아무도 없습니다. 더구나 많이 배운 사람도 아닙니다. 우리와 별로 다르지도 않습니다. 그러므로 우리도 예수님의 제자가 될 수 있습니다. 그런 의미에서 역시 아름다운 배려를 위해 오늘 주님께서 우리를 부르시고 역시 파견하십니다. 정말 감사하는 마음으로 추수할 것은 많은데 일꾼이 적다는 주님의 말씀을 생각하면서 기쁜 마음으로 응답합시다. 예수님의 근심과 걱정을 들어 드립시다. 곧 예수님의 근심과 걱정은 "수확할 것은 많은데 일꾼은 적다."(마태 9,37)라는 것입니다. 우리 모두 팔을 걷어붙이고 앞장서야 하겠습니다.

또한, 주님께서 제자들을 파견하시면서 "그저 받았으니 그저 주어라."(마태 10,8)라고 말씀하십니다. 사랑은 "하나를 주고 하나를 바라는 것이 아닙니다. 더욱이 둘을 주고 하나를 바라는 것도 아닙니다. 사랑은 아홉을 주고도 미처 하나를 주지 못한 것을 안타까워하는 것입니다."(배론 성지 '님의 길' 팻말에서) 그러기에 제자들은 주님의 말씀에 따라서 미처 하나를 주지 못한 것을 안타까워하면서 목숨까지 바쳐 주님을 증언했습니다. 우리도 이런 마음으로 그저 받은 인생 감사하면서 그저 베풀 수 있도록 함께 노력합시다.

> "수확할 것은 많은데 일꾼은 적다."(마태 9,37)
> "그저 받았으니 그저 주어라."(마태 10,8) 아멘!

우리의 소원은 통일

"우리의 소원은 통일, 꿈에도 소원은 통일
이 정성 다해서 통일, 통일을 이루자.
이 겨레 살리는 통일, 이 나라 살리는 통일
통일이여 어서 오라, 통일이여 어서 오라."

형제자매 여러분, 방금들은 〈우리의 소원은 통일〉 노래 가사에서 '우리의 소원은 통일'이라고 하는데, 형제자매 여러분, 여러분들은 정말로 '통일'을 원하십니까? 정말로 여러분의 소원은 '통일'입니까? 믿어도 되겠습니까?

혹시 여러분 중에 북에 가족을 두신 이산가족 여러분 있습니까? 그들은 남북의 분단을 통해서 강제 생이별의 삶을 살고 있습니다. 여러분들은 TV를 통해서 이산가족 상봉을 보셨을 것입니다. 70여 년 생사를 모르다가 상봉한 그들 얼마나 기뻤겠습니까? 부둥켜안고 우는 그들의 모습을 볼 때 가슴이 찡합니다. 이산가족 상봉을 하고 떠나가는 버스 창가로 손을 내밀어 흔드는 그들의 아픔, 이젠 웃으며 헤어지자고 다짐을 하건만, 눈물이 앞을 가립니다. 언제 다시 만날지도 모르는 기약 없는 이 이별, 죽기 전에 다시 못 볼 그 얼굴들, 너무 가혹하지 않습니까? 외국에는 맘대로 가고 오고 하는데, 갈려고 해도 갈 수 없고, 오려고 해도 올 수 없는 이 민족의 아픔을 당사자가 아니면 어떻게 알겠습니까? 그래서 이 민족의 아픔을 이산가족들이 돌아가시기 전에 서로 만나야 하지 않겠습니까? 이산가족이 천만 명, 생존자가 13만 명이나 된다고 합니다. 그런데 그들 중에 몇 명이나 만났습니까? 그래서 이 이산가족들이 상봉할 수 있도록 반드시, 남북통일을 해야 합니다.

북한에 천주교 신자들도 있습니다. 성당도 있다고 하지만 자유롭게 신앙생활을 하고 있지는 않을 것입니다. 아마 숨어서 신앙생활을 하는 신자들도 분명히 있을 것입니다. 우리는 같은 신앙을 가진 신자를 형제자매라고 부릅니다. 북한에 있는 형제자매를 생각한다면 하루빨리 자유로이 하느님을 찬미할 수 있도록 통일을 이루어야 하지 않겠습니까? 옛날에 있던 평양교구, 함흥교구, 덕원 자치 수도원 구역 하루빨리 복구해야 하지 않습니까? 그러기에 통일기금도 필요하기에 오늘 통일기금 조성을 위해서 2차 헌금을 하게 됩니다.

우리는 한민족입니다. 같은 나라에서 태어나, 같은 말을 하고, 같은 역사를 갖고 있습니다. 그러기에 민족주의적인 차원에서 하나가 되기 위해서도 통일을 이루어야 합니다.

그런데 요즘, 젊은 세대들은 통일을 반기지 않는 것 같습니다. 만약, 통일되면 우리나라가 가난한 이북을 먹여 살려야 하는데 어떻게 먹여 살리겠느냐는 걱정 때문에 탐탁하게 여기지 않는 사람들도 있습니다. 그렇지만은 않습니다. 통일 비용이 많이 들긴 듭니다만, 경제적으로 오히려 이익이 된다고 합니다. 왜냐하면, 첫째, 북한은 지하자원이 아주 풍부합니다. 금, 은, 텅스텐, 철광석 등 특히 '희토류'라는 지하자원은 세계 2위랍니다. 이것은 첨단 전자기기 원료가 되고, 원자로를 제

어하기 위해서 꼭 필요한 중요한 자원이라는 것입니다. 그렇기에 북한의 자원과 남한의 자본이 합쳐지게 되면 대박을 이루게 된다는 것입니다. 이 지하자원 개발만 되면, 통일 비용을 상쇄하고도 남는다는 것입니다. 둘째, 관광자원입니다. 금강산, 백두산, 개성 등 역사 유적지입니다. 셋째, 인구 자원입니다. 저출산 세계 1위로 장래가 암담합니다. 반면에 통일이 되면, 인구는 5000만에서 8000만이 됩니다. 외국에 수출 안 해도 내수 경제가 확 돌아간다. 대학교 나와도 취직이 안 되지만, 쉽게 일자리를 얻을 수 있을 것입니다.

넷째, 물류 운송, 수출의 길이 열립니다. 중국, 러시아, 유럽 진출 발판이 됩니다. 또한, 송유관을 통해 러시아에서 가스, 기름 등 쉽게 수송하므로 운송비가 싸게 먹힙니다. 그러므로 기름, 가스 등 값이 싸집니다. 기름값이 오르면, 다른 물품값도 덩달아 오르는데, 차, 버스비, 기타 물건값이 안정되면 모든 물가가 안정됩니다. 그리고 대륙철도 등을 통해 수출을 쉽게, 빠르게 할 수 있습니다.

다섯째, 통일 비용이 많이 들긴 드는데, 분단 비용이 더 크다는 점입니다. 젊은이들은 모두 군대 가야 합니다. 황금 같은 젊은 시절에 옛날엔 3년, 지금은 1년 반 동안 개인적인 손해(공부, 연구, 돈)뿐만 아니라, 국가적 손해(월급, 의식주, 무기 구입, 국방비)도 엄청나게 큽니다.

통일 비용은 일정 기간만 드는데, 분단 비용은 영구히 들어갑니다. 그러므로 통일 비용 때문에, 북한을 먹여 살려야 하므로 부담된다고 생각할 필요가 없습니다. 통일 비용을 다 상쇄하더라도 오히려 경제적으로 이익이 됩니다. 경제적 효과가 엄청나게 커서 부강한 대한민국이 됩니다. 또한, 군사적 효과도 엄청나게 커서 세계에서 군사력으로 손꼽히는 부강한 나라, 핵보유국이 됩니다.

형제자매 여러분, 우리의 소원은 통일이라고 하는데 어떻게 통일을 이룰 수 있겠습니까? 그 방법은? 점진적으로 해야 합니다. 첫째, 끊임 없이 남북이 대화해야 합니다. 가정에서 부부가 대화하듯이 부모가 자녀와 대화하듯이 말입니다. 둘째, 남북이 문화적, 사회적 교류를 해야 합니다. 서로 이런 교류를 위해 왕래해야 합니다. 셋째, 남북이 서로 용서해야 합니다. 관용과 포용의 정신으로 인도주의적 지원을 해야 합니다. 적을 끌어안아야 합니다. 기도해야 용서할 수 있습니다.

옛날에 형과 동생이 부모 유산 관계로 싸웠습니다. 유산 때문에 서로 원수지간이 됐습니다. 동생은 성격도 비뚤어져 술만 먹으면 아들딸들을 쫓아내고 제수씨를 못살게 굽니다. 술주정 때문에 동네 사람들이 싫어합니다. 그런 동생이 가끔 찾아와 형에게 행패를 부리는데, 불을 싸지르겠다고 위협하기도 합니다. 이런 미운 짓만 할 때 형으로서 어떻게 해야 하겠습니까?

첫째, 들고 팬다. 너 죽고 나 죽자 싸운다. 그러면 둘 다 손해이고 결국 망합니다. 둘째, 서로 상대를 안 한다. 남남으로 산다. 제수씨가 맞아 죽든, 조카들이 쫓겨나도 못 본 체한다. 술주정으로 이웃에게 피해를 주든 말든 상관 안 한다. 곧 단절한다. 셋째, 달랜다. 용서와 화해로 끌어안는다. 그래, 필요한 게 뭐냐? 술 한잔 받아라. 그래, 유산 원한다면 네게 더 줄게. 사람답게 살아라. 못난 동생을 달래고 끌어안는다.

형제자매 여러분, 여러분들은 이 3가지 중에 어떤 방법을 선택하겠습니까? 우리가 통일을 이루기 위해서는 한없이 밉고, 상대하기 싫어도, 예화의 못난 아우처럼, 북한을 달래면서 끌어안아야 합니다. 그래서 오늘 복음에서 베드로가 예수님께 "제 형제가 잘못하면 몇 번이나 용서해 주어야 합니까? 일곱 번까지 해야 합니까?" 이 물음에 주님께서 뭐라고 대답해 주었습니까? "일곱 번이 아니라 일흔일곱 번까지라도 용서해야 한다."(마태 18,21-22) 라고 말씀하셨습니다. 이렇게 용서에는 한계가 없습니다. 무진장으로 용서해 주어야 한다는 것입니다. 바로 이 용서가 우리가 통일을 이루기 위해서 선행되어야 할 마음가짐입니다.

내 금강산 관광 개발해 줄게, 개성공단 잘 돌아갈 수 있도록 해 줄게. 백두산 관광할 수 있도록 비행장 만들어 줄게. 통일되면 너희들 기득권 다 인정해 주고 신분까지도 다 보장할게. 이렇게 적을 계속해서 끌어안아야 합니다.

형제자매 여러분, 오늘 두 번째 독서에서 바오로 사도는 우리가 통일을 위해서 해야 할 자세를 구체적으로 요약해서 말씀하고 계십니다. "여러분의 입에서 어떠한 나쁜 말도 나와서는 안 됩니다…. 다른 이의 성장에 좋은 말을 하여 은총을 가져다줄 수 있도록 하십시오…. 모든 원한과 격분과 분노와 폭언과 중상을 온갖 악의와 함께 내버리십시오. 서로 너그럽고 자비롭게 대하고, 여러분도 서로 용서하십시오…. 여러분도 사랑 안에서 살아가십시오."(에페 4,29-5,2 참조)

결론적으로 형제자매 같은 사랑으로 자비와 용서를 베풀 때 통일을 이룰 수 있습니다. 죽었던 아들이 다시 돌아왔다. 이보다 더 기쁜 일이 어디 있느냐? 탕자의 아버지처럼 끌어안아야 합니다. "그 돈 다 어떻게 했나? 썩 나가라. 보기도 싫다."라고 할 것이 아니라 다 과거는 불문으로 붙이고 자비와 용서로 끌어안고 사랑해야 합니다.

형제자매 여러분, 오늘 남북통일을 기원하면서 "둘이나 세 사람이라도 내 이름으로 모인 곳에 함께 하시겠다."라고 하신 하느님께 의탁하면서 하루빨리 남북통일을 이룰 수 있도록 기도해야 하겠습니다. 그런 의미에서 우리의 소원이 하늘까지 이르도록 크게 〈우리의 소원은 통일〉 노래를 다 함께 불러 봅시다!

"일곱 번이 아니라 일흔일곱 번까지라도 용서해야 한다." (마태 18,21-22) 아멘.

엄마는 유치원생

오늘은 서울 중랑구 치매지원센터에서 2013년 치매 극복 수기 응모 작인 〈엄마는 유치원생〉이라는 글을 먼저 소개해 드립니다.

"엄마 일어나세요. 학교 가야지." 그럼 엄마는 매일같이 "학교 가는 날이야?" 되물으며 무거운 몸을 일으켜 의자에 앉으신다. 혈관성 치매로 날짜와 시간개념이 없으신 우리 엄마는 항상 내가 깨워야 일어나신다. 씻기고, 입히고, 먹는 것까지도 챙겨야 하는 우리 엄마는 유치원생 어린아이와 똑같다. 마치 유치원 버스가 오기를 기다리듯. 주간 보호소 차가 집 앞에 도착할 때까지 밖에 나가서 엄마와 손잡고 설레는 마음으로 버스가 오기를 기다린다. 매일같이 반복되는 엄마와의 생활이 감사하게 느껴진다. 엄마를 내가 모신 지 2년이란 시간이 지났다. 환자인 엄마를 모시고 오기까지 쉽지 않은 일들이 참 많았다. 치매 환자를 돌보는 가족들과 아픔을 같이 공유하면서 돌이키고 싶진 않지만, 지난날 우리 가정에 있었던 일들을 적어 봅니다.

20년 전 음식 장사를 했던 엄마는 뇌졸중으로 쓰러지셨다. 깔끔하고 생활력 강하신 분이 쓰러지셨으니 아버지를 비롯한 우리 육 남매는 서로 우왕좌왕 어떻게 할 줄 몰랐다. 엄마는 그전에 장사를 그만두고 쉬어야 했는데 그놈의 욕심 때문에 몸도 챙기지 않고 무리하게 일했던 것이 화근이 되었다. 만날 엄마에게 장사를 맡겨 놓고 노름을 하는 아버지가 그 당시 무척 원망스럽고 미웠다. 아버지의 노름 때문에, 엄마는

늘 힘들어했다. 장사를 그만두라고 해도 엄마는 말을 듣지 않으셨고 혈압 약도 잘 챙겨 드시지 않았다. 병을 가볍게 여겼던 것 같다. 바쁘게 활동하셨던 분이 활동도 못 하고, 집에 있으려니 갑갑해서인지 만날 아무 말 없이 울기만 하셨다. 그리고 서너 번 미세하게 찾아온 뇌졸중. 처음에 뇌졸중으로 쓰러졌을 때는 그런대로 기억력도 뚜렷했고 말도 잘했고 행동하는 데 큰 문제가 없었지만 세 번째 뇌졸중은 엄마를 급속도로 변화시켰다. 집안 형편은 점점 어려워졌고 병원비 또한 만만치 않았다. 불행이 한 번 닥치니까 계속해서 불행이 찾아왔다. 삼복더위에 큰언니네 집에 놀러 가셨던 아버지가 저녁을 잘 드시고 춥다고 하시더니 쓰러지셨는데, 병원으로 호송되는 중에 구급차 안에서 돌아가셨다. (중략)

아버지가 돌아가시고 오빠 부부가 엄마를 10년이나 모셨다. 가끔 언니들이 돌아가면서 엄마를 모셔 가기도 했다. 긴 병에 효자 없다고 오빠도 지치고 올케언니도 지쳐서 부부 사이에 싸움이 잦았다. 언니들도 형편상 모실 수 없었고 막내인 나 역시 시부모님이 계셔서 모실 수 없었다. 엄마로 인해 그런 건지, 아니면 오빠 부부 사이에 형편이 기울고 오빠가 무능해서인지 만날 싸우고 집 안에서 큰소리가 나곤 했다. 엄마가 부부싸움의 큰 원인이었는데, 결국 오빠네는 이혼했다. 이혼 후 오빠의 생활은 참 비참했다. 가정을 끝까지 지키려 했는데 지키지 못했고, 하는 일마다 되지 않았던 오빠는 신경질적으로 성격까지 변해 자주 우울감에 빠져 있었다.

그때 우리에게 평생 잊을 수 없는 큰 불행이 또 닥쳐왔다. 오빠가 43살 되던 해 2월에 뇌출혈로 엄마와 똑같은 병으로 쓰러져 수술했는데, 왼쪽 편마비와 언어장애로 말을 전혀 할 수 없었다. (중략) 형편이 어려워 오빠를 큰 병원으로 옮기지 못했는데 중환자실에서 오른쪽 뇌혈관마저 손상되어 식물인간으로 8개월간 요양원에 있다가 동짓날 저세상으로 가셨다. 그때의 슬픔은 아버지가 돌아가신 것보다도 더 슬펐다. 젊은 나이에 부모님을 모시느라 고생을 많이 했는데 잘해 주지 못해서 미안했다. 오빠를 잃은 후 언니들이 돌아가면서 엄마를 모셨다. 큰언니가 엄마를 제일 많이 모셨는데 시골에서 농사일하랴, 가축 기르랴, 집안일 하랴, 엄마를 돌보랴, 오히려 큰언니가 병원에 입원할 상황이 되었다. 그래서 언니들이 엄마를 요양원에 모시자고 했다. 남동생도 엄마를 모시는 데 힘들어했다. 요양원에 모시자고 찬성하는 언니와 반대하는 언니들 사이에서 나는 무척 힘들었다. 누구 편을 들 수가 없었다. 시골에 계셨던 엄마를 내가 서울로 모시고 왔다. 등급을 받기 전까지 요양원에 계속 있었는데 등급을 받기 전이라 요양원에서 지내는 비용이 만만치 않았다. 건강보험 공단에 가서 몇 번 사정도 해 보고 도움도 요청했었다. 비용이 절반가량 드는 단기보호소로 엄마를 맡겼었다. 매일같이 말동무도 하고 목욕도 시켜 드렸는데 내가 집에 갈 때면 엄마의 표정이 늘 어두웠다. "나 좀 데려가라. 혼자 두지 말고." 하면서 매일같이 우셨다. 집으로 돌아오는 나의 발걸음은 늘 무거웠고 밤에 잠을 잘 수가 없었다. 엄마의 얼굴이 떠올라서…. 우는 엄마의 모습. 길 잃은 아이처럼 나만 바라보는 엄마. 내가 두고 갈까 봐 두려워하는 모습을 상상하니 죄책감이 들었다. 남편과 상의해서 우리 집 아래층에 엄마가 지낼 수 있는 방을 꾸미고 엄마가 편하게 생활할 수 있도록 공간을 만들어 놓고 요양원에서 엄마를 모시고 왔다. 요양원에서 엄마만의 방으로 오시던 날 엄마는 기쁨의 눈물을 흘리셨다. 엄마는 요즘 주간 보호센터에 다니고 계시는데 유치원 아이처럼 너무 좋아하신다. 미술치료, 원예치료, 노래를 배우면서 매일 우시기만 하셨던 엄마의 표정이 밝아지셨다.

　뇌출혈로 정신이 오락가락하는 줄 알았는데 선생님의 진단 결과 혈관성 치매라는 사실도 최근에 알았다. 시간, 날짜 개념이 없고, 대소변 요실금, 자식들 이름도 헷갈리고, 길도 잘 못 찾는 것이 치매 때문임을 알고 좀 더 자세하게 공부하기 위해 중랑구 치매지원센터에서 하는 희망 다이어리 10주 프로그램을 하루도 빠지지 않고 다닌 결과 지금은 치매에 대한 지식,

조호 기술, 대처 방법에 대해 자신감을 가지고 간호할 수 있게 되었다. 또한, 매달 조호 물품, 치료비 지원은 경제적으로 어려운 형편에 많은 도움을 주고 있다. 지금은 치매 진행을 막기 위한 약 복용을 하시는데 엄마의 상태가 점점 좋아지는 것 같아 나는 행복하다. 휴일인 오늘도 엄마는 유치원생 아이처럼 해맑은 모습으로 "학교 가는 날 아니냐?" 하며 내게 되묻곤 한다. 나는 늘 마음속으로 기도한다. '엄마의 건강 상태가 더 나빠지지 않게 해 주세요.' 중랑구 치매지원센터에서 교육이 있다고 하면 모든 일정을 미루고 오늘도 달려갑니다. 엄마와의 행복한 시간을 더 만들기 위해….

형제자매 여러분, 치매에 걸려 유치원생 같은 엄마와의 더 행복한 시간을 만들기 위해 고군분투(孤軍奮鬪)하는 막내딸을 볼 때 마음이 흐뭇합니다. 예수님께서는 "누구든지 내 뒤를 따라오려면, 자신을 버리고 날마다 제 십자가를 지고 나를 따라야 한다."(루카 9,23)라고 말씀하셨습니다. 역시 오늘 복음에서도 "제 십자가를 지고 나를 따르지 않는 사람도 합당하지 않다."(마태 10,38)라고 말씀하십니다. 형제자매 여러분, 그렇다면 '십자가'는 무엇이겠습니까? 그리스도교의 상징인 십자가의 의미는 무엇입니까? 우리는 흔히 인생을 살다가 우리를 힘들게 하는 어떤 사람이나 사건을 경험하게 되면 그것을 가리켜 자기의 십자가라고 말합니다. 그래서 어떤 이는 알코올 중독자인 자기의 남편을, 혹은 까다로운 시어머니를, 또는 자기 몸의 고질병을, 조금 전 예화의 치매 걸린 어머니를, '자신의 십자가'라고 말합니다. 심지어는 자신이 맡기 싫어하는 성당의 사목 임원 직책을 십자가라고 말하기도 합니다.

형제자매 여러분, 그렇다면 진정한 의미의 십자가는 무엇이겠습니까? 우리가 십자가의 참뜻을 이해하기 위해서는 먼저 예수님에게 있어서 십자가는 무엇을 의미하는지를 생각해야 합니다. 예수님의 십자가는 하느님의 뜻이었습니다. 그분이 십자가를 지신 이유, 십자가에 못 박혀 돌아가신 이유는 한마디로 예수님을 이 땅에 보내신 아버지 하느님의 뜻이었기 때문입니다. 형제자매 여러분, 만약 우리가 당하는 고통이 정말 하느님의 뜻을 이루기 위한 것이라면 우리는 어떠한 고통도 인내하며 감당해야 할 것입니다. 예수님이 지셨던 그 십자가를 우리 또한, 기꺼이 져야 합니다. "누구든지 내 뒤를 따라오려면, 자신을 버리고 날마다 제 십자가를 지고 나를 따라야 한다."(루카 9,23)라는 말씀대로 어떠한 고통도 인내하며 감당해야 할 것입니다. 또한, 조금 전 예화에서 치매 어머님을 모신 막내딸처럼 기쁨으로 십자가를 지는 행복한 신앙인이 되면 참으로 좋겠습니다.

  형제자매 여러분, 오늘은 교황님 주일입니다. 교황님은 세계적 종교적, 정치적 지도자이시며 바티칸시국의 국가 원수입니다. 또한, 교회의 최고의 지도자이시며 로마의 주교입니다. 교황님은 인류와 교회란 큰 배를 하늘나라로 안내하는 선장이십니다. 그러므로 세계 평화와 교회 발전에 기여할 수 있도록 교황님을 위해 기도하고 특별 사목 수행을 위해 도울 수 있도록 해야 하겠습니다. 교황님의 영육 간의 건강을 위해서 이 제사를 통해서 다 함께 열심히 기도합시다.

"제 십자가를 지고 나를 따르지 않는 사람도 합당하지 않다."(마태 10,38) 아멘.

주님의 초대장

모든 사람에게 다 근심과 걱정이 있습니다. 한마디로 이 세상은 모든 인생이 무거운 짐을 지고 아침부터 저녁까지 수고하는 곳입니다. 남녀노소를 막론하고 현대인은 피곤한 삶을 살아가고 있는 것만은 사실입니다. "힘들다, 피곤하다, 고독하다, 외롭다."라는 말들은 결국 편히 쉴 곳이 없다는 고백이며 절규입니다.

오늘 복음은 이처럼 세상일에 시달려 안식과 평안을 모르고 살아가는 인간들에게 또 날마다 무거운 짐에 억눌려 고통당하는 사람들에게 주님께서 부르시는 초대장입니다. "고생하며 무거운 짐을 진 너희는 모두 나에게 오너라. 내가 너희에게 안식을 주겠다."(마태 11,28)라고 하십니다. 얼마나 고마운 말씀입니까? 이 초대에는 조건도 차별도 없습니다. 누구나 다 부르십니다. 배운 사람, 못 배운 사람, 부자나 가난한 사람, 병든 사람이나 건강한 사람, 실패한 사람이나 성공한 사람, 선악인, 남녀노소 빈부귀천이 없습니다. 이 말씀은 어떤 누구라도 일단 하느님의 초대에 응하기만 하면 참된 안식과 평안을 얻게 된다는 주님의 초대입니다. 그러기에 이 말씀은 '복음, 곧 기쁜 소식'입니다.

어떤 사람은 살아가면서 현재 지고 있는 짐이 너무나 무거워 벗어버리고 싶은 사람들도 있을 것입니다. 부모님에 대한 자식으로서의 짐, 아내에 대한, 남편으로서의 짐, 남편에 대한, 아내로서의 짐, 자식에 대한 부모로서의 짐, 그리고 가족이 병고에 시달리는 고통의 짐,

매일 쪼들리는 가난의 짐…. 이런 짐들을 다 벗어 버리고 나만을 위한 삶을 살아 보고 싶을 때도 있을 것입니다. 너무 무겁고 힘들어 벗어 버리고 도망가고 싶을 때도 있었을 것입니다. 예를 들면, 중풍으로 하루 종일 누워 다른 사람의 신세를 져야 하는 사람들, 그냥 드러누워 의식도 없이 숨만 쉬고 있는 사람, 불치의 병을 앓고 있는 사람들, 치매에 걸려 엉뚱한 말만 하고 가족들을 애태우는 사람, 암으로 고통 속에 투병하는 사람, 본인도 고통스럽고 그것을 지켜보는 가족들은 얼마나 고통스럽고 안타깝겠습니까? 하루아침에 부도가 나 길거리로 쫓겨났을 때, 가정이 파탄되었을 때, 형제나 아니면 이웃과 원수가 되어 고통 속에 시달릴 때, 억울하게 누명을 쓰고 고통을 씹을 때, 절망의 깊은 구렁에 빠져 헤어 나오지 못할 때, 죄를 짓고 고통에 시달릴 때 등등. 이러한 무거운 짐을 벗어 버리고 도망치고 싶었을 때도 있었을 것입니다.

예수께서는 이런 우리들의 무거운 짐을 보시고 말씀하십니다. "수고하고 무거운 짐 진 자들아 다 내게로 오라, 내가 너희를 편히 쉬게 하겠다."라고 말입니다. 이 말은 "해방을 주시겠다."라는 말씀입니다. "모든 마음의 고통에서 자유를 주시겠다."라는 말씀입니다. 이 말은 "죄의 속박에서, 생활의 고통과 구속에서, 정신의 모든 불안과 걱정에서 이 세상의 모든 근심 걱정에서 해방을 얻게 해 주시겠다."라는 말씀입니다.

인간은 누구나 수고해야 하고 무거운 짐을 지고 가는 존재입니다. 누구든지 사람은 누구나 다 근심 걱정 속에 삽니다. "저 사람은 근심과 걱정이 조금도 없을 거야?" 생각하고 만나 보면 근심과 걱정이 몇 배나 더 있는 사람도 있습니다. 여기 근심이나 걱정이 없는 분, 있으시다면 한번 손을 들어 주십시오. 사람들은 겉으로는 웃는 것 같습니다. 그러나 속으로 우는 사람들도 많습니다. 남모르는 한숨을 짓는 아픔과 슬픔이 있습니다. 그렇습니다. 우리네 인생길에 나타나는 일상의 짐이 얼마나 많습니까? 그 짐을 어떤 사람은 잠자리까지 가져갑니다. 그래서 잠을 잘 못 이루는 불면증에 시달리기도 합니다. 여러분, 살아가는 것이 너무 무겁고 힘드십니까? 그러면 여러분이 지신 무거운 짐을 주님 앞에 다 내려놓으십시오. 분명히 가볍게 해 주실 것입니다.

이스라엘에는 '희년'이라는 제도가 있는데, 50년마다 한 번씩 돌아오는 이 '희년'에는 그동안 수족처럼 부리던 노예들도 다 풀어 주고 농작물을 생산해 준 밭도 쉬게 해 주는 제도입니다. 희년을 맞아 어느 부자가 하인들을 다 모아놓고 "희년이 되어 내일이면 너희 모두 우리 집을 떠나는 날인데 마지막으로 오늘 밤에 이 볏짚으로 새끼줄을 다 꼬고 내일 떠나도록 하라."라고 말했습니다. 하인들은 여기저기서 불평불만을 토로했습니다. "아니, 우리 주인님 너무 하시는 것 아니야? 50년 동안이나 죽도록 부려 먹었으면 이제 내일이면 떠나는데 오늘 밤만은 좀 편하게 쉬도록 해 주어야 하는 것 아니야? 정말 해도 해도 너무해!"라고 말입니다. 어떤 하인은 볏짚을 발로 걷어차고, 어떤 하인은 내일이면 해방인데 잠이나 자자고 하면서 자 버렸고, 또 어떤 하인은 대충 할 요량으로 듬성듬성 굵게 엉터리로 새끼줄을 꼬고, 그래도 그중에는 '이제까지 50년 동안 갈 곳 없는 우리를 먹여 주고 재워 주었는데 마지막까지 주인의 말에 복종하고 끝까지 충성해야지.' 하는 마음으로 정성스럽게 새끼줄을 꼰 하인도 있었습니다. 드디어 긴 밤이 지나고 해가 떠올라 해방의 아침을 맞이했습니다. 하인들은 얼마나 기뻤겠습니까? 주인이 와서 하인들을 모두 불러 놓고 보따리를 풀었습니다. 그 안에 무엇이 있었겠습니까? 돈이었습니다. "자, 너희가 어젯밤에 꼰 새끼줄에다가 이 돈을 꽂아 가지고 가도록 하라."라고 말했습니다. 새끼줄을 꼬지 않은 하인은 물론이거니와 듬성듬성 흉내만 낸 하인도 돈을 새끼줄에 꽂아 흔들었을 때, 다 빠져 하나도 못 가지고 갔습니다. 끝까지 주인에게 복종하고 충성된 하인은 자기가 새끼줄을 꼰 만큼 많은 돈을 가지고 제2의 인생을 새롭게 기쁘게 시작할 수 있었다고 합니다.

형제자매 여러분, 예나 지금이나 마찬가지인 것 같습니다. 사람은 많으나 진실로 충성된 자들이 드물고 수고하기보다는 수고 없이 한순간에 일확천금을 꿈꾸는 사람들이 많은 것 같습니다. "고생하며 무거운 짐을 진 너희는 모두 나에게 오너라. 내가 너희에게 안식을 주겠다. 나는 마음이 온순하고 겸손하니 내 멍에를 메고 나에게 배워라. 그러면 너희가 안식을 얻을 것이다. 정녕 내 멍에는 편하고 내 짐은 가볍다."(마태 11,28-30)라고 오늘 복음 말씀은 말하고 있습니다.

형제자매 여러분, 예수님도 우리가 우리 자신에게 주어진 멍에를 기쁜 마음으로 기꺼이 질 때, 우리에게 주어진 멍에를 주님께서 함께 짊어져 주실 것입니다, 우리에게 주어진 멍에를 우리가 메지 않을 때는 아무런 도움도 기대할 수 없을 것입니다. 내 어깨에 걸머진 멍에가 참 무겁습니다. 어떤 때는 정말 다 던져 버리고 새처럼 훨훨 혼자 날아오르고 싶을 것입니다. 정작 혼자 날면 더 높이 비상할 것 같은 마음이 들 것입니다. 그러나 예수님께서 말씀하셨습니다. "나를 따르고자 한다면, 자신의 십자가를 지고 따르라."라고 하셨듯이 이왕 질 멍에, 이왕 할 수고, 끝까지 주인의 말에 복종하고 충성한 하인처럼 기쁜 마음으로 짊어져야 하지 않겠습니까? 그러면 덤으로 주인이 하인들에게 새끼줄에 돈을 꽂는 포상을 내려 주시듯이 우리 주님께서 하늘나라 열쇠를 손에다 꼭 쥐여 줄 것입니다. 이것이 횡재가 아니고 무엇이겠습니까?

"고생하며 무거운 짐을 진 너희는 모두 나에게 오너라. 내가 너희에게 안식을 주겠다."(마태 11,28) 아멘!

농부이신 하느님

형제자매 여러분, 하느님은 누구이시겠습니까? 그 직업으로 말할 것 같으면 하느님의 직업이 무엇인지 알고 계십니까? 목자, 의사, 기관사, 조종사, 항해사, 목수, 선생님, 관리인, 사장, 왕…. 성경에 뭐라고 되어 있을까요? 하느님은 '농부'이십니다. 요한복음 15,1을 보면 "나는 참 포도나무요, 나의 아버지는 농부이시다."

농부이신 하느님께서는 당신 아들 예수님을 이 세상에 파견하셨습니다. 이 세상 농사를 잘 짓도록 말입니다. 하느님 아버지가 농부라면 그 아들 예수님도 역시 농부이십니다. 그렇다면 예수님을 믿고 추종하는 사람들은 무엇이 되어야 하겠습니까? 역시 농부가 되어야 합니다. 우리는 오늘 농민주일을 맞이하여 농민들의 마음을 헤아리고 그 수고와 노고에 감사를 드려야 하겠습니다.

"나의 아버지는 농부이시다."(요한 15,1)라고 아주 분명하게 예수님께서 말씀하셨습니다. 하느님 아버지는 농부이십니다. 그러므로 이 말씀은 진짜 농부로 살아가는 신자 여러분들에게 얼마나 위안이 되는 기쁜 소식입니까? 우리와 똑같이 논밭에서 일하고, 햇볕에 얼굴이 까맣게 그을린 그분이 우리 하느님이십니다. 그전까지는, 하느님은 늘 저 위 하늘에서 왕관을 쓰시고 옥좌에 앉아 이래라저래라 명령을 내리시는 모습으로만 들어 왔었는데, 자신들과 똑같은 모습의 하느님, 정말 우리 곁에 계시는 하느님이라는 것을 알고 무척 기뻤을 것입니다. 그래서 예수님은 오늘도 그렇게 우리처럼 땀 흘려 일하시는 농부의 모습으로 하늘나라에 대한 비유를 들려주십니다.

농부들의 상황은 열악해서, 일반 농부들의 농지는 대부분 척박한 산을 일구어 낸 것입니다. 밭 가운데에는 큰 바위도 있고 자갈도 많고 나무와 잡초가 우거져 엉망입니다. 그래도 농부는 큰 돌을 주워 내고 대충 다듬어서 밭을 갈고 고랑을 타서 씨를 뿌립니다. 산바람도 만만치 않고, 밭도 폭이 넓지 않아서, 씨는 좋은 땅에만 떨어지지 않습니다. 어떤 씨앗은 바람에 날려 길바닥에 떨어지기도 하고, 어떤 것은 돌밭에, 어떤 것은 가시밭에 떨어집니다.

형제자매 여러분, 여기에서 씨 뿌리는 사람의 비유에서 농부는 누구이겠습니까? 하느님과 그 아들 예수님이십니다. 그러면 그 씨앗은 무엇입니까? 그 씨앗은 하느님의 말씀입니다. 씨앗이 떨어진 그 다양한 땅들은 하느님의 말씀과 가르침을 듣고 있는 우리 자신들의 마음의 밭을 비유하고 있습니다. 하느님은 좋은 땅, 좋은 사람에게만 은총을 베푸시는 것이 아니라, 선인에게나 악인에게나 똑같이 비를 내려 주시듯이 마음의 밭이 엉망인 사람에게도 은총을 베푸시는 자비로우신 분이십니다.

씨 뿌리는 사람의 비유에서 어떤 씨앗은 길바닥에 떨어졌습니다. 길에 떨어져 열매를 맺지 못했습니다. 왜냐하면, 씨앗이 땅속으로 들어가지 못했기 때문에 새들이 날아와 쪼아 먹었습니다. 길은 굳어 버린 딱딱한 우리의 마음을 의미합니다. 마음이 굳어져 버려 다른 사람들과 하느님이 자신에게 전하는 말을 받아들이지 못합니다. 전교하러 방문했을 때 문도 안 열어 줍니다. "다른 집에나 가 보시오!" 이런 신자들을 무슨 신자라고 불러야 하겠습니까? 소위 이런 신자들을 '문전박대 신자'

라고 부릅니다.

또 다른 씨앗은 돌밭에 떨어졌습니다. 돌밭은 돌로만 되어 있는 땅이 아니라 돌이 많은 땅을 의미합니다. 씨앗이 돌밭에 떨어지면 싹이 나와 움을 트지만, 흙이 얕아서 뿌리를 내리지만 강렬한 태양이 떠오르자마자 금방 말라 죽어버립니다. 돌밭은 양은냄비처럼 쉽게 뜨거워지고 쉽게 차가워지는 마음을 의미합니다. 무언가 좋은 것을 들으면 쉽게 열정에 싸이고, 무언가 사건이 터지면 쉽게 흥분하게 되지만 조금만 시간이 지나고, 조금만 변화가 생기면, 언제 그랬냐는 듯이 시들시들하다 말라 죽습니다. 세례받고 열심히 성당 나오다 어떤 조그만 어려움이 닥치면, 누구와 말다툼을 하거나 싫은 소리를 듣게 되거나 이해타산이 맞지 않으면, 냉담을 하는 신자들이 여기에 속합니다. 이런 신자들을 무슨 신자라고 불러야 하겠습니까? 라면을 빨리 끓이려면 양은냄비에 끓이듯이 소위 이런 신자들을 '양은냄비 신자'라고 합니다.

또 어떤 씨앗은 가시덤불 속에 떨어졌습니다. 가시덤불이 자란다는 것은 그 땅이 기름지고 좋은 땅이라는 증거입니다. 그런데 문제는 그곳에 떨어진 좋은 씨앗보다 가시덤불이 더 빨리 자란다는 것입니다. 결국, 씨앗이 자라긴 자라지만, 함께 자라고 있는 가시덤불에 뒤덮여 약하게 자랍니다. 가시덤불이 자라는 땅이 의미하는 것은 참 좋은 사람이긴 한데 세상 걱정과 온갖 유혹에 쉽게 흔들려 버리는 약한 사람을 뜻합니다. 돈 좀 더 벌면 냉담 풀고 성당 나온다는 사람, 퇴직하면 나온다는 사람, 장사 접으면 나온다는 사람, 돈과 권력과 명예 때문에 흔들립니다. 주일이 되면 여행 가고 등산 가고 취미 활동에 빠져 냉담합니다. 뭔가 좀 어려움이 닥치면 점쟁이를 찾아갑니다. 형제자매 여러분, 이런 신자들을 어떻게 불러야 하겠습니까? 이런 신자들을 소위 '갈대 신자'라고 합니다. 신앙이 꿋꿋하지 못하고 바람 부는 대로 흔들립니다.

또 다른 씨앗은 좋은 땅에 떨어져 100배, 60배, 30배의 열매를 맺습 농부가 뿌린 좋은 씨앗과 좋은 땅이 만나 큰 열매를 맺게 됩니다. 씨앗 자체만으로 맺어 낸 결실도 아니고, 땅 자신만 열심히 해서 얻어진 결과도 아닙니다. 농부와 땅이 함께 이루어 낸 결실입니다. 씨앗이 아무리 튼실하고 좋다고 하지만, 씨앗이 떨어진 마음의 밭의 여건이 안 맞는다면 어찌 좋은 열매와 소출을 기대할 수 있겠습니까? 만약에 내 마음의 밭이 길바닥처럼 굳어 딱딱하다면, 괭이로 파 일구어야 합니다. 만약에 내 마음의 밭이 돌밭이라면, 그 돌들을 주워 내고 다듬어야 합니다. 만약에 내 마음의 밭이 가시덤불과 잡초로 우거져 있다면 뇌소리 캐내야 합니다. 바로 이런 수고를 감수 인내해야 좋은 결과를 기대할 수 있을 것입니다. 흔히 이렇게들 이야기합니다. 나는 왜 신심이 없습니까? 나는 왜 열심하지 못합니까? 노력 없이 되겠습니까? 수고 없이 열매를 기대할 수 있겠습니까? 좋은 땅으로 만들기 위해, 의도적으로 기도하고 평일 미사나 피정이나 기도회에 참여하고 반 모임에 나가서 다른 사람들은 어떻게 살고 있나 들어 보고, 희생하고 봉사하고 선행하고, 단체나 레지오에 가입하여 열심히 활동하고 기도함으로써 마음의 밭이 나도 모르게 좋은 땅으로 바뀌지 않겠습니까?

오늘 복음의 결론은 농부이신 하느님과 예수님께서 내 마음의 밭에 말씀의 씨앗을 뿌렸습니다. 이 말씀의 씨앗이 잘 자라서 열매를 맺을 수 있도록, 내 마음의 밭을 옥토로, 좋은 땅으로 만드는 것입니다. 여기엔 꼭 인간적인 노력과 수고를 통해서 100배의 열매를 맺을 수 있을 것입니다. 그러면 농부이신 하느님께서 무척 기뻐하실 것입니다. 그리고 농부이신 하느님을 생각하면서 농민 여러분, 자부심을 갖고 열심히 일하십시오! 아울러 오늘 농민주일을 축하드립니다.

> "나의 아버지는 농부이시다."(요한 15,1) 아멘!

양 도둑이 성자가 되다!

형제자매 여러분, 다음 질문에 스스로 대답해 보시기 바랍니다. "하느님께서는 왜 악인들을 벌하지 않고 그냥 내버려 두시는가?"라는 문제입니다. 신문을 보거나 TV 뉴스를 들으면, 우리를 우울하게 하고 몹시 화가 나게 하는 일들로 가득 차 있습니다. 세상은 참 공평하지 못한 것 같습니다. 온갖 나쁜 짓을 다 하고, 권력과 돈으로 부정부패를 저지르고 약자와 가난한 사람들을 갈취하고도 사람들이 별 탈 없이 잘 살고 있습니다. 그런 모습을 볼 때마다 우리는 의문이 들지 않을 수 없습니다. 천벌을 받을 사람들, "도대체 하느님은 어디에 계시는가? 하느님께서는 왜 저런 악인들을 처벌하지 않으시는가?" 한번 스스로 대답해 보십시오.

미국의 서부 개척이 한창이던 시절에 양을 훔친 두 젊은이에게 형벌이 내려졌습니다. 그리고 그들의 이마에 양 도둑 Sheep Thief란 단어의 첫 글자를 따서 'ST'라는 낙인을 찍었습니다. 한 사람은 도망가서 나쁜 짓을 계속하며 양 도둑으로 살았습니다. 반면 다른 한 사람은 그 마을에 머물면서 속죄하는 마음으로 살았습니다.

그는 마을의 궂은일을 앞장서서 해결했습니다. 어려운 가정의 뒷바라지를 하는가 하면 형벌을 받다가 부상한 이웃을 위해 대신 매를 맞아 주기도 하였습니다. 세월이 흘러 자신의 죄를 알고 있는 사람들은 거의 세상을 떠났습니다. 그러나 양 도둑은 여전히 마을 사람들을 위해 헌신하며 살았습니다.

그러면서 세월이 흘렀고 마을은 인구도 늘고 더욱 활기차게 변했습니다. 그리고 양 도둑은 이제 마을에서 존경받는 인물이 되었습니다. 학교 행사나 결혼식 같은 중요한 일에 가장 먼저 초대되고 축사를 부탁받는 인물이 되었습니다. 여전히 그의 이마에는 'ST'라는 낙인이 남아 있었습니다. 어느 날 한 꼬마가 자기 할아버지에게 물었습니다. "할아버지, 그 사람의 이마에 ST라는 글자가 무슨 뜻이어요?" "그것은 말이다. 너도 알다시피 그 사람은 마을 사람들을 위해서 좋은 일을 너무나 많이 하기에 성인, 성자란 뜻이야. 성인 'Saint'란 단어 알지? 그 첫 글자 S와 마지막 글자 T를 뜻하는 거야." 이렇게 마을 사람들은 그 글자를 이제 성인 Saint의 약자라고 생각했습니다.[30]

형제자매 여러분, 이렇게 양 도둑이 이제 성인, 성자가 되었습니다. 이 세상엔 개과천선한 사람들이 많습니다. 형제자매 여러분, '개과천선(改過遷善)'이란 말이 무슨 뜻이지요? 한자의 뜻을 새겨 보면 '고칠 개', '허물 과', '옮길 천', '착할 선' 자를 씁니다. 그러니까 과거의 허물을 고쳐서 착한 사람이 되는 것을 말합니다.

형제자매 여러분, 조금 전에 말씀드린 "양 도둑이 성자가 되었다."라는 이 예화는 바로 오늘 복음 '가라지의 비유'에 대한 해답을 알려 줍니다. 주인이 종들에게 "왜 밀밭의 가라지를 뽑지 말라고 했을까?"에 대한 해답을 알려 줍니다. 또한 "하느님께서는 왜 악인들을 처벌하지 않는가?"에 대한 해답도 알려 줍니다.

현재 나쁜 가라지라도 언젠가는 좋은 밀이 될 수 있다는 것입니다.

---

30) http://ym4206.tistory.com/16942303

오늘 첫 번째 독서 지혜서의 말씀대로 하느님께서는 지은 죄에 대하여 회개할 기회를 주시는 어지신 분이시기 때문입니다.

첫째, 만에 하나라도 가라지를 뽑으려다 밀까지 뽑을까 하는 우려 때문입니다. 둘째는 돌아온 탕자처럼 "아버지, 하늘과 아버지께 죄를 지었다."라고 회개하는 사람들을 위한 유예기간을 주시기 위해서입니다. 조금 전에 말씀드린 예화처럼 양 도둑도 성인이 될 수 있기 때문입니다. 이런 관점에서 셋째로, 하느님 외에는 이 세상의 아무도, 어떤 누구도, 남을 판단하지 말아야 한다는 것입니다. 왜냐하면, 지금 착한 사람이 악한 사람이 될 수 있고, 악한 사람이 선한 사람이 될 수 있기 때문입니다. 지금 열심한 사람이 나중에 냉담자가 될 수도 있고 냉담한 사람이 열심한 신앙인이 될 수 있기 때문입니다. 넷째로 마지막 때, 추수 때에 밀과 가라지를 분리하여 밀은 천국으로, 가라지는 지옥 불구덩이에 던져 버린다는 주님의 심판에 대한 경고입니다.

형제자매 여러분, 그러므로 가라지의 비유에 대한 것을 교훈 삼아 결코 남을 판단하지 말고 어지신 주님을 본받아 좀 더 인내심을 발휘하여 참고 용서하는 삶을 살아가도록 노력해야 하겠습니다.

> "수확 때까지 둘 다 함께 자라도록 내버려 두어라."(마태 13,30) 아멘.

나의 보물 제1호는?

형제자매 여러분, 오늘 복음에서는 보물과 진주의 비유를 들려주십니다. 여러분의 삶에 있어서 보물 제1호는 무엇입니까? 이 질문에 앞서서 여러분들에게 질문 하나 하겠습니다. 제일 뒷자리에 앉으신 유식한 분들에게 묻겠습니다. 우리나라 보물 제1호는 무엇이지요?(흥인지문-동대문), 그러면 우리나라의 국보 제1호는 무엇이지요?(숭례문-남대문) 그렇다면 보물과 국보의 차이점이 무엇인지 알고 계십니까?

국보와 보물의 차이점은 〈문화재보호법〉 제23조에 의하면, 문화재위원회의 심의를 거쳐 유형문화재 중 중요한 것을 보물로 지정할 수 있는데, 보물에 해당하는 문화재 중 인류 문화의 관점에서 볼 때 그 가치가 크고 유래가 깊은 것을 문화재위원회의 심의를 거쳐 국보로 지정할 수 있다고 규정되어 있습니다. 이해하기 쉽게 설명하자면, 국보와 보물은 종류, 형태, 재질 등이 유사하지만, 보물에 해당하는 문화재 중에서 가치가 큰 것을, 국보로 지정하게 되어 있으므로 그 가치에 있어서 국보가 보물보다 더 크다고 할 수 있습니다.

그건 그렇고 본론으로 돌아와서 여러분에게 있어서 진정 보물은 무엇입니까? 나의 보물 제1호는 무엇입니까? 먼저 초등학생들의 보물 1호가 무엇인지 알아보겠습니다.

다음 글들은 어린이 신문에 실린 3학년 1반 어린이들의 글입니다.(2009. 12. 15) 보물 제1호가 무엇인지 5명만 간추려 봅니다.

> ① **박영민:** 나의 보물 1호는 컴퓨터이다. 왜냐하면, 재미있는 게임을 할 수도 있고 어른이 돼서 일도 할 수 있기 때문이다.
>
> ② **주은혜:** 나의 보물 1호는 돈과 통장이다. 왜냐하면, 돈을 꾸준히 모아 통장에 모아 둔 다음 대학생 때 옷도 사고 물건도 사고 남은 돈은 엄마 아빠께 드려 맛있는 것도 사 드리고, 입고 싶은 옷도 사 드리기 위해서입니다.
>
> ③ **이유경:** 나의 보물 1호는 할머니께서 주신 목걸이다. 왜냐하면, 할머니가 돌아가시면 그것을 할머니처럼 아낄 것이다. 그런데 할머니께서는 건강하셔서 돌아가시지 않는다.
>
> ④ **이윤경:** 나의 보물 1호는 예수님입니다. 왜냐하면, 저를 위해 십자가에 못 박히시고 기도를 하면 들어주시고 항상 제 편이시고 저의 마음을 알아주시기 때문입니다. 수학 인증 때도 열심히 기도함으로써 2학기 때 100점, 이번에도 100점이기 때문입니다. 기도하면 들어주시는 예수님이 좋습니다.
>
> ⑤ **최수경:** 나의 보물 1호는 친구입니다. 그 이유는 우정도 많이 쌓았고 함께 웃고 울고 또 같이 많이 놀기 때문입니다. 만약 친구가 없다면 재미도 없고 즐겁지 않기 때문입니다.
>
> 다음은 어른들의 보물 제1호가 무엇인지 알아보겠습니다.
>
> ① 나의 보물 1호는 신랑이다. 귀여운 2세가 태어나면 다시 생각해 봐야 하겠다.
>
> ② 결혼하고 아기 낳기 전 보물 1호는 우리 남편이다.(엄마는 보물 0호) 그러나 지금 나의 보물 1호는 우리 딸이다. 남편에게 미안하지만,

딸내미가 아프면 가슴이 찢어지고 남편이 아프면 "약 먹어!"다.
③ 나의 보물 1호는 아이들이다. 2호는 신랑, 3호는 가족들이다.

　형제자매 여러분, 다른 사람들은 이렇게 생각하고 있는데 여러분에게 있어서 보물 제1호는 무엇입니까? 보석과 귀금속입니까? 아니면 남편이나 아내, 부모님, 자녀들입니까? 아니면 돈이나 권력이나 명예, 재산입니까? 아니면 학위나 건강입니까? 자문해 보시기 바랍니다.

　오늘 복음에 나오는 보물과 진주의 비유에서처럼 모든 것을 다 팔아서 갖고 싶은 것, 진정 나의 소유물로 하고 싶은 것이 무엇입니까? 모든 것을 희생하고서라도 이것만 가지면 행복하다고 생각할 수 있는 것이 무엇이겠습니까? 조금 전 어린이 신문에서 밝혔듯이 "나의 보물 1호는 예수님입니다. 왜냐하면, 저를 위해 십자가에 못 박히시고 기도를 하면 들어주시고 항상 제 편이시고 저의 마음을 알아주시기 때문입니다."

　그렇습니다. 그렇다면, 이제 하느님의 보물 제1호가 무엇인지 알고 계십니까? 하느님의 보물 제1호는 바로 '인간'입니다. 당신이 창조하신 '사람'입니다. 그래서 하나밖에 없는 외아들을 이 세상에 보내 주셨습니다. 게다가 그 외아들을 십자가에 내어 주시기까지 할 정도로 사람들을 사랑하셨습니다. 이 세상에 이런 분이 어디 있겠습니까? 그러므로 여러분들의 보물 제1호는 마땅히 하느님이 되어야 하지 않겠습니까? 그래서 예수님을 따르던 제자들은 "나를 따라라!"라는 주님의 말씀에 모든 것을 버리고 주님을 따랐습니다. 모든 것을 버려도 조금도 아깝지 않고 행복한 삶을 위해서 보물을 차지하기 위해서 그렇게 했던 것입니다. 우리 신앙 선조 순교자들도 가장 귀중한 보물을 발견했기 때문에 목숨을 헌신짝처럼 버렸습니다. 오늘날의 성직자들과 수도자들도 이 귀중한 보물인 주님과 영원한 하늘나라를 위해서 이렇게 사는 것이 아니겠습니까?

형제자매 여러분, 여러분의 보물 제1호는 무엇입니까? 다음 글을 묵상하시면서 나의 보물 제1호를 다시 정립하시기 바랍니다. 더 나아가서 나의 보물 제1호가 아니라 이제 국보 제1호로 바꾸어야 하지 않겠습니까?

〈아들의 배신〉

"아들~ 아들이 요즘 많이 바쁜 것 같은데…. 엄마가 가서 밥도 해 주고 빨래도 해 주고 하면 어떨까? 아들은 바쁜데 엄마 혼자 편하게 지내는 거 같아 괜히 미안하네." "아니에요. 엄마가 오면 제가 더 힘들어져요. 일도 바쁜데 엄마까지 신경 써야 해서요." 수화기 너머로 들려오는 아들의 목소리에 힘이 쭉 빠졌다. 그리고 나도 모르게 눈물이 주르륵 흘러내렸다. 이제 나는 갈 데도 없구나. 정말로 하느님만 붙들고 살아야 하는 건가? 남들처럼 가족이 대화하면서 때로는 욕도 하며 그렇게 부딪히며 살고 싶은데.

남편이 악성 뇌종양으로 수술을 받기 전에는 온실 속 화초처럼 아무 어려움 없이 살았다. 남편을 하느님 곁으로 보낸 지도 벌써 7년, 이제 아들과 달랑 둘만 남았는데, 이렇게 떨어져서 살아야 하는 건가? 전화기를 놓고 한참을 울었다. 나의 보물 1호인데…. 나름대로 자기 관리를 잘하는지라 어려서부터 엄마가 참견하는 거 싫어했던 아들. 그래도 '집에 오면 엄마가 빨래해 주고 밥해 주니까 좋다고 할 때는 언제고….' 은근히 화도 나고 얄미워졌다.

노인대학 봉사가 있는 날이라 서운한 마음을 꾹 참고 성당으로 향했다. 성체조배실에서 예수님께 일러바쳤다. '예수님, 이제 저에게는 예수님밖에 없어요. 제 보물 1호가 저를 버렸어요. 차라리 잘됐어요. 사실 저는 그 일을 감당하지 못할 수도 있어요. 그래도….'

그렇게 기도한 후 바쁘게 어르신들과 기도하고 성경 공부도 하고 율동도 하고 동아리 활동까지 마쳤다. 그래도 아들에 대한 서운한 감정이 사라지지 않았다. 아들을 잘 아는 자매에게 아침에 있었던 일을 이야기했다. "언니가 많이 서운했나 보네. 그런데 요즘 제가 엄마한테 그래요. 엄마가 허리가 무척 아프신데도 우리 집에 오면 아픈 몸으로 일을 하시려고 해서 말렸더니. '너는 내 손발을 꼭꼭 묶어 놓는 거나 마찬가지다.' 하시는 거예요." "아, 생각해 보니 나도 엄마한테 그랬어. 엄마 편하게 해 드린다고 김장도 나 혼자 하고, 동생한테도 엄마 힘드니까 네가 하라고 하면서…." 엄마는 혼자 사는 내가 안쓰러워 무엇이든 해 주고 싶어 했는데…. 이제야 아들의 마음을 알 것 같다. 아들의 마음도 나와 같았으리라. 이제는 더 이상 엄마가 해 주시는 밥을 먹을 수 없는데…. 괜스레 오늘따라 하늘나라 가신 엄마가 더욱 보고 싶어진다.

어제는 오랜만에 아들과 데이트를 했다. 그동안의 서운함보다는 애인을 만나듯 설레었다. 함께 식사하며 그동안 나누지 못한 이야기를 하다 보니 왜 이리도 시간이 빨리 가는지. 그동안 있었던 일을 조곤조곤 이야기해 주고, 내 이야기도 잘 들어 주면서, 때로는 자상한 남편이 되었다가 때로는 다정한 딸이 되어 주는 아들. 엊그제 통화하고 나서 서운했다고 말하니 아들은 멋쩍게 웃으며 "엄마, 아들 알잖아. 이제는 덜 바쁘니 전화도 자주 할게."라고 말한다.

"괜찮아, 너를 보물 1호로 정했던 건 나의 집착이었던 것 같구나. 이제 보물 1호를 바꾼다. 나의 보물 제1호는 하느님이야!" 아들 덕분에 나는 한 뼘 더 하느님과 가까워졌다.[31]

---

31) 조인숙, 《가톨릭 다이제스트》, 2017년 6월 호

"하늘나라는 밭에 숨겨진 보물과 같다. 그 보물을 발견한 사람은 그것을 다시 숨겨 두고서는 기뻐하며 돌아가서 가진 것을 다 팔아 그 밭을 산다."(마태 13,44) 아멘!

부활과 천국의 예고편

형제자매 여러분, 사람이 옷을 벗으면 알몸이 됩니다. 허수아비가 옷을 벗으면 무엇이 되겠습니까? 허수아비가 옷을 벗으면 십자가가 됩니다. 왜 이런 말을 하는가 하면 예수님의 제자들은 예수님께 큰 실망을 했습니다. 예수님의 제자들은 "나를 따르라."라는 한마디 말씀에 예수님께 매료되어 모든 것을 버리고 예수님을 따랐습니다. 예수님을 따르면 곧 팔자를 고칠 것만 같았기 때문입니다. 나중에 부귀영화를 누리고 높은 자리, 한자리 차지할 줄 알았습니다. 그런데 예수님께서 뚱딴지같이 "나는 원로들과 대사제들에게 넘어가서 십자가에 못 박혀 죽었다가 사흘 만에 다시 살아날 것이다."라는 수난 예고에 대해서 말씀하셨기 때문입니다. 아이고, 이제 우리는 망했다! 주님께서 극악무도한 죄인들을 처형하는 십자가에 돌아가신다니 도저히 이해가 되지 않았습니다. 그러면 우리는 어찌하라고요. 예수님, 말도 안 됩니다. 그래서 예수님께 대들었습니다. 베드로는 펄쩍 뛰며 "주님께는 그런 일이 결코 일어나지 않을 것입니다."라고 말씀드렸습니다. 그때 예수님께서 돌아서서 베드로에게 "사탄아, 물러가라! 너는 나에게 걸림돌이다. 너는 하느님의 일은 생각하지 않고 사람의 일만 생각한다."라고 호되게 혼났습니다.(마태 18,22-23 참조) 이제 예수님께서 "나를 사탄이라고, 걸림돌이라고 생각하시니 이제 어찌해야 하는가?" 하고 베드로는 한숨만 푹푹 쉬었을 것입니다.

이 일을 계기로 제자들은 풀이 죽어 있었습니다. 우리 주님께서 어떻게 허수아비처럼 옷을 벗고 십자가에 못 박히시는가? 도저히 이해하려고 해도 이해가 되지 않았습니다. 예수님은 이런 제자들을 어떻게 설득시키고 위로해야 하겠는가 하는 고민에 빠졌습니다. 그래서 오늘 복음에 나오는 주님의 거룩한 변모를 통해서 제자들이 직접 맛보고 체험할 수 있도록 해 주셨습니다.

그래서 예수님께서 크게 실망한 베드로와 야고보와 요한만을 따로 데리고 타볼산에 오르셨습니다. 이 세 제자는 예수님께서 특별히 사랑하는 제자들이었습니다. 예수님께서 나아가 기도하실 때, 예수님의 모습이 휘황찬란하게 빛나시면서 예수님의 얼굴은 해처럼 빛나고 옷은 빛처럼 하얘졌다는 것입니다. 그때 모세와 엘리야가 나타나 예수님과 이야기를 나누었다는 것입니다. 그리고 하늘에서 "이는 내가 사랑하는 아들, 내 마음에 드는 아들이니 너희는 그의 말을 들어라."(마태 17,5)라는 소리가 들려왔다는 것입니다. 이게 꿈인가 생시인가? 베드로는 얼떨결에 "주님, 저희가 여기서 지내면 좋겠습니다. 원하시면 제가 초막 셋을 지어 하나는 주님께, 하나는 모세께, 또 하나는 엘리야께 드리겠습니다."라고 뚱딴지같은 말을 했습니다.

형제자매 여러분, 왜 예수님께서 이런 휘황찬란한 새로운 변모된 모습을 제자들에게 보여 주었겠습니까? 이것은 영광스러운 주님 부활의 모습을 맛보기로 보여 주셨습니다. 이것은 영화에서 예고편이 있듯이 주님의 부활에 대한 예고편입니다. 더 나아가서 어떻게 생각하면 천국에 대한 예고편입니다. 정말 우리가 궁극적으로 희망하는 천국에 대한 예고편입니다.

사람이 옷을 벗으면 알몸이 됩니다. 허수아비가 옷을 벗으면 무엇이 된다고 했습니까? 십자가가 된다고 했습니다. 예수님은 인류의 구원을 위해서 허수아비가 팔을 벌려 새 떼를 쫓듯이 인류의 죄를 내몰아 쫓기 위해서 스스로 알몸이 되시어 십자가를 지셨습니다. 이 숭고한 뜻을 나중에야 제자들은 깨닫게 됩니다.

형제자매 여러분, 베드로가 주님께 말씀드렸듯이 "주님, 저희가 여기서 지내면 얼마나 좋겠습니까? 주님을 위해서, 모세와 엘리야를 위해서 집을 지어 드리겠습니다." 형제자매 여러분, 정말 집을 짓고 살고 싶은 곳, 천국 고향을 바라보며 희망하며 열심히 살아야 하지 않겠습니까?

더 나아가 주님이 죽음으로부터 부활했듯이 부활에 대한 확고한 신념을 가지고 주님을 믿고 따를 때 우리도 부활의 영광에 참여할 수 있지 않겠습니까?

형제자매 여러분, 주님께서 휘황찬란하게 변모되셨을 때 하늘에서 어떤 소리가 들려왔다고 했습니까? "이는 내가 사랑하는 아들, 내 마음에 드는 아들이니 너희는 그의 말을 들어라." 그렇습니다. 우리가 부활의 영광에, 천국 영광에 참여하기 위해서 어떻게 해야 하는가? 그 방법을 알려 주고 있습니다. 그 방법이 무엇이겠습니까? 곧 "주님의 말씀을 잘 들어야 한다."라는 것입니다. 주님의 말씀이 무엇이지요? 한마디로 "사랑의 삶을 살아라."라는 것입니다. 십자가가 무엇을 뜻하지요? 십자가는 '사랑'을 상징합니다. 그러면 땅에서 하늘로 향하는 십자 나무는 무엇을 말하겠습니까? 그리고 가로로 가로지르는 십자가 나무는 무엇을 뜻하겠습니까? 세로 십자가의 축은 '하느님에 대한 사랑'이고 가로의 축은 '이웃에 대한 사랑'을 상징적으로 말씀해 주고 있습니다.

그러므로 형제자매 여러분, 주님의 거룩한 변모 축일을 맞이하여 우리 모두 십자가의 사랑을 실천함으로써 주님과 함께 부활의 영광에, 천국의 영광에 참여할 수 있도록 다 함께 열심히 노력해야 하겠습니다.

"이는 내가 사랑하는 아들, 내 마음에 드는 아들이니 너희는 그의 말을 들어라."(마태 17,5) 아멘!

이 믿음이 약한 자야,
왜 의심하였느냐?

형제자매 여러분, 퀴즈 하나 내겠습니다. 다음 말씀을 잘 듣고 알아맞히시기를 바랍니다. 못 맞히시는 분은 집에 못 갑니다. 오늘 복음 말씀을 보면, 예수님께서는 물 위를 걸으시는 기적을 행하셨습니다. 제자들을 배로 먼저 보내신 다음 예수님께서는 저녁에 산에 올라 새벽까지 기도하셨습니다. 그런데 제자들은 새벽까지 역풍을 만나 호수 가운데서 나아가지 못하고 파도에 시달리고 있었습니다. 그때 예수님께서 물 위를 걸어오셨습니다. 제자들은 예수님께서 물 위를 걸어오시는 것을 보고 "유령이다!" 하며 두려워 소리를 질렀습니다. 그래서 예수님께서 "용기를 내어라. 나다. 두려워하지 마라." 하고 말씀하셨습니다. 그때 성질 급한 베드로가 "주님, 주님이시거든 저더러 물 위를 걸어오라고 명령하십시오." 하고 주님께 말씀드렸습니다. 예수님께서 "그래, 오너라." 하시자 베드로는 배에서 내려 물 위를 걸어 예수님께 나아갔습니다. 그러나 거센 바람과 파도를 보자 그만 두려워졌다는 것입니다. 그 순간부터 물에 빠져들기 시작하자, 베드로는 "주님, 저를 구해 주십시오." 하고 소리를 질렀다는 것입니다. 예수님께서 손을 내밀어 그를 붙잡으시고, "이 믿음이 약한 자야, 왜 의심하였느냐?"라고 말씀하셨습니다. 예수님과 베드로가 배에 오르자 바람이 그쳤다는 것입니다. 그러자 배 안에 있던 제자들이 예수님께 엎드려 절하며 "스승님은 참으로 하느님의 아드님이십니다." 하고 신앙을 고백했다는 것입니다.

　　형제자매 여러분, 그러면 첫 번째 퀴즈 내겠습니다. 왜 예수님께서 물 위를 걸어가셨겠습니까? 왜 예수님께서 제자들을 구하시기 위해서 물 위를 걸어가셨겠습니까? 그 이유가 무엇이겠습니까? 그날 밤 새벽에 예수님께서 배를 타고 제자들에게 가려고 하니까 뱃사공이 없었습니다. 그래서 잠자는 사공을 깨워서 배를 타고 제자들에게 가려고 하니까 뱃사공이 뱃삯을 아주 비싸게 요구했습니다. 풍랑도 심한 데다가 새벽이니 심야 할증 요금까지 따따불을 내야 한다는 겁니다. 그런데, 예수님께서 무슨 돈이 있으시겠습니까? 그래서 할 수 없이 물 위로 걸어가신 것입니다. 여러분도 돈이 없을 때는 어떻게 합니까? 집까지 할 수 없이 걸어가지 않습니까?

　　여러분 이해되십니까? 예수님께서 뱃삯이 없어서 물 위를 걸어가셨다는 것입니다. 이것은 하나의 유머이지만, 하여튼 예수님께서는 물 위를 걸어 제자들에게 다가가 풍랑에 시달리는 제자들을 구출해 주셨습니다. 이것을 체험한 제자들은 무릎을 꿇고 엎드려 예수님께 고백했습니다. "스승님은 참으로 하느님의 아드님이십니다." 바로 이러한 분이심을 오늘 기적이 증명해 주십니다.

　　형제자매 여러분, 오늘 우리는 예수님께서 물 위를 걸으신 기적을 통해서 몇 가지를 깨달아야 하겠습니다. 풍랑을 만나 애를 먹고 있을 때, 물 위를 걸어오시는 예수님을 보고 모두 다 "유령이다!" 하고 고함을 쳤다는 것입니다. 그때 예수님께서 "나다, 두려워하지 마라."라고 말씀하셨는데, 베드로는 주님의 이 말씀을 듣고 "주님, 저더러 물 위로 걸어오라고 명령하십시오."라고 청했습니다. 그래서 주님께서 베드로에게 "오너라!" 하고 명령하셨습니다. 그는 물로 뛰어들어 걸었다는 것입니다. 여러분도 "물 위로 걸어오너라!" 하고 말씀하시면 걸어갈 수 있겠습니까? 이만큼 베드로는 주님을 믿었습니다. '아, 이제 베드로도 비로소 믿음의 사람이 됐구나!' 하고 예수님도 아마 기뻐했을 것입니다. 그런데 얼마 안 가서 베드로는 물속으로 빠져들었습니다.

형제자매 여러분, 두 번째 퀴즈 드리겠습니다. 처음에 베드로는 물 위를 잘 걸었는데, 왜 나중엔 물속에 빠지게 되었겠습니까? 그 이유가 무엇이겠습니까? 처음엔 주님만 바라보고 걷다가 나중엔 바람이 세차게 불고 파도가 치니까 두려워 풍랑을 바라보았다는 것입니다. 주님의 눈에서 눈을 떼니까 빠져들고 말았습니다. 우리도 베드로처럼 처음엔 주님만 바라보며 살다가 엉뚱하게 다른 곳에 눈길을 돌리게 되면 빠져든다는 것을 명심해야 하겠습니다. 신앙생활을 잘 하다가 '왜 냉담하는가?' 하면, 주님만을 바라보고 그분과 눈을 맞추며 신앙생활을 하다가 헛된 곳에 눈과 마음을 두게 되면, 베드로처럼 이렇게 물속에 빠져들게 됩니다.

형제자매 여러분, 이때 베드로는 어떻게 했습니까? 즉시 "주님, 저를 구해 주십시오." 하고 소리를 질렀습니다. 우리는 이때 베드로처럼 "주님, 저를 구해 주십시오." 하고 주님께 매달리는 신앙인이 되어야 함을 일깨워 줍니다. 예수님께서 손을 내밀어 그를 붙잡으시고, "이 믿음이 약한 자야, 왜 의심하였느냐?"(마태 14,31)라고 말씀하시면서 구출해 주셨습니다. 이렇게 베드로가 한 행동, 이것은 바로 나를 대변해 주고 있습니다. 신앙생활을 해 나가면서 베드로처럼 믿음의 생활을 하다가 쉽게 걸려 넘어지고 유혹에 빠져들게 됩니다. 베드로처럼 즉시 어려움이 있을 때마다 유혹에 빠질 때마다 "주님 도와주십시오!"

하고 주님께 매달리는 신앙인이 되어야 함을 일깨워 줍니다. 바로 이 것이 우리의 신앙생활임을 오늘 복음은 제시해 줍니다.

형제자매 여러분, 어린아이가 걸음마를 할 때, 부모님이 부축해 주고 도와줍니다. 때론 넘어져 울다가도 다시 일어서서 넘어질 듯하면서 어머님의 품에 기쁘게 달려가 안깁니다. 바로 부모님처럼 우리를 항상 보호하시며 도움의 손길을 주시는 하느님, 우리 주님이십니다. 그분께 맡기는 삶, 이것이 바로 신앙생활입니다.

그러므로 형제자매 여러분, 〈주만 바라볼지라〉라는 성가가 있듯이 언제나 주님의 눈만을 바라보며 생활하는 신앙인이 되어야 하겠습니다. 주님의 눈을 외면할 때 빠져들고 맙니다. "이 믿음이 약한 자야, 왜 의심하였느냐?"(마태 14,31)라고 베드로에게 말씀하셨듯이 오늘도 우리에게 말씀하십니다. 바로 이 말씀은 나에게 하시는 말씀입니다. 그러기에 제자들이 엎드려 고백했듯이 "스승님은 참으로 하느님의 아드님이십니다."라고 언제나 고백할 수 있는 신앙인이 되어야 하겠습니다. 그런데, 우리는 결심하지만, 또 베드로가 되고 맙니다. 그러므로 주님의 호통을 달게 받아야 하겠습니다.

> "이 믿음이 약한 자야, 왜 의심하였느냐?"(마태 14,31) 아멘!

묵상: 동영상 〈주만 바라볼지라〉

멱살 잡힐 뻔한 예수님!

몇 년 전에 학교 폭력 처리에 불만을 품은 학부모가 교감을 흉기로 위협하는 일이 벌어졌습니다. 또한, 여교사가 남학생에게 머리를 10차례나 얻어맞는 사건이 발생해 우리 사회에 큰 충격을 준 일이 있습니다. 역시 A 중학교에서도 교사가 학생이 수업에 빠지고 담배를 피운다고 그 학생에게 훈계하다가 되레 멱살을 잡히고 경찰까지 출동하는 일이 벌어진 일이 있습니다. 경기도 이천 모 고등학교에서 학생들이 침을 교사에게 뱉고, 고함과 욕설을 서슴지 않고, 손으로 머리를 밀치고, 심지어 빗자루로 때리는 영상이 뉴스에도 나왔습니다. 일부 학생들은 말릴 생각도 하지 않고 웃고 있고, 한 학생은 2분짜리 스마트폰 동영상으로 촬영하여 다른 학생들한테 유포까지 했다고 합니다.

교권 침해 주 가해자는 부모가 46.7%, 이사장, 교장이 23.7% 학생이 10.1% 그 외 동료 교사, 기타입니다. 자기 아이가 불이익을 당했다고 선생님의 뺨을 때리거나 멱살을 잡고 흔들었다는 학부모 이야기를 심심찮게 들을 수 있는 나라가 바로 대한민국입니다. 여러분, 어떻게 생각하십니까? 자녀를 키우고 학교에 보내는 부모로서 어떻게 생각하십니까?

형제자매 여러분, 오늘 복음 말씀을 보면, 예수님이 제자들과 함께 지나가시는데 이방인인 어떤 가나안 부인이 나와, "다윗의 자손이신 주님, 저에게 자비를 베풀어 주십시오. 제 딸이 호되게 마귀에 걸렸습니다." 하고 소리쳤습니다. 그런데 예수님께서는 들은 척도 하시지 않고 한마디도 하시지 않으셨다고 합니다. 보다 못한 제자들이 "저 여자를 돌려보내십시오. 뒤에서 계속 소리 지르면서 따라옵니다. 시끄러워서 죽겠습니다."라고 말했습니다. 그제야 예수님께서 "나는 오직 이스라엘 집안의 길 잃은 양들에게 파견되었을 뿐이다."라고 말했습니다. 그러나 그 여자는 예수님께 엎드려 절하며 "주님, 저를 도와주십시오." 하고 청했다고 합니다. 그 여인에게 예수님께서 "자녀들의 빵을 집어 강아지들에게 던져 주는 것은 좋지 않다." 하고 말씀하셨습니다. 그러자 그 여인이 "주님, 그렇습니다. 그러나 강아지들도 주인의 상에서 떨어지는 부스러기는 먹습니다."라고 말씀드렸습니다.

형제자매 여러분, 여기서 개나 강아지 표현은 곧 이방인들을 비하해서 말하는 그 당시의 풍습입니다. 오늘날도 그렇지만, 예수님 당시도 역시 그러했습니다. 자녀를 강아지에 비유해서 말했는데, 이 말을 들은 부모님의 마음이 좋았겠습니까? 보통 사람 같으면, "뭐라고? 예수 양반! 말이면 말이라고 다 하십니까? 알 만한 사람이 강아지가 다 뭡니까? 그러면 내가 바로 개란 말입니까?"라고 요즘 부모님들이 선생님들의 멱살을 잡듯 예수님의 멱살을 잡고 흔들었을 것입니다. 온갖 쌍욕을 다 하면서 말입니다. 그렇지만 그 여인은 "주님, 그렇습니다. 그러나 강아지들도 주인의 상에서 떨어지는 부스러기는 먹습니다."라고 현명하게 말씀드립니다. 자녀를 위해서 온갖 굴욕을 다 참아 받으시는 어머니이십니다. 아마 이것이 그 여인의 믿음에 대한 예수님의 시험일 것입니다. 그때 예수님께서 그 여인에게 말씀하십니다. "아, 여인아! 네 믿음이 참으로 크구나. 네가 바라는 대로 될 것이다." 바로 그 시간에 그 여자의 딸이 나았습니다.

형제자매 여러분, 오늘의 이 복음 말씀이 무엇을 말해 주고 있습니까? 정말 복음에 등장하는 그 여인처럼 확고한 신념을 가지고 주님께 나아가야 한다는 것을 말해 주고 있습니다. 어떠한 서운한 말을 들어도 그보다 더한 말을 듣는다고 하더라도 확고한 신념과 믿음을 가지고 신앙을 지켜야 할 것입니다. 학교에 자녀들을 맡겼으면, 선생님들께 모든 권한을 주고 선생님들을 신임하고 믿어 줘야만 제대로 자녀들을 교육할 수 있지 않겠습니까? 그렇지 않을 바에야 왜 학교에 보냅니까? 학교가 공부만 가르치는 곳이 아니라, 사람됨을 가르치고 인격을 도야하고 삶을 가르치는 곳이 되어야 하는데 그렇지 못한 현실이 되기에 몹시 안타깝고 가슴이 아픕니다.

어떻게 보면, 오늘날 부모님들이 자녀들을 교육하는 것이 아니라, 모두 다 자녀들을 망치고 있습니다. 자녀가 하나, 둘이기 때문에 다 오냐오냐하면서 키우기 때문에 자기밖에 모르고 어려움을 이겨 낼 줄도 모르고 자립심도 없습니다. 선생님도 몰라보고 나중에 부모도 몰라봅니다. 공부만 시켜 좋은 대학 들어가면 무엇 하겠습니까? 요즘 부모님들 주일에 자녀가 성당엔 안 가도 학원엔 가라고 합니다. 공부 전에 신앙 교육 잘 하고 사람 되도록 만들어야 하지 않겠습니까? 〈때는 늦으리〉라는 노래도 있듯이 나중에 후회하지 마시기를 바랍니다.

형제자매 여러분, 부모 여러분, 하루빨리 깨달아야 합니다. 오늘 복음의 여인처럼, 부모는 자녀를 위해서 이만큼 믿음이 확고하고 주님의 어떤 말씀이라도 감수, 인내할 수 있는 신앙을 가져야 하겠습니다. 요즘 보면, 신자 중에 소위 삐치는 사람들이 많습니다. 본당 신부나 수녀가 이런 말을 했다고 야단맞았다고 삐쳐서 성당에 안 나오는 사람들, 오늘 복음의 이 여인을 본받으면 얼마나 좋겠습니까?

신자들 간에도 살다 보면 싸울 수도 있고 토라질 때도 있지만, 이런

저런 이유로 신앙을 저버려야 되겠습니까? 오늘 복음의 이 여인이 그런 사람들에게 뭐라고 말하겠습니까? "난 강아지란 소리 듣고도 잘 참아. 강아지가 아닌 하느님 축복을 받았는데, 당신 같은 옹졸한 신자가 진짜 강아지야? 이 '강아지 신자'야?" "주님, 그렇습니다. 그러나 강아지들도 주인의 상에서 떨어지는 부스러기는 먹습니다."(마태 15,27)라고 말했던 가나안 여인처럼 굳건한 신앙을 가지면 참으로 좋겠습니다.

> "주님, 그렇습니다. 그러나 강아지들도 주인의 상에서 떨어지는 부스러기는 먹습니다."(마태 15,27) 아멘!

열려라,
하느님의 아드님 그리스도

세계 명작 동화 〈알리바바와 40인의 도적〉을 옛날 국민학교 다닐 때 재미있게 읽었던 기억이 있습니다. 그 내용을 간추려 보면, 형제가 등장하는데, 우리나라의 흥부와 놀부와 비슷합니다.

형 카심은 부잣집에 장가들어서 부유하게 사는데 욕심이 많아서 가난한 동생을 도와주지 않습니다. 동생 알리바바는 그래도 착해서 산에서 땔감을 해다 팔아서 성실하게 살아갑니다. 어느 날 알리바바가 산에 땔감을 하러 갔다가 갑자기 말발굽 소리에 놀라 숨어서 지켜보게 됩니다. 무시무시한 도적 떼였습니다. 그런데 큰 바위 앞에 서서 "열려라, 참깨!" 하고 도적 대장이 주문을 외치자 바위 문이 드르륵 열렸습니다. 그러더니 말에서 온갖 보물을 내려 바위 속 동굴로 가지고 들어갔습니다. 다 운반한 뒤 도둑이 나와서 "닫혀라, 참깨!" 하니까 다시 바위 문이 스르륵 잠겼습니다. 도둑들은 말을 타고 어디론가 쏜살같이 가 버렸습니다. 그래서 알리바바는 무서워 얼른 집으로 갈까 하다가 혹시나 하고 그 바위 앞에 가서 도둑 대장이 하듯 "열려라, 참깨!"라고 주문을 외니 바위 문이 스르륵 열렸습니다. 그 안에 들어가 보니 금은보화가 가득 있었습니다. 그래서 우선 금은보화 한 자루를 얼른 나귀에 싣고 집으로 돌아왔습니다. 그와 부인은 기뻐서 죽을 지경이었습니다. 그런데 금은보화를 세어 보자니 하도 많아 셀 수가 없었습니다. 그래서 형님네 댁에 가서 저울을 빌려 왔습니다. 이 한밤중에 가난뱅이 아우가 무엇이 달 것이 있겠는가? 그래도 몹시 궁금해서 혹시나 하고 저울 밑에 조청을 붙여 놓았습니다. 다 달고 그다음 날 아우가 저울을 가져왔는데 저울 밑에 금화가 붙어 있었습니다. 그래서 형은 황급히 동생 집에 가서 이 금화가 어디에서 나왔냐고, 혹시 훔친 것이 아니냐고 족쳤습니다. 할 수 없이 동생은 그 도적들을 얘기하면서 그 바위 굴 안에는 금은보화가 가득 있다고 말하며 주문까지도 알려 주었습니다.

그의 형 카심은 당나귀 여러 마리와 자루를 준비해 떠났습니다. 드디어 그 바위 앞에 다 달아 동생이 일러 준 대로 "열려라, 참깨!"라고 외쳤더니, 정말로 문이 열렸습니다. 당나귀를 나무에 매어 두고 자루를 가지고 들어가서 혹시 누가 볼까 봐 "닫혀라, 참깨!" 하고 주문을 외니 그 바위 문이 잠겼습니다. 그는 정신없이 자루마다 가득히 금은보화를 가득히 담기 시작했습니다. 반쯤 담았을 때 도둑들의 말발굽 소리가 저 멀리서 따가닥 따가닥 들려왔습니다. 황급히 자루를 챙겨 나오려고 하니 주문이 생각나지 않았습니다. "열려라, 호박, 열려라, 감자, 열려라, 토마토, 참외." 바로 그때 도둑들이 문을 열고 들어왔기 때문에 영락없이 잡히고 말았습니다. "이런 나쁜 놈!" 하면서 도적들은 그를 죽여 다시는 다른 놈이 무서워 훔쳐 가지 못하도록, 토막을 내어 나무에 매달아 놓았습니다. 동생은 형이 돌아오지 않자, 그곳에 급히 가 보니 형이 그렇게 매달려 죽어 있었습니다. 그래서 시신을 거두어 장사를 지냈습니다. 형의 장사를 지냈기 때문에 결국에는 도적들이 알리바바의 집을 알게 됩니다. 도적들이 가만히 두겠습니까? 그렇지만 현명한 종의 지혜로 말미암아, 도적들은 다 죽게 됩니다. 그래서 그 많은 보물은 알리

바바가 차지하게 되어 잘 살았다는 얘기입니다.[32]

　형제자매 여러분, 바위 앞에 가서 "열려라, 참깨!"라고 주문을 외면 문이 드르륵 열렸는데, 하늘나라 가서는 어떤 주문을 외워야 천국의 문이 열리겠습니까? 역시 "열려라, 참깨!" 하면 열리겠습니까? 오늘 복음 말씀을 보면 "사람들이 나를 누구라고 하더냐?" "어떤 사람은 '세례자 요한', '엘리야', '예레미야'나 예언자 중의 한 사람이라고 합니다."라고 대답했습니다. 예수님께서 "그러면 너희는 나를 누구라고 생각하느냐?"라고 물으시자, 시몬 베드로가 "스승님은 살아 계신 하느님의 아드님 그리스도이십니다."(마태 16,15)라고 대답했습니다. 바로 이 말은 중요한 의미를 담고 있습니다. 곧 '예수님은 하느님의 아드님, 성부 아버지와 본성이 같으신 분, 우리를 구원하실 구세주, 임금님, 대사제'란 뜻입니다. 그러니까 예수님께서 "너는 베드로이다. 내가 이 반석 위에 내 교회를 세울 것이다. 나는 너에게 하늘나라의 열쇠를 주겠다. 그러니 네가 무엇이든지 땅에서 매면 하늘에서도 매일 것이고, 네가 무엇이든지 땅에서 풀면 하늘에서도 풀릴 것이다."(마태 16,18-19)라고 하시면서 예수님께서는 당신 자신에 대한 신앙고백을 정확히 한 베드로에게 하늘나라의 열쇠를 맡겨 주셨습니다.

　열쇠란 문을 열고 닫는, 중요한 역할을 합니다. 하늘나라 집을 베드로에게 맡겨 주셨습니다. 베드로는 예수님에 대한 정확한 신앙고백으로 하늘나라 열쇠를 얻게 되었습니다. 그렇다면 우리는 어떻게 하면 하늘나라 열쇠를 얻을 뿐만 아니라, 하늘나라 문을 열 수 있겠습니까?

---

32) https://ko.wikipedia.org/wiki/%EC%95%8C%EB%A6%AC%EB%B0%94%EB%B0%94
%EC%99%80_40%EC%9D%B8%EC%9D%98_%EB%8F%84%EC%A0%81

형제자매 여러분, "열려라, 참깨."라고 외치면 되겠습니까? "열려라, 세례자 요한.", "열려라, 엘리야. 열려라, 예레미야 예언자!" 아무리 외쳐도 안 열릴 것입니다. 그러나, 예수님께서는 베드로에게 "스승님은 살아 계신 하느님의 아들 그리스도이십니다."라는 신앙고백으로 하늘나라 열쇠를 주셨듯이 하늘나라 문도 열어 주실 것입니다. 그러므로 천국 문 앞에서 "열려라, 하느님의 아드님 그리스도!"라고 크게 주문을 외면, 천국 문이 아마 스르륵 열릴 것입니다.

그러므로 우리도 정확히 예수님은 "하느님의 아드님, 그리스도."라고 고백할 때 천국에 들어갈 수 있다는 것을, 꼭 기억하시면 좋겠습니다. 주문은 "열려라, 참깨."가 아니라, "열려라, 하느님의 아드님, 그리스도!"입니다. 이렇게 크게 외치면 천국의 문이 열릴 것입니다. 결코, 잊지 말고 꼭 기억합시다! 다 함께 큰 소리로 외쳐 봅시다.

"열려라, 하느님이 아드님 그리스도!" 아멘!

돌아온 금메달

옛날에 엄마들 사이에 유행하던 이런 유머들이 있습니다. 소개해 드릴 테니 한번 맞춰 보시기 바랍니다.

① 자식을 모두 출가시키면, 자식들은 모두 뭐가 될까요?　힌트: 도둑 (아들은 큰 도둑, 며느리는 좀도둑, 딸은 예쁜 도둑)

② 요즘 엄마들이 아들딸들을 출가 보낸 다음에 제일 쉽게 하는 착각은 무엇일까요? (며느리를 딸로 착각하는 엄마, 사위를 아들로 착각하는 엄마, 며느리 남편을 아직도 아들로 착각하는 엄마)

③ 아들은 사춘기가 되면 남남이 되고, 군대 가면 손님이 되고 장가를 가면 무엇이 될까요? (사돈)

④ 자식 숫자에 따른 금메달감은 무엇일까요? (금메달은 딸 둘에 아들 하나, 은메달은 딸 둘, 동메달은 딸 하나 아들 하나) 그러면 아들 둘은 무슨 메달일까요? [목(木)메달, 노(No)메달]

⑤ 그런데 요즘은 '돌아온 금메달'이 있습니다. 과연 '돌아온 금메달'은 무엇일까요? (아들을 둘 둔 부모) 왜냐하면, 요즘 며느리들이 아기를 낳으면, 손주를 누구에게 맡길까요? 친정엄마한테 맡기지 결코, 시어머니한테는 안 맡긴답니다. 그래서 요즘은 아들 둘은 '돌아온 금메달감'이랍니다. 이젠 목메달, 노메달이 이렇게 금메달이 되었습니다.[33]

---

33) https://blog.naver.com/nimph9662/223058694642

형제자매 여러분, 이렇게 재미있는 금메달 유머 이야기를 했습니다만, 금메달은 올림픽에 있어서 꽃이고 영웅입니다. 누구나 이 금메달을 따기 위해서 최선의 노력을 합니다. 선수들은 모두 다 이 금메달을 따기 위해서 피나는 노력을 합니다. 먹고, 자는 것도, 놀고 싶은 것도 참고 견디면서 맹훈련을 합니다. 어떻게 생각하면 이 훈련은 자기와의 싸움, 투쟁입니다. 이렇게 모든 어려움을 감수, 인내해야 금메달을 딸 수 있을 것입니다. 이제 수학능력시험도 2달여 남았습니다만, 대학 합격의 영광을 안기 위해서 피나는 노력으로 자기 자신을 통제하면서 온갖 어려움을 극복해 나가야 할 것입니다.

형제자매 여러분, 우리가 이 세상에서 금메달을 따기 위해서 모든 것을 감수, 인내하면서 끊을 것은 끊고 열심히 훈련하면서 노력한다면, 영원한 하늘나라 금메달을 따기 위해서 우리는 어떻게 해야 하겠습니까? 그 해답을 오늘 복음에서 제시해 주고 있습니다. "누구든지 내 뒤를 따라오려면, 자신을 버리고 제 십자가를 지고 나를 따라야 한다."(마태 16,24)라는 말씀입니다.

형제자매 여러분, 그 십자가는 대단히 무겁고 거추장스럽고 어렵습니다. 어떤 사람은 가난이 십자가일 수 있고, 어떤 사람은 병고 때문에, 그리고 신체장애 때문에 그 아픔과 고통을 감수 인내해야 하고, 또 어떤 이들은 부모님이나 자녀, 가족들 때문에, 술주정이나, 도박 때문에 져야 하는 괴로운 십자가도 있습니다. 우리가 이 세상을 살아가면서 져야 할 십자가는 이 외에도 수없이 많습니다.

형제자매 여러분, 그 무거운 십자가를 가볍게 질 수 있는 선수가 되려면 어떻게 해야 하겠습니까? 운동에 있어서 선수가 되려면 연습을 수없이 되풀이해서 요령을 습득해야 할 것입니다. 그 요령은 무엇보다도 사랑입니다. 사랑으로 모든 것을 덮어 주고 감싸 주고 승화시키면서 십자가를 기쁘게 져야 할 것입니다.

형제자매 여러분, 십자가를 아주 기쁘게 잘 지는 프로 선수가 되려면 어떻게 해야 하겠습니까? 첫째, 자신을 버려야 합니다. "누구든지 내 뒤를 따라오려면, 자신을 버리고 제 십자가를 지고 나를 따라야 한다."(마태 16,24)라는 말씀대로 이기적인 사랑을 버리고 이타적인 사랑을 실천해야 할 것입니다. "정녕 자기 목숨을 구하려는 사람은 목숨을 잃을 것이고, 나 때문에 자기 목숨을 잃는 사람은 목숨을 얻을 것이다."(마태 16,25)라는 말씀을 명심해야 하겠습니다. 십자가의 무게는 자기 사랑에 정비례합니다. 반면에 이타적인 사랑엔 반비례한다는 사실을 깨달아야 하겠습니다.

둘째로, 성경 말씀대로, 제 십자가를 져야 합니다. 어떤 어린아이가 자기 동생을 등에 업고 있습니다. 다른 사람이 "얘야, 무겁지 않니?" 하고 물었습니다. "하나도 무겁지 않아요. 내 동생인걸요."라고 대답했습니다. 자기 동생이기 때문에, 사랑으로 업고 있기에 하나도 안 무겁다는 것입니다.

형제자매 여러분, 우리도 자신의 십자가를 동생을 업고 있는 것처럼 사랑으로 져야 무겁지 않고 기쁨으로 질 수 있을 것입니다.

형제자매 여러분, 우리도 영원한 하늘나라의 금메달을 위해서 첫째로, 자기 자신을 버리고 둘째로, 기쁘고 즐겁게 사랑으로 자신의 십자가를 져야 하겠습니다. 지금까지 억지로, 불평하면서 가족이나 다른 사람을 원망하면서 십자가를 졌지만, 심지어 하느님을 원망도 했지만, 이제 우리 모두 프로 선수가 되어야 하지 않겠습니까?

형제자매 여러분, 강론 시작 때에 말했던 '아들 둘을 둔 부모'는 무슨 메달감이라고 했습니까? '목메달, 노메달'이라고 했지만, 그 아들이 장가가서 손주를 낳으면 금메달감이 된다고 하지 않았습니까? 이게 바로 '돌아온 금메달'입니다. 우리도 이제 프로 선수가 되어서 옛날엔 몰라서 노메달감이었지만 이제 사랑이란 요령으로 자신을 버리고 십자가를 져 하늘나라에서 '돌아온 금메달'의 영광을 누리는 천국 시민이 되어야 하겠습니다.

"누구든지 내 뒤를 따라오려면, 자신을 버리고 제 십자가를 지고 나를 따라야 한다."(마태 16,24) 아멘.

너나 잘하세요

형제자매 여러분, 혹시 〈친절한 금자씨〉 영화 보셨습니까? 이 영화는 2005년에 만든 박찬욱 감독의 영화인데 주인공 배우 이영애 씨가 "너나 잘하세요."라는 명대사를 남겨 2005년 여름 최고 유행어를 탄생시킨 영화입니다. 영화 제목처럼 친절한 금자 씨가 교도소 출소 후 차갑게 돌변합니다. 개신교 전도사가 착하게 살라며 건네준 두부를 엎어 버립니다. 싸늘한 무표정으로 던지는 말 한마디 "너나 잘하세요." 특히 이 대사는 절묘한 장면과 일침의 대사가 어우러져 관객들이 가장 인상적인 장면으로 뽑았습니다. 그 후 남의 일에 끼어들거나 주제넘은 발언을 하는 사람에게 차가운 표정으로 "너나 잘하세요."라는 말로 쏘아붙입니다.

형제자매 여러분, 혹시 여러분들이 "너나 잘하세요."라는 말을 들었다면 어떤 감정을 느끼십니까? 서울 대방역 앞 쓰레기통에 이런 문구가 붙어 있다고 합니다(지금도 붙어 있는지는 모르지만). "집에서 쓰레기 가져다 버리지 마세요." 주변 사람들에 의하면 남들에게는 바른말을 잘하기로 소문 난 아주머니가 있는데, 이분이 늘 자기 집 쓰레기를 가져다 역 앞에 설치된 쓰레기통에 버리고 간답니다. 남들에게 엄하면서 자신에게는 한없이 너그러운 사람인 것 같아 씁쓸합니다. 바로 이런 사람에게 "너나 잘하세요."라고 한마디 쏘아붙여야 하지 않겠습니까? 그런데 사람들은 왜 간섭이야? "남이야 전봇대로 이를 쑤시든 말든,

남이야 낮잠을 자든 말든, 집 쓰레기를 가져와 대방역 앞 쓰레기통에 버리든 말든 무슨 상관이냐?" 입 다물고 가만히 있으라는 말입니다. "너나 잘하세요!" 이런 식입니다. 형제자매 여러분, 이런 말을 듣고도 꿀 먹은 벙어리처럼 가만히 있어야 하겠습니까?

오늘 독서와 복음에서 그 해답을 말씀해 주고 있습니다. 오늘 제1독서에서 에제키엘 예언자는 "네가 악인에게 그 악한 길을 버리도록 경고하는 말을 하지 않으면, 그 악인은 자기 죄 때문에 죽겠지만, 그가 죽은 책임은 너에게 묻겠다."(에제 33,8)라고 말씀하십니다. 또 오늘 복음에서 "네 형제가 죄를 짓거든, 가서 단둘이 만나 그를 타일러라. 그가 네 말을 들으면 네가 그 형제를 얻은 것이다."(마태 18,15)라고 말씀하십니다. 요즘 청소년 문제가 심각합니다. 중고등학생이 담배를 피우든 말든, 길거리에서 다른 친구들과 싸우건 말건, 남이야 도둑질을 하든 말든, 방관하라는 것이 아니라 충고를 해 주어야 한다는 것이 독서와 복음의 골자인 것입니다.

형제자매 여러분, 교회가 사회나 정치에 참여해야 하는가, 하지 말아야 하는가 하는 이 문제에 대해서 솔직한 여러분들의 의견을 듣고 싶습니다. 여러분 의견은 어떻습니까? 참여해야 한다. 하지 말아야 한다. 한번 손을 들어 보십시오. 독일 신학자 본회퍼는 "미친 운전자가 차를 몰고 질주할 때 그 운전사를 차에서 끌어 내리지 않고 그 차에 치인 사람을 돌보며 치료를 하는 것은 교회가 사명을 다하지 못하는 것이다."라고 말했습니다. 제도적이나 구조적인 악은 방관해서는 안 된다는 것입니다. 잘못되었으면 더 큰 불행을 막기 위해 바로잡아야 한다는 것입니다. 그래서 예수님께서는 너희는 세상의 빛과 소금이 되어야 한다고 말씀하셨습니다.

형제자매 여러분 혹시 중국 단편영화 〈버스 44〉를 보신 적이 있으십니까? 다큐식으로 제작된 영상인데 이 내용은 실화라고 합니다. 현대사회와 역시 대륙의 중국의 모습을 잘 보여 준 것 같습니다. 인구가 많다 보니 참 별의별 일이 다 있고 사람들 또한 그걸 나 몰라라 하며 방관하는 모습이 안타깝습니다. 우선 내용과 줄거리를 이야기해 보겠습니다.

버스 44는 한 시골에서 운영하는 버스인데 운전기사가 아주 예쁘게 잘생긴 여성이었습니다. 여느 때와 다름없이 항상 오가던 길을 주행하던 중에 한 남자가 탑승합니다. 이분은 좋은 분입니다. 그리고 더 한참 가다가 불량하게 보이는 남성 2명을 버스에 태웁니다. 그들은 버스에 타자마자 흉기로 사람들을 위협하며 돈을 뺏기 시작합니다. 돈이 없는 사람은 폭행을 가하고 물건들을 뺏고 하다가 버스를 탈 때는 보지 못했던 여성 운전기사를 보게 됩니다. 이 불량배는 강제로 여자 버스 기사를 끌고 숲속으로 데리고 갑니다. 이때 도와달라고 여자 운전사는 큰소리로 외쳐 댔지만, 아무도 도와주지 않고 외면한 채 버스 좌석에 앉아 있습니다. 그래서 그 여자 운전사는 불량배 두 명에게 숲속으로 끌려가서 성폭행을 당하게 됩니다. 그 와중에 좀 전에 버스에 탔던 한 청년만 홀로 버스에서 내려 그 여성을 도와주러 달려갔습니다. 그런데 그 청년은 불량배와 싸우다 엄청나게 얻어맞고 휘두른 칼에 다리를 찔려 쓰러지고 맙니다. 그렇게 해서 시간이 흘러 불량배들은 볼일을 다 보고 도망쳤고 그 운전기사 여성은 겨우 몸을 추슬러 다시 버스에 올라탔습니다. 그런데 여자 운전기사는 자신을 마치 동물원 동물 보듯이 쳐다보던 승객들에게 분노를 참지 못합니다. 그렇게 몇 분이 지난 후에 여자 운전사를 혼자 도와주려 했던 그 청년이 절뚝거리면서 버스에 타려 하자 여자 운전사는 자기가 언제 도와달라고 했냐며 오히려 큰소리를 치며 가방까지 버스 밖으로 내던지면서 버스에 못 타게 하는 이상한 행동을 합니다. 그 청년을 버려둔 채 버스는 출발했습니다.

　그 청년은 어쩔 수 없이 혼자 절뚝거리며 걸어가던 중에 지나가던 차를 얻어 타고 가게 됩니다. 한참 가다가 경찰차가 서 있는 사고 현장을 만나게 되는데, 거기서 잠시 내려서 보던 중에 낭떠러지로 떨어진 사고 차량이 조금 전 자신이 타고 왔던 바로 44번 그 버스였다는 것을 알게 됩니다. 그제야 그 청년은 자신을 살리려고 버스 운전사가 버스에 타지 못하게 했다는 사실을 깨닫게 됩니다. 여자 버스 기사는 자신을 혼자서 도와준 그 청년에게 고맙게 생각하고 버스에 타지 못하게 한 것입니다. 이미 그녀는 승객 모두와 함께 죽을 생각을 한 것입니다. 이렇게 해서 자신을 쳐다보기만 하고 도와주지도 않았던 침묵의 방조자 승객들을 태우고 일부러 낭떠러지로 떨어져서 전원 사망하게 했습니다. 이렇게 해서 침묵의 방조자 모두를 지옥으로 보낸 이 사건은 실화라고 합니다.[34]

형제자매 여러분, 솔직히 내가 그 상황이라면 여러분은 어떻게 하겠습니까? 흉기를 들고 건장한 남성 2명이 험악한 얼굴을 하고 폭행을 하는데 말입니다. 버스 44에 탑승해 있던 승객들의 행동은 분명 잘못되었습니다. 침묵의 방조자였습니다. 불량배는 고작 2명이었고 승객들은 20명이 넘었는데 힘을 합쳐서 누군가가 도와주자고 나섰으면 상황은 분명 달라졌을 것입니다. 한데 모든 걸 방관하고 도와주려는 시도조차 하지 않았습니다. 누군가를 비난할 수도 없고 탓할 수도 없는 상황임이 분명합니다. 오늘날 현대사회를 잘 보여 주고 있는 영화가 아닌가 싶습니다. 요즘은 정말이지 남의 일에 끼어들거나 참견하거나

---

34) https://m.blog.naver.com/dreamteller/220910418003

그랬다가 오히려 화를 당하는 사람들이 많고 그런 뉴스 사건들이 많다 보니 꺼려지는 것은 당연합니다. 안타까운 현실입니다.

형제자매 여러분, "아무리 해도 다 할 수 없는 의무가 한 가지 있습니다. 그것은 사랑의 의무입니다."(공동:로마 13,8) "아무에게도 빚을 지지 마십시오, 그러나 서로 사랑하라는 것은 예외입니다. 남을 사랑하는 사람은 율법을 완성한 것입니다."(로마 13,8)라는 오늘 두 번째 독서 말씀처럼 그러므로 우리는 기회가 좋든지 나쁘든지 사랑으로 타일러야 합니다. 용서와 함께 말입니다. 너무 오지랖이 넓거나 경솔한 충고는 문제지만, 소위 "너나 잘하세요."라는 말을 들을지라도 사랑의 의무를 다할 수 있도록 노력해야 하겠습니다.

> "네 형제가 죄를 짓거든, 가서 단둘이 만나 그를 타일러라. 그가 네 말을 들으면 네가 그 형제를 얻은 것이다."(마태 18,15) 아멘.

순교자의 피는
크리스천의 씨앗

한국 천주교회의 특징이 무엇인지 여러분은 알고 계십니까? 무엇보다도 한국 천주교회의 특징은 이 땅에 빛을 스스로 들여왔다는 것입니다. 대다수 다른 나라들은 선교사가 그 나라에 직접 들어가서 선교함으로써 신앙의 터전을 이루었지만, 우리나라는 우리 선조들의 힘으로 직접 신앙의 꽃을 피우기 위해서 그 신앙의 씨앗을 외국으로부터 직접 가져왔다는 것입니다. 무엇보다도 중국 사신이 행차할 때 선비들이 북경에 있는 성당을 방문하게 됩니다. 성당이 그 당시의 유명한 관광 명소 중의 하나였습니다. 서양 성당 건물뿐 아니라, 머리가 노랗고 눈알이 파란 서양 선비, 신부님을 만날 수 있고, 서양 문물을 접할 수 있는 좋은 자리였습니다. 그때 만나서 받아 온 《한역서학서(漢譯西學書)》가 있습니다. 그 책 내용에는 마태오 릿치(Matteo Ricci) 신부님이 쓴 '천주실의(天主實義)'[35]와 그밖에 '칠극(七克)'[36], '성교절요' 등 천주교 교리가 있었습니다. 또한, 과학 기술에 관한 내용 '집방외기', '만국여도', '만세력' 등이 담겨 있었습니다. 즉, 천주교 교리뿐만 아니라 과학 문명 책이 바로 《한역서학서》였습니다. 우리 선조들은 처음엔 '서학'

---

35) https://100.daum.net/encyclopedia/view/14XXE0056037
36) https://blog.naver.com/coloursense/222917430810

이라고 해서 천주교와 과학 기술 문명을 같은 것으로 취급했습니다. 그러기에 서학을 탄압한다는 것은, 바로 과학 문명을 탄압하는 것이 되었습니다. 그래서 개화에 있어서 조선이 일본보다 뒤떨어지게 된 것입니다. 이《한역서학서》가 들어오던 때에 우리나라에 실학운동이 전개됩니다. 바로 이 '서학'을 학문으로 정립하게 된 대표 인물이 성호 이익(李瀷)입니다. 그가 쓴《성호사설》안에 마테오 릿치 신부가 쓴 '천주실의', 판토하(Pantoja) 신부가 쓴 '칠극'(七克: 사도세자가 읽고 이익과 정약용을 서학으로 이끈 책으로 칠극, 즉 교만, 질투, 탐욕, 분노, 식탐, 음란, 나태를 극복하는 방법)이 나옵니다. 그런데 이익은 서학을 단지 학문으로만 받아들였습니다. 이처럼 서학을 단지 학문으로만 받아들인 학자들을 두 부류로 나눌 수 있습니다. 서학 중에 천주교에 관한 부분은 빼 버리고 서구의 발달한 과학 문명만 받아들이자는 북학파가 있고, 과학 문명도 받아들이고 천주교 교리도 받아들여 함께 연구하자는 서학파로 나눌 수 있는데, 그 서학파 대표가 바로 광암 이벽입니다. 그들은 처음에 천진암 주어사에서 강학회를 엽니다. 이 강학회를 통하여 성현의 가르침과 천주교 교리에 대해 읽고 연구한 것을 서로 나누면서 토론합니다. 그리고 실제로 저녁엔 명상하고 반성하며 하루를 마칩니다. 며칠을 함께 묵으면서 말입니다. 곧 오늘날 수련회나 피정하는 것과 같은 모습입니다. 이런 광경은 전 세계 가톨릭 신자들에게 감동을 주게 됩니다. 단 한 분의 사제도 없이 그저 책으로만 알게 된 하느님을 그들은 학문으로뿐만 아니라, 이제 신앙으로 젖어 들게 합니다. 그 무렵 1783년 조정에서 베이징(北京)으로 동지사(冬至使)를 보내게 됩니다. 이때 서장관으로 간 이가 이동욱인데 이승훈의 아버지입니다. 광암 이벽은 '이때다!' 하고 이승훈을 불러 동지사로 떠나는 아버지를 수행해서 베이징에 가서 서양 신부님을 만나서 천주교 서적을 구해 오라고 부탁을 합니다. 이승훈은 처음엔 천주교에 관심이 없었지만 유명한 광암 선생님 부탁으로 베이징 남당 성당에 가서 그라몽 신부님을 만납니다. 서로 말이 통하지 않아 필담으로 주고받습니다. 그러면서 궁금한 것이 많아 계속 신부님을 만나다 보니 그만 천주교 교리에 심취해서 빠져들게 됩니다. 그런데 어느덧 동지사 일행이 조선으로 돌아갈 시간이 되었기에 신부님은 할 수 없이 이승훈에게 베드로라는 이름으로 세례를 줍니다. 1984년 초에 이렇게 해서 조선에 첫 천주교 신자가 탄생하게 됩니다. 이승훈은 기쁘게 세례를 받고 많은 교리 책과 성물을 가지고 돌아옵니다. 이벽 선생은 이 책을 받아들고 두문불출하면서 교리 책을 열심히 공부합니다. 그 결과 그는 진리를 발견하고 당대 유림들과 토론하며 천주교를 전하기 시작합니다.

이승훈과 광암 이벽, 권일신, 정약종 등이 모여서 기도하고 교리를 연구하고 선교한 이때를 한국교회의 출발로 봅니다. 처음에는 광암의 집에서 했지만 여러 가지 불편한 점이 많아 명례방에 있는 역관 김범우 집에 모입니다. 명례방은 오늘날 명동성당이 자리 잡은 바로 그곳입니다.

이렇게 해서 한국 천주교회가 시작됩니다. 한국 천주교회는 어떤 선교사도 없이 스스로 이 땅에 복음의 빛을 들여와 복음을 전했습니다. 세계 교회사에서 찾아볼 수 없는 참으로 기이한 일입니다. 그뿐만이 아닙니다. 예컨대 홍유한과 허균 같은 선비는 비록 세례를 받지 않았지만, 신앙 실천을 스스로 했습니다. 안동교구 우곡 성지에 묘소가 있는 홍유한 선비는 스스로 일곱째 날을 정해서 주일을 지키고 칠극을 실천하면서 혼인도 하지 않고 수덕(修德)의 삶을 사셨습니다. 그러기에 홍유한 선비를 '한국의 최초의 수덕자'라고 말할 수 있겠습니다. 그리고 또한, 우리 선조들은 스스로 신앙을 받아들이고 신앙을 위해 목숨까지 바쳤으니 이게 기적이 아니고 무엇입니까? 그리고 더욱 놀라운 것은, 교리를 배우다 보니 '미사'라는 것이 있는 것을 알고 그들 스스로 신부를 뽑아 돌아가면서 미사성제까지 거행한 적도 있었습니다. 뭔가 이상해서 중국 주교님께 문의해 보니 신부만이 이 미사를 집전할 수 있다는 것을 비로소 알고 그만둡니다. 소위 가성직제도 시절(1784~1787)입니다. 이렇게 해서 대두된 문제가 바로 사제 영입입니다. 또한, 전통적 가르침과 교회 가르침의 충돌 문제로 일어난 교회의 박해입니다. 그래서 나중에 성직자를 요청하게 되었고 김대건, 최양업, 최방제를 신학교에 보내게 됩니다.

형제자매 여러분, 그러면 천주교 박해 이유가 도대체 무엇이겠습니까? 천주교의 박해 이유는 유교의 전통적 가르침과 천주교 교리의 충돌 때문입니다. 그 대표적인 문제가 유교의 제사입니다. 그 당시에 제사를 하나의 우상숭배라고 해서 천주교에서는 금지했기 때문입니다. 그래서 1791년 신해 박해를 시작으로, 1801년 신유박해, 1846년 병오박해, 1866년 병인박해, 소위 말하는 천주교의 4대 박해를 겪게 됩니다. 그 박해의 이유를 간추려 보면 다음과 같습니다. 조금 전에 말씀드린 바대로 천주교 박해 이유는 첫째, 사회적으로 제사 문제입니다. 1791년 전라도의 윤지충(바오로)과 권상연(야고보)가 부모님의 신주를 불살라 버립니다. 그들은 이 유교의 관습 제사 드리는 문제를 우상숭배로 여기고 이런 일을 저질렀습니다. 이 문제로 조정에서는 현 질서를 파괴하고 위협한다고 하면서 그들을 잡아 가두고 고문하면서 천주교를 박해하기 시작했습니다. 지금은 효도적인 차원에서 하는 미풍양속으로 제사를 허용하고 있습니다만, 이해 부족으로 생긴 일입니다. 둘째는 사상적인 문제입니다. 천주교의 평등사상과 유교의 양반 사상의 대립입니다. 양반들이 들고일어나 박해하기 시작했습니다. "어찌 쌍놈들과 같이 지내나? 어림도 없다."라고 하면서 말입니다. 셋째는 정치적인 문제입니다. 오늘날도 여당과 야당은 서로 헐뜯고 만날 싸우듯이 옛날에는 대단했지요. 곧 사색당파, 남인, 북인, 노론, 소론으로 갈라져 서로 싸우면서 야단입니다. 자기 파가 득세하려고 다른 파를 치면서 항상 싸웁니다. 특히 남인이 득세하니, 천주교를 구실삼아 천주교인이 많은 남인파를 박해합니다. 이렇게 사회적으로 제사 문제, 사상적으로 평등 문제, 정치적으로 당파 싸움 등등으로 천주교를 박해했기 때문에, 수많은 신앙 선조들은 목숨을 바쳐 순교하셨습니다. 무려 1만 명 이상이나 된다고 합니다. 그래서 1984년 한국 천주교회 창립 200주년 때 교황 요한 바오로 2세께서 한국을 방문하셔서 순교자 103위를 영광스럽게 성인품에 올려 주셨습니다. 또한, 2014년 8월 15일 프란체스코 교황님이 오셔서 124위를 영광스럽게 복자품에 올려 주시면서 이름 모르는 무명 순교자들의 넋을 기렸습니다.

교부 떼르뚤리아누스는 "순교자의 피는 크리스천의 씨앗."이라는 유명한 말씀을 하셨습니다. 오늘 우리는 성 김대건 안드레아 사제와 성 정하상 바오로와 동료 순교자들 대축일을 경축하고 있습니다만, 선조들의 피의 대가로, 순교자들의 피가 크리스천의 씨앗이 되어 오늘날 한국 천주교회가 이렇게 성장했습니다. 그러므로 우리 모두 선조들의 후손답게 용기와 자긍심을 갖고 우리도 열심히 용감하게 주님을 증언하도록 노력해야 하겠습니다.

오늘 제2 독서에서 바오로 사도는 "무엇이 우리를 그리스도의 사랑에서 갈라놓을 수 있겠습니까? 환난입니까? 역경입니까? 박해입니까? 굶주림입니까? 헐벗음입니까? 위험입니까? 칼입니까? 나는 확신합니다. 죽음도, 삶도, 천사도, 권세도, 현재의 것도, 미래의 것도, 권능도, 저 높은 곳도, 저 깊은 곳도, 그 밖의 어떠한 피조물도 우리 주 그리스도 예수님에게서 드러난 하느님의 사랑에서 우리를 떼어 놓을 수 없습니다."(로마 8,35-39)라고 말씀하십니다. 그렇습니다! 우리 선조 순교자들은 참으로 장합니다. 참으로 주님의 용사입니다. 그러므로 우리도 선조들의 후예답게 떳떳하게 주님을 증언합시다! 다 함께 마지막으로 교부 떼르뚤리아누스의 말씀을 크게 외치면서 선조들의 순교적인 신앙을 기억합시다.

"순교자의 피는 크리스천의 씨앗!" 아멘.

일×사랑×자비=
품삯, 한 데나리온(구원)

　형제자매 여러분, '무노동 무임금(無勞動 無賃金)'이란 말을 들어 보셨을 것입니다. 'No work No pay' 근로를 제공하지 않는다면 임금을 지급하지 않는다는 원칙을 의미합니다. 대법원 판례에서도 이를 인정하고 있습니다. 외국의 경우 '무노동 무임금' 원칙이 철저히 지켜져 파업 기간 중의 임금은 노조에 적립된 파업기금으로 지급하고 있다고 합니다. 성경에도 "일하기 싫어하는 자는 먹지도 말라."(2테살 3,10)라고 했습니다만, 하여튼 일한 만큼, 능력만큼 합당한 보수, 대가를 받아야 하는 것이 사회적 통념이고 정의입니다. 요즘 많은 사람이 아르바이트를 하는데, 시급 얼마를 받습니까? 시간당 9,620원입니다. 이렇게 최저임금을 정하는 것은 근로자의 생활 안정과 노동력의 질적 향상, 소득 분배 개선으로 국민경제의 건전한 발전을 이루기 때문에 대단히 중요합니다.

　형제자매 여러분, 오늘 복음 말씀을 보면, 포도밭 주인은 포도 수확철이라 일손이 너무 모자랐는지 인력시장에 나가 일꾼들을 한 데나리온을 주겠다고 합의하고 포도밭으로 보내 일하게 했습니다. 한 데나리온이 얼마쯤 될까요? 요즘 최저 시급이 9,620원이니까 하루 8시간 일한다고 치면 76,960원, 그러니까 일당 한 데나리온이 8만 원에서 10만 원 정도 될 것입니다. 아침 9시, 12시, 오후 3시, 그리고 오후 5시에도 일꾼들을 불러 일을 시켰다고 합니다. 그런데 저녁때가 되어 일을 마치고 품삯을 주는데 맨 나중에 온 사람, 5시에 온 사람부터 품삯을 주는데 한 데나리온을 받았다는 것입니다. 아침 9시에 온 사람들은 자기들이 더 받으려니 하고 생각했는데 역시 먼저 온 사람이나 오후 늦게 온 사람이나 똑같이 한 데나리온을 주었다는 것입니다. 그래서 아침 일찍 와서 일한 사람들이 밭 주인에게 "맨 나중에 온 저자들은 한 시간만 일했는데도, 뙤약볕 아래에서 온종일 고생한 우리와 똑같이 대우하시는군요."라고 투덜거렸다는 것입니다. 그러자 밭 주인은 "내가 당신에게 불의를 저지르는 것이 아니요, 당신은 나와 한 데나리온으로 합의하지 않았소? 당신 품삯이나 받아서 돌아가시오. 나는 맨 나중에 온 사람에게도 당신에게처럼 품삯을 주고 싶소. 내 것을 가지고 내가 하고 싶은 대로 할 수 없다는 말이오? 아니면, 내가 후하다고 해서 시기하는 것이오?"(마태 20,11-15)

형제자매 여러분, 이 밭 임자의 처신을 어떻게 생각하십니까? 처음에 온 사람이나 나중에 와서 일한 사람이나 똑같이 한 데나리온을 주기로 합의하고 데려왔지만, 형평이나 정의 차원에는 어긋나는 것입니다. 나중에 오후에 온 사람이나 단 1시간 일한 사람은 어떻게 보면 그날 운수 대통한 날이지요. 횡재를 만난 셈입니다.

형제자매 여러분, 이런 포도밭 주인이 이 세상에 어디 있겠습니까? 형제자매 여러분, 이 포도밭 주인은 도대체 누구이시겠습니까? 바로 우리가 믿는 하느님 아버지이십니다. 이 포도밭 주인은 늦게 온 사람에게 그날 하루 일 못 하면, 생계가 어려울 것으로 생각하여 배려해 주시는 마음이 넓고 자비로우신 분이십니다. 사랑 자체이신 분이십니다. 늦게 온 노동자에게 일 자체가 문제가 아니라 거기다 사랑을 더 하고 자비로 감싸 주시는 품삯 한 데나리온은, 가난하고 배고픈 사람에게 끼니를 걱정해야 하는 그 사람에게는 바로 '구원'인 것입니다. 이렇게 우리가 믿는 하느님 아버지께서는 천국에 대한 구원의 문을 당신 사랑으로 자비로 공짜로 베풀어 주시는 분이심을 오늘 복음은 일깨워 주고 있습니다. 어떻게 보면 포도밭 주인인 하느님 아버지께서는 선민사상으로 우월주의에 빠진 바리사이와 율법 학자, 유대인, 이스라엘 백성들에게 경고하시는 말씀입니다. 오히려 늦게나마 회개로 새로운 삶을 시작한 이방인, 죄인 취급하는 세리, 죄인들도 당신 사랑과 자비로 당신 포도밭의 일꾼으로 불러 똑같은 대접을 해 주신다는 것입니다. 오늘 첫 번째 독서에서 이사야 예언자가 말씀한 "내 생각은 너희 생각과 같지 않고, 너희 길은 내 길과 같지 않다."(이사 55,8)라는 말씀을 명심해야 하겠습니다. "내 생각은 너희 생각 위에 드높이 있다."(이사 55,8)라는 하느님 말씀을 통해서 오늘 복음 말씀을 이해해야 하겠습니다.

형제자매 여러분, 그러므로 우리는 바로 이러한 분이 우리 하느님 아버지이심을 믿고, 죄인인 우리는 항상 하느님 아버지께 감사하는 마음으로 살아가야 하겠습니다. 포도밭의 일을 통해서 돈을 많이 벌려는 주인이 아니라, 어떻게 하면 당신 밭에 사람을 많이 불러 기쁨도 주고 당신 사랑 안에서 자비를 체험하도록 하고자 하시는 분이십니다. 일에 사랑을 더하고 자비를 더하여 품삯을 주시는 분이십니다. 여러분은 품삯을 결정할 때 어떻게 결정하십니까? 인간의 계산은 일×시간×능력=품삯이지만, 하느님의 계산은 일×사랑×자비=품삯입니다. 오늘 하느님께서 결정한 품삯은 새벽에 오든 오후 늦게 오든 똑같이 한 데나리온입니다. 이 한 데나리온 품삯은 하늘나라 구원 잔치 참여를 위해 지급하는 하느님의 은총입니다. 공짜로 주시는 하느님의 선물입니다. 그러므로 우리는 운수 대통했고 횡재를 만났습니다. 그러므로 우리는 하느님 아버지의 이 구원 잔치의 초대에 언제나 감사하는 마음으로 응답하는 신앙인이 되어야 하겠습니다. 그러므로 어떠한 처지에서든지 매사에 감사하는 신앙인이 되어야 하지 않겠습니까?

"내 생각은 너희 생각과 같지 않고, 너희 길은 내 길과 같지 않다."(이사 55,8) 아멘!

이 죄인을 석방하여라!

어느 날 왕이 감옥을 방문했습니다. 감방 안의 죄수들을 만나게 되었는데 모두 다 자기 자신의 억울함을 얘기했습니다. 이야기인즉, 자기들은 아무런 죄가 없다는 것이었습니다. 모두 다 억울하다고 호소하였습니다. 그러나 한 죄수만은 자신은 몹쓸 죄를 지은 죄인이라고 하면서 가슴을 치며 통곡을 했습니다. 가만히 듣고 있던 왕은 이렇게 얘기했습니다. 여기 다른 분들은 다 죄가 없는 분들인데 유독 이 한 사람만 죄인이라고 시인하는데 이 죄인이 죄가 없는 사람들 감방에 함께 있어서 되겠는가? "여봐라, 이 죄인을 석방하여라!" 그래서 죄인이라고 시인하는 한 사람만 석방되었고 죄가 없다는 사람들은 모두 감방에 남게 되었다고 합니다.[37]

형제자매 여러분! 어떻게 생각하십니까? "이 죄인을 석방하여라!"라고 한, 왕의 판단을 어떻게 생각하십니까? 이 예화는 죄를 시인하고 참회, 곧 회개하는 사람은 용서를 받을 수 있다는 것을 말해 줍니다.

형제자매 여러분, 오늘 복음 말씀을 보면, "아버지는 맏아들에게 가서

---

37) https://cafe.daum.net/6JGP/Hm3H/385?q=%EC%9D%B4%20
%EC%A3%84%EC%9D%B8%EC%9D%84%20%EC%84%9D%EB%B0%A9%ED%95
%98%EB%9D%BC&re=1

'얘야, 너 오늘 포도밭에 가서 일하여라.' 하고 일렀습니다. 그는 '싫습니다.' 하고 대답하였지만, 나중에 생각을 바꾸어 일하러 갔습니다. 아버지는 또 다른 아들에게 가서 같은 말을 하였습니다. 그는 '가겠습니다. 아버지!' 하고 대답하였지만 가지는 않았습니다. 이 둘 가운데 누가 아버지의 뜻을 실천하였느냐? 그들이 '맏아들입니다.' 하고 대답했습니다."(마태 21,28-31)

형제자매 여러분, 맏아들은 포도밭에 가서 일하라는 말씀을 듣고 처음엔 싫다고 했지만, 나중에 반성하고 포도밭에 가서 일했습니다. 이 맏아들처럼 아버지의 뜻을 실천한 사람은 세리와 창녀였습니다. 처음에 세리는 돈이 좋아서 자기 주머니만 챙겼고 창녀는 쾌락이 좋아서 그런 짓을 했지만, 나중에 세례자 요한의 "회개하고 세례를 받아라."라는 말씀에 그들은 응답했습니다. 세리 자케오를 보면 알 수 있습니다. 세리 자케오는 주님을 만난 후 제 재산의 반을 가난한 사람에게 나누어 주고 남을 등쳐 먹은 것이 있다면 네 갑절까지 갚겠다고 약속했습니다. 또 "그 고을에 죄인인 여자가 하나 있었는데, 예수님께서 바리사이의 집에서 음식을 잡수시고 계시다는 것을 알고 왔습니다. 그 여자는 향유가 든 옥합을 들고서 예수님의 뒤쪽 발치에 서서 울며, 눈물로 그분의 발을 적시기 시작하더니 자기의 머리카락으로 닦고 나서, 그 발에 입을 맞추고 향유를 부어 발랐습니다."(루카 37-38) 이렇게 죄 많은 여인은 과거를 생각하며 참회하는 눈물을 흘렸습니다. 회개하였습니다.

형제자매 여러분, 반면에 작은아들은 포도밭에 가서 일하겠다고 쉽게 대답했지만, 실천하지 못했습니다. 곧 유대인의 종교 지도자, 제관 장,

바리사이와 율법 학자들도 그러했습니다. 말만 그럴듯하게 하고 가식적인 삶을 살면서 자만에 빠져서 세례자 요한과 주님의 말씀에 콧방귀만 뀌었습니다. 형제자매 여러분, 그러면 오늘날 작은아들과 같은 사람은 어떤 사람이겠습니까? 우리는 세례를 받을 때 여러분은 마귀의 허례허식을 끊어 버립니까? 전능하신 천주 성부, 그 외아들을 믿습니까? 이렇게 우리는 세례 때에 마귀의 모든 허례허식을 끊어 버린다고 약속해 놓고 때론 엉뚱한 짓을 하고 있습니다. 성당에 열심히 다닌다고 해 놓고 나태한 삶을 살고 있습니다. 사회단체에서 기부금이나 찬조금 내라 하면 보란 듯이 내지만, 성당에서 기부 좀 하라 하면 오만상을 찌푸리며 발뺌을 합니다. 때론 주님을 사랑한다고 하면서 안면몰수를 합니다. 바로 이런 삶이 둘째 아들의 삶이 아니겠습니까?

그래서 예수님께서 폭탄선언을 하십니다. "내가 진실로 너희에게 말한다. 세리와 창녀들이 너희보다 먼저 하늘나라에 들어간다."(마태 21,31) 왜냐하면, 그들은 사실 요한이 너희에게 와서 의로운 길을 가르칠 때, 너희는 그를 믿지 않았지만, 세리와 창녀들은 믿었다. 너희는 그것을 보고도 생각을 바꾸지 않고 끝내 그를 믿지 않았기 때문이라고 그 이유를 밝힙니다.

형제자매 여러분, 조금 전 예화에서 왕이 감옥을 방문했을 때 감옥에 갇힌 사람들이 모두 다 죄가 없다고 했는데, 단 한 사람만 죽을 죄인이라고 고백했다는 것입니다. 그래서 왕은 이 죄인은 죄 없는 사람들과 같이 있을 필요가 없다고 하면서 이 죄인을 석방하라고 했다는 이야기를 들었습니다. 이와 마찬가지로 수석 사제들과 백성의 원로들, 바리사이와 율법 학자들은 자기들은 죄가 하나도 없으므로 회개할 것이 없다고 자만했습니다. 반면에 세리와 창녀들은 죄인임을 자청하면서 회개했습니다. 그렇다면 역시 왕은 "이 죄인을 석방하라." 했듯이 죄인임을 자청하는 세리와 창녀들을 석방하라고 했을 것입니다. 그들은 회개했기 때문에, 용서를 받을 수 있었습니다.

형제자매 여러분, 이런 의미에서 예수님께서 바리사이와 율법 학자들에게 "내가 진실로 너희에게 말한다. 세리와 창녀들이 너희보다 먼저 하늘나라에 들어간다."(마태 21,31)라고 폭탄선언을 하십니다. 곧 이 폭탄선언은 "회개하는 자는 무상으로 하느님의 용서를 받는다."라는 것을 말해 줍니다. 바로 이 말씀이 오늘 복음의 결론이면서 우리에게 주는 기쁜 소식입니다.

> "내가 진실로 너희에게 말한다. 세리와 창녀들이 너희보다 먼저 하늘나라에 들어간다."(마태 21,31) 아멘.

내 인생의 소작료는?

수확의 계절, 결실의 계절 가을을 맞이했습니다. 논밭에는 오곡백과가 무르익어 가고 있습니다. 탐스럽게 누렇게 익은 벼들이 고개를 숙이고, 사과가 빨갛게 익어 가고 있습니다. 감도 주렁주렁 열려 곶감계절이 다가왔음을 알리고 있습니다.

형제자매 여러분! 여러분의 인생의 논밭에도 결실의 계절을 맞이하여 온갖 농작물이 잘 영글어 가고 있습니까? 하느님, 올해 농사는 참깨 2말, 고추 100근, 쌀 50가마, 콩 5말, 팥 1말, 조 반 말. 예상외로 수확이 좋습니다. 하느님, 올해는 농사가 너무나 잘 안되어 작년의 반밖에 소출이 안 됩니다.

무슨 소리야, 적어도 이만큼은 소출을 내야 하지 않느냐? 하느님께서 우리에게 거는 기대가 있습니다! 부모님께서 우리에게 거는 기대처럼 말입니다. 하느님께서 말씀하십니다. "내 포도밭을 위하여 내가 무엇을 더 해야 했더란 말이냐? 내가 해 주지 않은 것이 무엇이란 말이냐? 나는 좋은 포도가 맺기를 바랐는데 어찌하여 들포도를 맺었느냐?"(이사 5,4) 소작인들에게 소작료를 받아 오라고 종들을 보냈는데, "소작인들은 그들을 붙잡아 하나는 매질하고 하나는 죽이고 하나는 돌을 던져 죽이기까지 하였다. 주인이 다시 처음보다 더 많은 종을 보냈지만, 소작인들은 그들에게도 같은 짓을 하였다."(마태 21,35-36)라고 합니다. 이럴 수가 있습니까?

형제자매 여러분, 이렇게 유대인들은 왜 예언자들을 박해하고 죽였겠습니까? 회개하라는 말이 듣기 싫었기 때문입니다. 회개하라고 꾸짖는 예언자들을 자기들의 생활을 방해하는 방해꾼으로 여겼습니다. 그래서 예언자들을 박해하고 죽였습니다. 세례자 요한을 죽인 헤로데가 대표적인 예입니다. 자기는 '회개할 필요가 없는 의인'이라고 생각한 자들은 회개하라는 예언자들의 말씀을 자기들을 모욕하는 말로 생각했기 때문에 예언자들을 박해하고 죽였습니다. 예수님을 박해한 바리사이들과 율법학자들이 대표적인 예입니다.

이제 주인에게는 오직 하나, 사랑하는 아들만 남았습니다. "주인은 마침내 '내 아들이야 존중해 주겠지.' 하며 그들에게 아들을 보냈다. 그러자 소작인들은 아들을 보자, '저자가 상속자다. 자, 저자를 죽여 버리고 우리가 그의 상속 재산을 차지하자.' 하고 저희끼리 말하면서, 그를 붙잡아 포도밭 밖으로 던져 죽여 버렸다. 그러니 포도밭 주인이 와서 그 소작인들을 어떻게 하겠느냐?"(마태 21,38-40)

형제자매 여러분, 천인공노할 사건입니다. 여기서 포도밭 주인의 아들이 누구입니까? 예수님이십니다. 이렇게 우리가 믿는 하느님께서는 참으로 인내하시고 자비로우신 분이십니다. "하느님께서 아들을 세상에 보내신 것은, 세상을 심판하시려는 것이 아니라 세상이 아들을 통하여 구원을 받게 하시려는 것"(요한 3,17)입니다. 곧 사랑의 하느님이십니다. 그러기에 예수님을 믿고 예수님의 가르침대로 사는 사람은 구원받을 수 있습니다. 구원받기를 거부하는 것은 스스로 심판과 처벌을 자초하는 일입니다. 중간이나 중립은 없습니다. 생명을 선택하지 않는 것은 죽음을 선택하는 것입니다. 충실하게 신앙생활을 하면 예수님과 함께 하느님 나라의 상속자가 되지만, 제대로 신앙생활을 하지 않으면 상속자의 자격을 잃게 됩니다. 예수님께서는 제자들에게 이런 경고 말씀을 하셨습니다. "나에게 붙어 있으면서 열매를 맺지 않는 가지는 아버지께서 다 쳐 내시고, 열매를 맺는 가지는 모두 깨끗이 손질하시어 더 많은 열매를 맺게 하신다(요한 15,2)." 이 말씀에서 '나에게 붙어 있으면서도' 열매를 맺지 않는 가지는 어떻게 한다고 했습니까? 잘라 불태워 버린다는 것입니다. 그러므로 신앙인은 모름지기 좋은 결실을 내야 합니다.

부모님들은 자녀들이 원한다면 원하는 것을, 어떻게 해서라도 다 해 주려고 합니다. 땅을 팔아서라도, 그런데 자녀들이 부모님의 기대를 저버린다면 얼마나 속상하겠습니까? 이와 마찬가지로 하느님께서 우리를 위해서 당신 아들까지 십자가에 바치면서 모든 것을 다 해 주셨는데 맛 좋은 달콤한 포도는 맺지 않고 개포도를 맺었다면, 얼마나 속이 상하시겠습니까? 이렇게 우리가 하느님의 기대를 저버린다면 얼마나 하느님 아버지께서도 속상하시겠습니까?

그러므로 우리는 하느님의 기대에 부응하는 좋은 결실, 열매를 맺을 수 있도록 노력해야 하겠습니다. 결코, 배은망덕한 삶을 살지 않고 내 인생의 소작료를 기쁨으로 봉헌할 수 있는 신앙인이 되어야 하겠습니다. 내 인생의 소작료는 하느님 사랑과 이웃 사랑을 통한 결실입니다. 곧 사랑과 정의의 소출과 결실을 말합니다. 충실한 신앙생활, 감사와 찬미의 생활, 기도와 미사 봉헌으로 맺은 '하느님 사랑'의 결실입니다. 더 나아가 전교와 봉사 활동, 사랑의 실천, 희생 등으로 맺은 '이웃 사랑'의 결실을 말합니다. 다시 말하면 오늘 바오로 사도가 말한 "어떠한 경우에든 감사하는 마음으로 기도하며 간구하며 여러분의 소원을 하느님께 아뢰는."(필립 4,6) 그런 신앙생활을 말합니다. 바로 이러한 삶이 인생의 소작료이기 때문에, 우리는 내 인생의 소작료를 기쁘게 봉헌할 수 있도록 노력해야 하겠습니다.

> "어떠한 경우에든 감사하는 마음으로 기도하며 간구하며 여러분의 소원을 하느님께 아뢰십시오."(필립 4,6) 아멘!

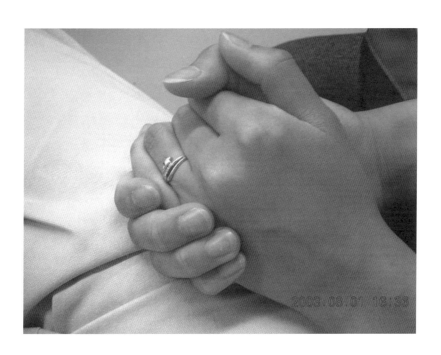

돼지와 암소 이야기

　형제자매 여러분, 우리는 이 세상에서 수많은 잔치에 초대받아 가곤 합니다. 우리는 언젠가는 영원한 하늘나라 잔치에 초대되어 가게 될 것입니다. 오늘은 이 '하늘나라 혼인 잔치'와 '세상의 미사 잔치'를 비교하면서 생각해 보겠습니다.

　오늘 복음 말씀을 보면, 임금님은 아들의 혼인 잔치를 마련하여 살찐 소도 잡고 술도 마련하여 풍성한 잔치를 베풀어 사람들을 초대했습니다. 그 임금님과 아들은 누구이겠습니까? 그 임금님은 하느님이시고 그 아들은 예수님이십니다. 그런데 그들은 이 초대에 이 핑계 저 핑계 대면서 오지 않았다고 합니다. 심지어 초대하는 종들을 때리고 죽이기까지 했다는 것입니다. 초대를 거부하는 상식 밖의 행동을 합니다. 그들은 누구이겠습니까? 이스라엘 백성과 그 지도자들 유대인입니다. 그들은 선민이라 생각하고 임금님의 초대를 하찮게 생각하고 하느님의 종들인 예언자들을 죽이고 그 아들 예수님까지 십자가에 못을 박는 몹쓸 짓을 했습니다.

　그래서 급기야 하느님께서는 이제 이스라엘 백성이 아니라 길거리에 있는 이방인, 다른 민족 아무나 하늘나라에 초대했습니다. 곧 예수님과 열두 제자들이 선포한 하늘나라 복음을 받아들인 그리스도인입니다. 그래서 하늘나라 잔치는 많은 사람으로 붐비며 가득 찼습니다. 그런데 하늘나라 잔치에 합당한 예복을 입지 않은 사람이 있었다는 것입니다. 그는 예복 때문에 하늘나라 잔치에서 쫓겨났다는 것입니다. 형제자매 여러분, 그 중요한 예복이 무엇이겠습니까?

그 예복은 사랑의 예복입니다. 하느님 사랑과 이웃 사랑의 예복입니다.

다음은 이 세상의 미사 잔치에 대해서 생각해 보겠습니다. 미사는 가톨릭의 참제사이고 하느님 백성의 구원 잔치입니다. 이 잔치의 교회는 하느님 백성 신자들을 초대합니다. 역시 사람들은 이 핑계 저 핑계 대면서 오지 않는 사람들도 있습니다. 오늘은 바쁘다. 농사일도 바쁘고 할 일도 많다. 모임이나 계 모임도 가고 잔치에도 가야 하고, 등산도 가야 하고, 단풍놀이도 가야 하고, 야유회, 체육대회도 가야 하고 동창회도 가야 하고, 등등 여러 가지 구실이나 핑계를 댑니다. 이렇게 많은 사람, 구 교우나 열심 없는 분도, 냉담 신자들도, 미사 잔치를 거부하고 오지를 않습니다. 그래서 대신 새 영세자, 예비 신자, 연세 많은 노인과 열렬한 교우분들이 부르심을 받아 미사에 참석합니다. 그런데 그들 중에는 역시 합당한 예복을 입지 않은 사람들이 가끔 미사 잔치에 참석합니다.

형제자매 여러분, 미사 잔치에 있어서 합당한 예복은 무엇이겠습니까? 미사 시작 때 사제가 인사 후 뭐라고 하지요? "형제 여러분, 구원의 신비를 합당하게 거행하기 위하여 우리 죄를 반성합시다." 잠시 침묵한 다음, 함께 죄를 고백합니다. 그리고 고백의 기도를 바칩니다. 이 죄를 반성하는 것 이것이 바로 구원의 예복입니다. 곧 회개, 기도, 선행, 실천, 사랑의 나눔, 봉사, 희생 등입니다.

옛날 어느 마을에 부자가 있었습니다. 그는 지독한 구두쇠로 소문이 나, 사람들 사이에 평판이 아주 안 좋았습니다. 하루는 부자가 마을의 현자를 찾아가 물었습니다. "내가 죽은 뒤에 전 재산을 불쌍한 사람들에게 나누어 준다고 하는데 왜 사람들은 아직도 나를 구두쇠라고 합니까?" 현자는 조용히 듣다가 이런 이야기를 들려주었습니다.

"어느 날 돼지가 암소를 찾아와 이렇게 하소연을 했다네. '너는 고작 우유만 주는데도 사람들의 귀여움을 받고 나는 목숨 바쳐 고기를 주고 심지어 머리나 다리까지 아주 좋은 요리가 되어 주는데 사람들은 왜 나를 좋아하지 않는 거지?' 암소는 잠시 생각에 잠겼다가 말했습니다. '글쎄, 아마 나는 비록 작은 것일지라도 살아 있는 동안 해 주고 너는 죽은 뒤에 해 주기 때문일 거야.'"

이야기를 다 듣고도 부자가 고개를 갸웃거리자 현자가 덧붙여 이렇게 말했습니다. "지금 작은 일을 하는 것은 나중에 큰일을 하겠다고 말하는 것보다 더 소중합니다. 작고 하찮은 일이라도 지금부터 하나하나 해 나가는 사람만이 나중에도 큰일을 할 수 있습니다."[38]

형제자매 여러분, '돼지와 암소 이야기'를 듣고 무엇을 느끼셨습니까? 우리는 나중, 미래, 더 나아가 죽은 이후가 아니라, 지금 실천하는 것이 중요함을 깨달아야 하겠습니다. 죽은 다음에 돼지처럼 몽땅 몸 전체를 내놓으니, 지금 암소처럼 하찮은 우유라도 내놓으면서 이웃과 더불어 나누면서 살아가는 삶이 더 중요함을 일깨워 주고 있습니다. 말로만 하고 실천 없는 행동은 아무 소용이 없습니다. 그러기에 야고보 사도는 '행동 없는 믿음은 죽은 신앙'이라고 말씀하셨습니다. 그리고 주님께서는 말씀을 실천하는 사람을 '반석 위에 집을 짓는 슬기로운 사람'이라고, 실천 없는 사람을 '모래 위에 집을 짓는 어리석은 사람'이라고 말씀하셨습니다.

---

38) https://cafe.daum.net/lovelantern.com/CS2K/10346?q=%EB%8F%BC%EC%A7%80%EC%99%80%20%EC%95%94%EC%86%8C%EC%9D%B4%EC%95%BC%EA%B8%B0&re=1

형제자매 여러분, '그리스도인'이란 어떤 사람입니까? 그리스도인이란 그리스도를 입은 사람입니다. 가짜 그리스도인이 아니라 진짜 그리스도인을 말합니다. 논밭의 허수아비가 아니라 진짜 그리스도를 입은 사람이기 때문에 그리스도의 삶을 사는 사람입니다. 그리스도의 삶은 한마디로 사랑의 삶입니다. 조건 없이 모든 것을 내주는 사랑입니다. 하느님 아버지께 순종하며 인류를 대신해서 속죄하시는 십자가의 사랑입니다. 이런 하느님 사랑과 이웃과 인류를 위한 사랑이 곧 하늘나라에 대한 합당한 예복입니다.

　그러므로 형제자매 여러분, 씨줄과 날줄의 실이 어울려 옷감을 짜듯 하느님 사랑과 이웃 사랑의 씨줄과 날줄을 합하여 좋은 사랑의 예복을 만들어야 하겠습니다. 이 사랑의 예복은 최소한 3벌은 만들어야 하지 않겠습니까? 곧 믿음의 예복, 희망의 예복, 사랑의 예복일 것입니다. 곧 신, 망, 애 삼덕의 예복입니다. 더 나아가 이러한 예복을 만들기 위해서는 말씀의 실천이 따라야 합니다. 곧, 기도, 전례와 미사 참여, 회개, 나눔, 봉사, 희생, 겸손, 자선, 선행 등을 통해서 실천해야 할 것입니다. 바로 이런 사람이야말로 반석 위에 집을 짓는 슬기로운 사람이고 더 나아가 하늘나라 예복을 미리 준비하는 현명한 신앙인이라 하겠습니다. 그러므로 우리는 '돼지와 암소 이야기'를 항상 생각하면서 나중, 미래, 죽은 다음이 아니라, 지금부터 하늘나라를 위한 사랑의 예복을 만들기 위해 최선을 다하는 신앙인이 되어야 하겠습니다. 왜냐하면 '사실 부르심을 받은 이들은 많지만, 선택된 이들은 적기'(마태 22,14) 때문입니다.

> "사실 부르심을 받은 이들은 많지만, 선택된 이들은 적다."(마태 22,14)
> 아멘.

대어 잡으러 갑시다!

언제나 낚시를 가려고 가방을 챙길 때는 마음이 설렙니다. '오늘은 대어를 낚을 수 있겠지.'라는 희망 속에서 항상 마음은 들뜨고 기쁨으로 가득 찹니다. 이것이 취미 생활의 낙이라고 할까 낚시를 안 해 본 사람은 모릅니다. 한번 두 자짜리 잉어가 물리게 되면 낚싯대가 휘어지면서 고기가 이리저리 춤을 춥니다. 혹시나 떨어질까 조심조심하면서 낚싯대를 힘을 주어 버티면서 위로 들어 바짝 긴장된 마음으로 당기는 이 스릴을 어느 누가 알겠습니까? 정말 이 기분, 그래서 논 서 마지기 줘도 안 바꾼다는 말이 있지 않습니까?

어느 날 어떤 분이 낚시 가서 정말 엄청나게 큰 고기를 잡았습니다. 그것도 한 망태기 잡아서 왔습니다. 붕어가 씨알 좋은 한 자짜리가 가득했습니다. 구경하던 친구들이 눈이 휘둥그레졌습니다. 도대체 어디 가서 이런 고기를 잡았는가? 다음에 같이 가자. 내일 당장 함께 가자고 보챕니다. 점심은 내가 싸서 가지고 갈게. 그래서 친구 둘은 그다음 날 아침 일찍 함께 낚시 가서 역시 많은 물고기를 잡아 왔습니다. 그래서 친구 둘은 기쁜 마음으로 매운탕을 끓여 놓고 다른 친구들 불렀습니다. 매운탕에 소주 한잔 기울이면서 고기 잡은 이야기를 다른 친구들에게 신나게 얘기합니다. 너희 둘은 어째서 나만 쏙 빼놓고 갔나? 참 서운하다. 다음엔 꼭 나도 데려가 줘. 알겠나? 이 친구들아.

형제자매 여러분, 전교란 이렇게 낚시에서처럼 대어를 낚는 체험이 있어야 합니다. 내가 먼저 주님을 만난 체험과 신앙의 기쁨이 있어야 합니다. 그것을 모르는 사람과 나눌 때 그들이 매료되고 이끌리게 될 것입니다. 그래, 성당 다니니 그렇게 기쁘고 행복해. 마음이 그렇게 평안해. 온 집안이 행복 넘치는 가정이 된다고. 그래, 나도 데리고 가 줘. 꼭 성당 나가고 싶다. 이 친구야, 진작 데려가지 않고 말이야. 꼭 부탁한다, 친구야. 이렇게 우리 모두 대어를 잡는 기쁨을 나누듯 신앙의 기쁨을 나누면 될 것입니다. 바로 이것이 전교입니다. 전교는 어려운 것이 아닙니다. 성당 다니는 사람, 뭔가 다르다. 기쁘고 행복하게 오손도손 잘 살고 자녀들도 효도하고 웃음이 넘친다. 나도 좀 데려가 줘, 제발.

형제자매 여러분, 전교에 앞서 내가 먼저 대어를 잡는 체험, 신앙의 체험이 있어야 합니다. 그러기 위해서는 교육을 받고 기도하면서 노력해야 합니다. 단체에 가입해서 여러 가지 활동도 하면서 경험을 쌓아야 할 것입니다. 역시 성경 교육뿐 아니라, 성당에서 하는 여러 종류의 교육들을 받아 보고 체험을 쌓아야 합니다. 교육이라 하면 남에게 뒤지지 않는 열성으로 적극적으로 참여한다면 좋은 성과가 있을 것입니다. 그러다 보면 좋은 체험을 하게 되고 신앙의 묘미와 기쁨을 알게 될 것입니다. 그 경지에 도달하게 되면 대어를 잡은 기쁨을 빨리 친구들에게 자랑하고 싶듯이 주님을 알리고 자랑하고 싶을 것입니다.

형제자매 여러분, 여러분은 전교를 해 본 적이 있으십니까? 몇 년 전 통계에 의하면 10명 중 7명은 전교를 해 본 적이 없다는 것입니다. 10명 중 고작 3명만 전교를 해 봤다는 것입니다. 그러니까 신자 중 70%는 전교를 전혀 하지 않았다는 것입니다. 별로 해 본 적이 없다는 것입니다.

"자기가 믿지 않는 분을 어떻게 받들어 부를 수 있겠습니까? 자기가 들은 적이 없는 분을 어떻게 믿을 수 있겠습니까? 선포하는 사람이 없으면 어떻게 들을 수 있겠습니까?"(로마 10,14)라는 바오로 사도의 오늘 독서 말씀은 당연합니다.

그러므로 형제자매 여러분, 오늘 전교주일을 맞이하여 주님의 말씀을 명심하면서 새로운 다짐을 해야 하겠습니다. "너희는 가서 모든 민족을 제자로 삼아, 아버지와 아들과 성령의 이름으로 세례를 주고, 내가 너희에게 명령한 모든 것을 가르쳐 지키게 하여라."(마태 28,19)라고 말씀하십니다. 모든 민족, 전교에는 예외가 된 사람이 없다는 것입니다. 상황이 좋든지 나쁘든지 간에 열심히 전교할 수 있도록 노력해야 하겠습니다. 전교는 우리 모두의 사명이기 때문입니다. 전교는 사명이기 전에 대어를 잡은 기쁨을 행복하게 나누듯 신앙의 기쁨을 나누는 것임을 명심하시면 좋겠습니다.

"자기가 믿지 않는 분을 어떻게 받들어 부를 수 있겠습니까? 자기가 들은 적이 없는 분을 어떻게 믿을 수 있겠습니까? 선포하는 사람이 없으면 어떻게 들을 수 있겠습니까?"(로마 10,14) 아멘.

애주애인(愛主愛人) 경천애인(敬天愛人)

형제자매 여러분, 오늘 복음 말씀을 보면 율법 교사 한 사람이 예수님을 시험하려고 물었습니다. "스승님 율법에서 가장 큰 계명은 무엇입니까?" 그때 예수님께서 그에게 뭐라고 말씀하셨습니까?

"'네 마음을 다하고 네 목숨을 다하고 네 정신을 다 하여 주 너의 하느님을 사랑해야 한다.' 이것이 가장 크고 첫째가는 계명이다. 둘째도 이와 같다. '네 이웃을 너 자신처럼 사랑해야 한다.'라는 것이다. 온 율법과 예언서의 정신이 이 두 계명에 달려 있다."(마태 22,35-39)라고 말씀하셨습니다. 이렇게 예수님께서는 315가지나 되는 율법 조항들을 이 두 계명으로 요약해 주셨습니다. 곧 하느님을 사랑하고 이웃을 사랑하라는 계명입니다.

형제자매 여러분, 이 "하느님을 사랑하고 이웃을 사랑하라."라는 이 두 계명, 말씀을 한마디로 표현하면 뭐라고 말할 수 있겠습니까? 힌트를 드린다면 네 글자입니다. 다시 힌트를 더 드린다면 한자(한문) 네 글자로 표현하면 무엇이겠습니까? '愛主愛人' 혹은 '敬天愛人'이라고 합니다.

형제자매 여러분, 가끔 술자리에 가면 술잔을 들면서 건배를 하는데 이 건배사를 제안을 받습니다. 이 건배사를 하는 데 있어서 좋은 말이 없습니까? 저 좀 가르쳐 주십시오. 써먹게 말입니다. 가끔 저는 하느님 아버지께, 아니면 형제자매 여러분께 고맙고, 감사하고 사랑한다는 뜻으로 '고.감.사.'를 했습니다. 교우 여러분 참으로 고맙고, 감사하고 사랑합니다! '고.감.사!' 이와 같은 어떤 기발한 아이디어 없습니까? 그러면 제가 좋은 건배사 몇 가지 가르쳐 드리겠습니다.

① **(젊은이)** 미래의 희망과 꿈을 위하여: 진달래(진하고 달콤한 내일을 위하여)

② **(노인)** 나이가 들더라도 건강하고 활기차게 살자: 9988-234(99세까지 88 하게 살다가 이틀 앓다가 3일째 죽자)

③ **(연인)** 귀중한 만남, 관계 중시: 당나귀(당신과 나와의 귀중한 만남을 위하여)

④ **(노인)** 노인들이 제일 좋아하는 폭포는?: 나이아가라 폭포(나이는 숫자에 불과하다. 나이야, 가라!)

⑤ **(회사 회식)** 권위나 위엄, 상하, 선후배, 나이 다 무시하고 편하고 기분 좋게 한잔하자: 개나리(계급, 나이, Relax and Refresh)

⑥ **(친구)** 사랑과 우정을 위하여: 사우나(사랑과 우정을 나누자)

⑦ **(친구, 연인)** 우리들의 행복한 시간: 우행시

⑧ **(천주교 신자)** 하느님 사랑+이웃 사랑: 愛主愛人, 敬天愛人

오늘 복음에서 예수님께서는, 하느님을 사랑하고 이웃을 사랑하라는 두 가지 계명으로 율법을 잘 요약해 주셨습니다. 이 사랑의 실천을 위하여 풍기 모든 신자에게 공식적으로 건배를 제의하겠습니다. 모두 다 술잔을 드시기를 바랍니다. 다 술잔 드셨습니까? 하느님을 사랑하고 이웃을 사랑하기 위하여! 제가 "愛主愛人!" 하면, "敬天愛人!" 반대로 "敬天愛人!" 하면, "愛主愛人!" 하시면 됩니다. "愛主愛人!", "敬天愛

人!" 꼴깍, 캬, 술맛 좋다! (박수)

　형제자매 여러분, 여러분 모두 다 예뻐지고 싶지요? 오늘은 여러분 들에게 예뻐지는 방법을 소개해 드리겠습니다. 좋습니까? 싫으면 관두고요. 내친김에 예뻐지는 방법뿐 아니라 건강하게 오래 사는 방법, 장수하는 방법을 가르쳐 드리겠습니다. 맨입에 되겠습니까?

　옛날에 이런 노래가 있었습니다. "사랑을 하면은 예뻐져요. 호박꽃 아가씨도 사랑을 하면 예뻐져요." 이렇게 사랑을 하면 모든 것이 달라 보입니다. 언제나 싱글벙글 기분이 좋습니다. 엔도르핀(Endorphin)이 팍팍 솟아오릅니다. 항상 기쁘고 즐겁습니다. 엔도르핀이 무엇인지 잘 아시지요? 많이 들어 봤지요? 엔도르핀이란? 뇌파의 '알파파'를 말합니다. 이 알파파는 모든 스트레스를 제거하고 암 유발 인자를 죽이고, 병원균이 발붙일 수 없도록 면역의 역할을 합니다. 더 나아가 건강하게, 활력소를 주는 몸에 이롭고 좋은 뇌파를 말합니다. 이 뇌파를 '알파파', 소위 '엔도르핀'이라고 합니다. 이게 언제 생기냐 하면, 잠잘 때라고 합니다. 그러니까 잠을 잘 자야 합니다. 뇌파 중 알파파 외에도 '베타파'가 또 있습니다. 이건 나쁜 뇌파입니다. 이것은 사람이 깨어 있을 때, 낮에 생깁니다. 우리가 보는 것이 좋은 것도 있지만, 대다수 다 스트레스를 받을 수가 있습니다. 그런데 낮에 이 나쁜 베타파가 안 나오고, 알파파, 엔도르핀이 나올 때가 있습니다. 그때가 언제인지 아십니까? 바로 사랑할 때라고 합니다. 그러므로 건강하게 오래 살려면 사랑을 실천해야 합니다. 이웃에게 자선하고 어려운 사람을 도와주고 나눔을 실천하면 엔도르핀이 팍팍 솟아나 건강하게 장수할 수 있습니다. 사랑을 실천했기 때문에 자신은 기쁘게 웃으며 행복할 수 있습니다. 그러면 자동으로 예뻐집니다. 이런 이유로 통계적으로 종교인이 믿지 않는 분들보다 평균적으로 더 오래 산다고 합니다.

형제자매 여러분, 사랑하면 예뻐지고, 건강하게 장수할 수 있다고 했습니다. 이렇게 '한 가지 일로 두 가지 이익을 얻는 것' 이것을 무엇이라고 하지요? '일거양득', '꿩 먹고 알 먹고', '도랑 치고 가재 잡고' 얼마나 좋습니까? 그러므로 사랑을 실천해야 하겠습니다.

형제자매 여러분, 마지막으로 오늘 복음 말씀을 잊지 않기 위하여 다시 건배를 제의하겠습니다. 모두 술잔을 드십시오. 몸과 마음을 다하여 하느님을 사랑하고 이웃을 내 몸같이 사랑하기 위하여 건배하겠습니다.

"愛主愛人!", "敬天愛人!" (박수) 아멘!

겸손과 교만

형제자매 여러분, 말로는 누구에게 진 적이 한 번도 없는 교만한 할머니가 있었습니다. 이를테면 아주 말발이 아주 센 초로의 할머니였습니다. 그런데 그 집에 똑똑한 며느리가 들어왔습니다. 그래서 많은 사람이 "저 며느리는 이제 죽었다."라고 걱정했습니다. 그런데 어쩐 일인지 시어머니가 조용했습니다. 그럴 분이 아닌데 이상했습니다. 그러나 이유가 있었습니다. 며느리가 들어올 때 시어머니는 벼르고 별렀습니다. 며느리를 처음에 꽉 잡아 놓지 않으면 나중에 큰일 난다고 생각했습니다. 그래서 처음부터 시집살이를 시켰습니다. 생트집을 잡고 일부러 모욕도 주었습니다. 그러나 며느리는 전혀 잡히지 않았습니다. 왜냐하면, 며느리는 그때마다 시어머니의 발밑으로 납작 엎드렸기 때문입니다.

한번은 시어머니가 느닷없이 "친정에서 그런 것도 안 배워 왔냐?" 하고 생트집을 잡았지만, 며느리는 공손하게 대답했습니다. "어머님, 저는 친정에서 배워 온다고 노력했지만 시집와서 어머니께 배우는 것이 더 많아요. 모르는 것은 자꾸 나무라시고 가르쳐 주세요." 하고 머리를 조아리니 시어머니는 할 말이 없었습니다. 또 "그런 것도 모르면서 대학 나왔다고 하느냐?"라고 시어머니는 공연히 며느리에게 모욕을 줬습니다. 그렇지만 며느리는 도리어 웃으며 "어머님, 요즘 대학 나왔다고 해 봐야 옛날 초등학교 나온 것만도 못해요."라고 했습니다. 매사에 이런 식이니 시어머니가 아무리 찔러도 소리가 나지 않습니다. 무슨 말대꾸라도 해야 큰 소리를 치며 나무라겠는데 이건 어떻게 된 것인지 뭐라고 한마디 하면, 시어머니 발밑으로 기어들어 가니 불안하고 피곤한 것은 오히려 시어머니 쪽이었습니다.

형제자매 여러분, 사람은 다 그렇습니다. 저쪽에서 내려가면, 이쪽에서 불안하게 됩니다. 그리고 이쪽에서 내려가면 반대로 저쪽에서 불안하게 됩니다. 그러니까 먼저 내려가는 사람이 결국 이기게 됩니다. 사람들은 먼저 올라가려고 하니까 피곤하게 되는 것입니다. 좌우지간 나중에 시어머니가 그랬답니다. "너에게 졌으니 집안 모든 일은 네가 알아서 해라." 시어머니는 권위의 힘으로 며느리를 잡으려 했지만, 며느리가 겸손하게 내려가니 아무리 어른이라고 해도, 겸손에는 이길 수 없었습니다.

형제자매 여러분, 교만을 버리고 내려간다는 것은, 쉬운 일이 아닙니다. 어떤 때는 죽는 것, 만큼이나 어려울 때도 있습니다. 그래서 예수님께서는 "나를 따르기 위해서는 먼저 자신을 버리고 자신의 십자가를 지고 나를 따르라."라고 하셨습니다. 이렇게 세상에 겸손보다 더 큰, 덕은 없습니다. 그래서 오늘 복음에서 예수님께서는 "너희 가운데에서 가장 높은 사람은 너희를 섬기는 사람이 되어야 한다. 누구든지 자신을 높이는 이는 낮아지고 자신을 낮추는 이는 높아질 것이다."(마태 23,11-12)라고 말씀하십니다. 내려갈 수 있다면, 이미 올라간 것입니다. 아니 내려가는 것이 바로 올라가는 것입니다. 그러므로 내려갈 수 있는 마음은 참으로 행복하다는 것을 깨달아야 하겠습니다.

또한, 예수님께서는 오늘 복음에서 율법 학자들과 바리사이들에게 일침을 놓습니다. "그러니 그들이 너희에게 말하는 것은 다 실행하고 지켜라. 그러나 그들의 행실은 따라 하지 마라. 그들은 말만 하고 실행하지는 않는다."(마태 23,3) "그들 행실은 따라 하지 마라. 말만 하고 실행하지 않는다." 얼마나 창피스러운 말씀입니까? 말에는 언제나 행동이 뒤따라야 합니다. 그래서 예수님께서는 말씀을 실천하는 사람을 '반석 위에 집을 짓는 슬기로운 사람'이라고 말씀하셨습니다. 반면에 말만 하고 행동하지 않는 사람을 '모래 위에 집을 짓는 어리석은 사람'이라고 말씀하셨습니다. 또한, 야고보 사도도 '행동 없는 신앙은 죽은 신앙'이라고 말씀하셨습니다. 그러므로 말씀에 힘을 실어 주기 위해서는 실천이 꼭 뒤따라야 하겠습니다. 믿음이 돈독해지기 위해서는 의도적으로 말씀의 실천과 함께 믿는 바를 행동으로 증언해야 하겠습니다. 그러기에 주일미사는 물론 평일 미사에도 열심히 참여하고 기도하고 활동과 함께 봉사함으로써 비 온 뒤에 땅이 굳어지듯 믿음도 성장하게 됩니다. 벼는 익을수록 고개를 숙이듯 스스로 겸손해지면서 하느님께 감사하면서 찬양을 드리고 이웃을 섬길 수 있을 것입니다.

"너희 가운데에서 가장 높은 사람은 너희를 섬기는 사람이 되어야 한다. 누구든지 자신을 높이는 이는 낮아지고 자신을 낮추는 이는 높아질 것이다."(마태 23,11-12) 아멘!

어느 사형수의 마지막 순간 5분

형제자매 여러분, 여러분은 혹시 마지막 때를 한번 생각해 보셨습니까? 교회는 11월 위령성월을 맞이해서 세상을 하직한 사람들을 기억하면서 그 위령들의 영원한 안식을 위해서 열심히 기도하고 있습니다. 만약에 이 세상을 떠나기 전 마지막 순간 5분이 내게 주어진다면, 여러분은 그 5분 동안 무엇을 하시겠습니까?

젊은 사형수가 있었습니다. 내란 음모죄로 사형을 집행하던 날, 형장에 끌려와 기둥에 묶였습니다. 사형수에게 마지막으로 5분의 시간이 주어졌습니다. 28년을 살아온 그 사형수에게 마지막으로 주어진 최후의 5분, 비록 짧았지만 너무나도 소중한 시간이었습니다. 나를 알고 있는 모든 이들에게 작별 기도를 하는데 2분, 오늘까지 살게 해 준 하느님께 감사하고 곁에 있는 다른 사형수들에게 한마디씩 작별 인사를 나누는데 2분, 나머지 1분은 눈에 보이는 자연의 아름다움과 지금까지 서 있게 해 준 땅에 감사하기로 마음먹었습니다.

흐르는 눈물을 삼키면서 가족들과 친구들을 잠깐 생각하며 작별 인사와 기도를 하는데 벌써 2분이 지나 버렸습니다. 그리고 자신에 대하여 돌이켜 보는 순간 "아~ 이제 3분 후면 내 인생도 끝이구나." 하는 생각이 들자 눈앞이 캄캄해졌습니다. 지나가 버린 28년이란 세월을 금쪽같이 아껴 쓰지 못한 것이 정말 후회되었습니다.

"아~ 다시 한번 인생을 살 수만 있다면…." 하고 회한의 눈물을 흘리는 순간, 이윽고 총에 탄환을 장전하는 소리가 들렸습니다. 이 죽음의 공포에 몸을 떨었습니다. 바로 그때였습니다. 한 병사가 흰 수건을 흔들며 달려왔습니다. 황제의 특사 영을 받아 들고 오는 병사였습니다. 이렇게 기적적으로 사형 집행 중지 명령이 내려와 간신히 목숨을 건지게 되었습니다.

구사일생으로 풀려난 그는 그 후, 사형 집행 직전에 주어졌던 그 마지막 5분간의 시간을 생각하며 한평생 시간의 소중함을 간직하고 살았습니다. 하루하루 순간순간을 마지막 순간처럼 소중하게 생각하며 열심히 살았습니다. 그 결과, 《죄와 벌》, 《카라마죠프의 형제들》, 《영원한 만남》 등등 수많은 불후의 명작을 발표하여 톨스토이에 비견되는 세계적 문호로 성장하였습니다. 그 사형수가 바로 누구이겠습니까? 러시아의 유명한 소설가 '도스토예프스키'였습니다. [39]

형제자매 여러분, 우리에게 지금 주어진 하루하루는 대단히 소중합니다. 우리에게 주어진 소중한 날들, 하루하루를 도스토예프스키가 가졌던 마지막 순간의 5분처럼 소중하게 보내야 하지 않겠습니까? 그때를 대비해서 오늘도 준비하는 삶을 살아간다면 언제 그 시간이 닥치더라도 후회가 없으시리라 생각됩니다.

만약에 그렇지 않다면, 오늘 복음의 어리석고 미련한 처녀들처럼 등은 가지고 있었으나 기름을 갖고 있지 않았기 때문에 등의 기름을 사러 간 사이에 신랑이 와서 준비하고 있던 슬기로운 처녀들은 신랑과 함께 혼인 잔치에 들어갔고 문은 굳게 닫혔습니다. 그제야 미련한 처

---

39) https://cafe.daum.net/gochg/XANf/15653?q=%EB%8F%84%EC%8A%A4%
   ED%86%A0%EC%98%88%ED%94%84%EC%8A%A4%ED%82%A4%20
   %EC%82%AC%ED%98%95&re=1

녀들은 헐레벌떡 달려와 문을 두드리며 "주인님, 주인님, 문 좀 열어 주십시오." 하고 간청하였지만, 그는 "나는 너를 모른다."라고 하셨습니다. 만약에 여러분이 이런 신세가 되었다면 어떻게 하시겠습니까?

형제자매 여러분, 그러니 깨어 있어야 하지 않겠습니까? 그날과 그 시간은 아무도 모르기 때문입니다. 그리고 그날은 갑자기 덫처럼 닥치기 때문입니다. 그러므로 등뿐만 아니라, 기름까지 항상 준비하여 신랑이신 주님을 환영할 수 있는 지혜로운 신앙인이 되어야 하겠습니다.

형제자매 여러분, 여러분은 혹시 〈주인과 지팡이〉라는 이야기 들어 보셨습니까? 어떤 분은 들어 보셨겠지만, 그 이야기는 다음과 같습니다.

어떤 열심한 신앙인이 너무 가난해서 남의 집에 하인으로 들어가게 되었습니다. 그런데 일은 열심히 했으나 민첩하지 못해서 주인으로부터 항상 핀잔을 자주 듣곤 했습니다. 느린 그의 모습을 보고 주인은 각성하라는 뜻으로 지팡이 하나를 주면서 다음과 같이 말했습니다. "너보다 미련한 사람을 만나거든 이 지팡이를 주어라."

그런데 얼마 후에 그 주인이 중한 병에 걸려 죽음을 기다리게 되었습니다. 미련하다고 항상 욕먹던 하인이 주인님께 문병을 와서 그 주인께 물었습니다. "주인님은 세상을 떠날 준비가 다 되셨는지요?" 가만히 듣고 있던 주인은 고개를 설레설레 흔들었습니다. 그러자 하인은 분명한 어조로 말했습니다. "사람은 누구나 때가 되면 본향으로 돌아가는 나그네인데 주인님은 아직도 떠날 준비를 안 하고 계셨습니까? 주인님이야말로 제일 천하에 미련한 자라고 하지 않을 수 없습니다. 전에 주인님이 제게 주셨던 지팡이를 여기에 두고 갑니다."

형제자매 여러분, 〈주인과 지팡이〉 얘기를 듣고 무엇을 생각하셨습니까? "너보다 미련한 사람을 만나거든 이 지팡이를 주어라." 정말로 가장 확실한 죽음을 아무런 준비 없이 맞이하는 하인의 주인처럼 바로 그런 사람이 이 지팡이의 주인이 아니겠습니까? 그러므로 우리는 깨어 죽음과 하늘나라를 미리 준비해야 하겠습니다.

> "그러니 깨어 있어라. 너희가 그날과 그 시간을 모르기 때문이다."(마태 25,13) 아멘!

성모님의 곡예사

〈성모님의 곡예사〉는 프랑스의 작가 아나톨 프랑스(1844~1924)의 단편 소설입니다. 그 내용을 보면 다음과 같습니다.

가난한 베르나베는 곡예사입니다. 가진 것이라곤 손발로 공과 단검을 굴리는 재주밖에 없는 그는 자신이 가진 저글링 재주를 통해 세상이 달라질 수 있다고 믿었습니다. 칼을 들고 싸우던 사람들도 자기처럼 칼로 저글링을 하고, 술을 마시던 사람들도 술병으로 저글링을 한다면, 그래서 온 세상이 둥글둥글 저글링을 하면서 즐거워진다면, 싸움은 그치고 평화가 오지 않을까 생각했습니다. 그는 그런 간절함으로 매번 고난이도의 저글링을 선보이지만, 그의 곡예를 구경하는 사람은 별로 없었습니다. 이 고을 저 고을 떠돌아다니는 가련한 곡예사 베르나베는 장마철이라 장도 서지 않아 무일푼에 저녁밥도 먹지 못하고 굶주리고 있었을 때 어떤 수도원 원장님을 만나 수도원에 들어가서 살게 됩니다. 곧, 수사가 되었습니다.

수도원의 다른 수사들은 모두 자기의 재능과 지식을 바쳐 봉사하는 삶을 살고 있었습니다. 성경을 필사하거나 아름다운 프레스코화를 그리는 사람, 성모께 바칠 시를 짓거나 성모상을 조각하는 사람, 요리하는 사람, 작곡하는 사람 등 모두 자신의 재능으로 성모님을 찬양하는데, 그는 아무것도 할 줄 아는 게 없었습니다. 그는 자기 스스로 무식하고 아무 쓸모가 없다고 한탄하며 살게 됩니다.

그러던 어느 날 다른 수도자들이 성모님을 위한 토론이나 신학에 열중하고 있는 시간이 되면 그는 슬그머니 빠져나가 성당에서 시간을 보내곤 하였습니다. 그의 거동을 수상하게 여긴 수도자들은 베르나베 수사를 감시하기 시작하였는데 어느 날 성당 문틈으로 들여다보았을 때 베르나베 수사가 성모님 앞에서 거꾸로 서서 접시를 돌리고 열두 개의 칼을 가지고 곡예를 부리고 있는 것을 보게 됩니다. 신성모독이라고 분개한 수도자들이 뛰어가 막 끌어 내리려는 순간, 성모님이 갑자기 제단 위에서 서서히 내려와 자신의 푸른 옷자락으로 베르나베 곡예사가 흘린 땀방울을 닦아 주는 것이었습니다.[40]

형제자매 여러분, 수사가 된 곡예사는 성모님 앞에서 아무것도 할 일이 없었으나, 자기가 가장 잘하는 곡예를 부림으로써 성모님을 기쁘게 해 드렸음은 물론 또한, 우리에게도 큰 감동을 주었습니다. 성모님의 곡예사처럼 우리는 모두 하느님으로부터 각자의 재능, 탈렌트를 부여받은 사람입니다. 그 종류도 아주 다양하게 말입니다.

오늘 복음에서와 같이 어떤 사람은 다섯 탈렌트를, 어떤 사람은 두 탈렌트를, 또 어떤 사람은 한 탈렌트를 하느님으로부터 받았습니다. 얼마만큼 많이 받았는가가 중요한 것이 아니라, 얼마만큼 받은 것을 잘 활용했는가가 문제인 것입니다. 다섯 탈렌트를 받은 사람은 다섯 탈렌트를 더, 두 탈렌트를 받은 사람도 두 탈렌트를 더 벌었습니다. 이렇게 그들은 아주 탈렌트를 잘 활용했기 때문에 하느님으로부터 칭찬을 받았습니다. 그러나 한 탈렌트를 받은 사람은 그렇지 못했습니다.

---

40) https://cafe.daum.net/ansananna/MJaF/112?q=%EC%84%B1%EB%AA%A8%EB%8B%98%EC%9D%98%20%EA%B3%A1%EC%98%88%EC%82%AC&re=1

인간의 눈으로 보면 하찮고 가엾은 곡예사의 솜씨도 그것은 하느님께서 그에게만 특별히 내려 주신 최고의 탈렌트(재능)인 것입니다. 그래서 성모님께서 웃음을 머금고 곡예사의 땀방울을 닦아 주지 않았습니까? 우리는 너무나 쉽게 "나는 능력이 없어.", "내가 무슨 자격으로."라는 말을 하곤 합니다. 그러나 자신을 들여다보면 다 하느님께서 주신 탈렌트가 있습니다. 그것을 찾지 못하고 있을 뿐입니다. 우리가 어떤 재능과 직업을 가졌느냐가 중요한 것이 아닙니다. 자기 안에 있는 것이 아무리 작고 초라한 것이라 해도 기쁨과 정성의 마음에 버무려지는 순간 그것은 세상 그 무엇으로도 대신할 수 없는 값진 보물로 빛날 수 있습니다. 곡예사 베르나베처럼 말입니다.

하느님께서 진짜 나에게 주신 선물, 탈렌트가 무엇일까? 종교적으로 본다면 내가 하느님께 드릴 수 있는 참된 봉헌은 무엇일까? 내가 이 책의 주인공 베르나베라면 무엇을 바칠 수 있겠습니까? 내가 가진 가장 아름다운 나만의 보석, 탈렌트는 무엇인가를 발견해야 할 것입니다. 그리고 발견한 것을 남을 위해서 활용해야 할 것입니다. 이 활용을 통해서 하느님께 영광을 돌려드려야 할 것입니다.

우리 본당에서 어떤 이는 성가대를 통해서, 자기의 탈렌트를 연마하고 어떤 이는 제대회에 가입해서 제대를 꾸미고 꽃꽂이를 하면서, 또 어떤 이는 어려운 사람들을 도와주고 봉사를 하는 빈첸시오 활동을 통해서, 또 어떤 이들은 본당의 자질구레한 일들을 정리하고 관리하는 관리부로서 탈렌트를 활용하고 있습니다. 더욱이 성모 회원이나 자모회는 본당의 어머니처럼 모든 것을 뒷바라지하며 모성애를 발휘함으로써 재능, 탈렌트를 발휘하고 있습니다. 또한, 재정부는 본당 재정을 잘 관리함으로써 남모르게 수고하며 탈렌트를 잘 활용하고 있습니다. 역시 전교 사업이나 예비자 교육도 마찬가지입니다. 이렇게 하여 하느님의 사업은 날로 번창하게 됩니다.

형제자매 여러분, 그러므로 우리 모두 하느님으로부터 이런 칭찬을 들을 수 있도록 각자 받은 탈렌트를 잘 활용해야 하겠습니다.

"잘하였다. 착하고 성실한 종아! 네가 작은 일에 성실하였으니 이제 내가 너에게 많은 일을 맡기겠다. 와서 네 주인과 함께 기쁨을 나누어라."(마태 25,21) 아멘.

천국에 아름다운 집을 지읍시다!

오늘은 그리스도 왕 대축일로서 연중 마지막 주일입니다. 교회 달력의 마지막 주일을 맞이하여 본당에서는 올해 한 해를 마무리 지으면서 추수 감사제를 봉헌하고 있습니다. (멀리 공소 신자들뿐만 아니라) 냉담자, 예비 신자 여러분도 함께해 주셔서 감사드립니다. 추수 감사제는 우리 공동체의 감사제뿐만 아니라, 친교를 나누는 잔치입니다. 그러므로 기쁨을 나누는 잔치가 될 수 있도록 다 함께 노력해야 하겠습니다.

어떤 부자가 죽어서 천당에 가게 되었습니다. 천사가 먼저 그에게 살 집을 안내해 주었습니다. 천당에도 호화 주택, 단독주택, 고급 아파트, 서민 아파트 등 여러 종류의 집들이 있었습니다. 어느 고급 아파트를 지나가다가 몇 년 앞서 죽은, 가난했던 이웃집 부인을 만났습니다. 부자는 그 부인보다도 훨씬 호화로운 주택에서 살게 되리라고 믿었습니다. 그러나 그가 안내받은 곳은 판자촌이요, 그중에서도 가장 초라한 움막이었습니다. 부자는 화가 났습니다. 그러나 천사는 "당신이 지상에서 보낸 건축자재로 집을 짓다 보니 이 정도밖에 지을 수 없었다."라고 해명을 했습니다. 부자는 "세상에 이럴 수가 있느냐?"라고 불평을 했습니다. 성당에 헌금을 내도 이웃집 부인보다 훨씬 더 많이 냈는데 너무 불공평하다고 항의까지 했습니다. 그러나 천사는 "액수로 따지면 당신이 헌금을 더 많이 했지만, 비율로는 이웃집 부인이 더 많이 했다."라고 해명을 했습니다.

사실 그 부자는 천만 원 수입에 이십만 원을 헌금했지만, 비율로 따지면 수입의 1/50밖에 안 되었습니다. 반면에 이웃집 부인은 십만 원 수입에 만 원을 헌금했기 때문에 수입의 1/10이나 되었습니다.

　형제자매 여러분! 천당의 건축자재는 무엇이겠습니까? 곧 이웃에 대한 자선과 선행입니다. 오늘 복음 최후의 심판 대목을 보면, "주님, 저희가 언제 주님께서 굶주린 것을 보고 먹을 것을 드렸고, 목마르신 것을 보고 마실 것을 드렸습니까? 언제 주님께서 나그네 되신 것을 보고 따뜻이 맞아들였고, 헐벗으신 것을 보고 입을 것을 드렸습니까? 언제 주님께서 병드시거나 감옥에 계신 것을 보고 찾아가 뵈었습니까?' 그러면 임금이 대답할 것이다. '내가 진실로 너희에게 말한다. 너희가 내 형제들인 이 가장 작은 이들 가운데 한 사람에게 해 준 것이 바로 나에게 해 준 것이다.'"(마태 25,37-40)라고 예수님께서 분명하게 말씀하셨습니다. 또 "'주님 저희가 언제 주님께서 굶주리시거나 목마르시거나 나그네 되신 것을 보고, 또 헐벗으시거나 병드시거나 감옥에 계신 것을 보고 시중들지 않았다는 말씀입니까?' 그때에 임금이 대답할 것이다. '내가 진실로 너희에게 말한다. 너희가 이 가장 작은 이들 가운데 한 사람에게 해 주지 않은 것이 바로 나에게 해 주지 않은 것이다.'"(마태 25,45)라고 역시 분명하게 말씀하셨습니다. 이렇게 어려운 처지에 있는 사람과 주님을 동일시합니다.

　형제자매 여러분, 죽어서 재산을 지고 황천길을 넘어갈 수 있는 사람은 아무도 없습니다. 억만장자도 거지도 모두 빈손으로 가게 됩니다. 그러나 죽어서 재산을 가지고 갈 수 있는 그 방법은 딱 한 가지 있습니다. 그 방법이 무엇이겠습니까? 그것은 다름 아닌 '천당 적금'입니다. 가난한 형제, 병든 형제, 정신적 고통을 당하고 있는 형제를 돕는 것입니다. 이웃에게 베푼 선행은 곧 예수님께 한 것이고 천당에 붓는 청약예금입니다. 필요한 돈을 다 쓰고 나면 적금 부을 돈이 남지 않습니다. 누구든지 봉급을 받으면 적금부터 붓고 그 나머지로 살림을 꾸려 나가기 마련입니다. 천당 적금도 마찬가지입니다. 살아서 많은 선행을 베푼 사람은 죽어서 아름다운 집이 기다리고 있습니다. 그러나 할 것 다 하고 여분의 것으로 선행을 베푼 사람은 만에 하나 천당에 가더라도 판잣집이 기다리고 있을 뿐입니다.

형제자매 여러분! 하느님께 감사드리는 일도 마찬가지입니다. 오늘 추수 감사 주일을 맞이해서 하느님께 드리는 감사 예물도 천국의 집을 짓는 건축자재가 된다는 것을 잊지 말아야 하겠습니다. 왜냐하면 "감사는 또 다른 은혜를 부른다."라는 말도 있듯이 하느님의 은혜는 감사에 비례하기 때문입니다. 나병 환자들은 주님께 애걸복걸하여 치유의 은사를 받았습니다. 결코 "몸이 깨끗해진 사람은 열 사람이 아니었느냐? 그런데 아홉은 어디 갔느냐? 하느님께 찬양을 드리러 돌아온 사람은 이 이방인 한 사람밖에 없단 말이냐!"(루카 17,17-18)라는 주님의 힐책을 듣지 않도록 해야 하겠습니다.

형제자매 여러분! "항상 기뻐하십시오. 늘 기도하십시오. 어떤 처지에서든지 감사하십시오. 이것이 그리스도 예수를 통해서 여러분에게 보여 주신 하느님의 뜻입니다."(1데살 5,16-18)라는 바오로 사도의 말씀을 명심하면서 진정 감사하는 마음으로 이 제사를 봉헌합시다!

> "너희가 내 형제들인 이 가장 작은 이들 가운데 한 사람에게 해 준 것이 바로 나에게 해 준 것이다."(마태 25,40) 아멘!

부록

고유 축일 · 대축일 · 기타

새해엔 '고.감.사. 꼭꼭꼭' 하십시오!

형제자매 여러분, 새해 안녕하셨습니까? 복 많이 받으십시오.

새해를 맞이해서 주님께서 주시는 기쁨과 평화가 형제자매 여러분 모든 가정에 충만하시기를 빕니다. 하시는 일마다 다 잘되시기를 기원합니다. 새해를 맞이해서 우리는 어머님의 축일을 지내면서 세계 평화를 기원합니다. 평화의 모후이신 성모님께 마음을 모아 전 세계의 평화를 위해서 도움을 청해야 하겠습니다. 아울러 우리나라의 남북통일을 기원하면서 도움을 청해야 하겠습니다.

형제자매 여러분, 오늘 우리는 천주의 성모 마리아 대축일을 경축하고 있습니다만, 우리의 어머니 성모님께서는 언제나 '고.감.사.' 생활을 하셨습니다. '고.감.사.'가 무엇인지 다 알고 계시지요? "주님, 고맙습니다. 주님, 감사합니다. 주님, 사랑합니다!"라는 우리들의 고백입니다. 형제자매 여러분, 혹시 이 '고.감.사.'의 왕이 누구신지 알고 계십니까? '고.감.사.'의 왕은 우리 어머니 성모님이십니다. 우리 어머님은 한평생 주님, 고맙습니다! 주님, 감사합니다! 주님, 사랑합니다! 이 '고.감.사.' 생활을 하셨습니다. 이 '고.감.사.'의 왕이 바로 우리 성모님이십니다.

성모님께서는 가브리엘 대천사로부터 주님의 탄생 예고를 들었을 때, 인간적으로는 도저히 있을 수 없는 일이었고, 있어서도 안 되는 일이었지만, 돌에 맞아 죽을 각오로 응답하셨습니다. "저는 주님의 종입니다. 말씀하신 대로 저에게 이루어지기를 바랍니다."(루카1,37)라고 응답하심으로써 주님의 어머니가 되셨습니다. 이런 마리아의 응답은 곧 "주님, 고맙습니다!"라는 응답과 상통하는 것입니다.

그리고 그 이후에 마리아가 엘리사벳을 방문했을 때 엘리사벳이 마리아에게 "당신은 여인들 가운데 가장 복되시며 당신 태중의 아기도 복되십니다. 내 주님의 어머니께서 저에게 오시다니 어찌 된 일입니까?"(루카 1,42-43) 이런 칭송을 들었을 때 마리아는 즉시 '마리아의 노래'(루카 1,46-56)로 응답하십니다. "내 영혼이 주님을 찬송하고 내 마음이 나의 구원자 하느님 안에서 기뻐 뛰니…." 하고 노래 부른 것은 곧 "주님, 감사합니다."라는 응답입니다.

형제자매 여러분, 예수님께서 행하신 첫 번째 기적이 무엇이지요? 혼인 잔칫집에서 '물을 포도주로 변화시키신 기적'입니다. 예수님께서는 "어머니 아직 제때가 되지 않았습니다." 그렇지만 예수님께서는 어머님의 청에 의해서 물을 포도주로 변화시키는 첫 기적을 행하셨습니다. 이런 예수님을 보시고 어머니께서는 "주님, 감사합니다. 주님, 감사합니다." 이런 기도를 연발하셨을 것입니다. 또 십자가를 지시고 온갖 능욕을 잘 참아 받으신 예수님을 보시고, 용케도 십자가에 높이 달리시어 구속 사업을 완수하시고 죽음을 통해서 부활의 영광에 참여하신 예수님을 보시고 성모님께서는 "주님, 감사합니다. 주님, 감사합니다." 이런 한없는 감사기도를 드렸을 것입니다. 지금 성탄 주간을 지내지만, 예수 아기를 품에 안고 "예수야, 난 항상 너를 사랑한단다." 이렇게 말씀하시면서 분명히 사랑으로 키우셨을 것입니다.

그런데 그 사랑하는 아들 예수님이 십자가에 못 박혀 돌아가실 때 십자가 아래서 한없이 우셨습니다. 또한, 십자가에서 내리신 예수님을 부둥켜안고 한없이 우셨습니다. 당신 아들을 사랑하신 성모님의 마음은 천 갈래, 만 갈래 찢어졌을 것입니다. 형제자매 여러분, 이 성모님의 마음을 표현한 조각상이 무엇인지 알고 계십니까? 로마의 성베드로 대성당 안에 있는 그 이름도 유명한 '삐에따' 상입니다. 형제자매 여러분, 성모님께서는 오늘 복음 말씀을 보면 당신 아들을 천사가 일러준 대로 '예수'라고 이름을 짓습니다. 성모님은 "예수님을 안고, 예수야, 난 항상 너를 사랑한단다. 이렇게 사랑으로 키우셨습니다. 그리고 성모님은 예수님의 손을 잡고 항상 '꼭꼭꼭' 하셨습니다. 형제자매 여러분, 이 '꼭꼭꼭'이 무엇인지 알고 계십니까?

어느 여행지에서 있었던 일입니다. 한 노부부가 어디 가든 손을 붙잡고 다녔습니다. 보기만 해도 참 좋았습니다. 연세가 지긋한 분들이시건만, 서로 지긋지긋하게 여기지 않으시고 진정으로 다정다감하니 참으로 놀라운 일입니다.

하지만 그런 모습을 계속 접하면서 '좀 지나치신 게 아닐까?'라는 느낌도 없지는 않았습니다. 그래서 어느 날 물어봤습니다. "서로 참 사랑하시나 봐요? 두 분이 손을 항상 꼭 쥐고 다니시네요?" 노부부가 똑같이 "아, 예." 하시며 허허 웃으셨습니다. 우린 "사랑을 표시하는 거랍니다. 우리는 무턱대고 손만 붙잡고 다니는 것이 아닙니다." "그럼, 뭘 더 하시지요?" "우리는 서로 '꼭꼭꼭', '꼭꼭'을 한답니다." 의아한 표정을 짓자 말씀을 계속하셨습니다. "서로 손을 잡고 다니다가 제가 엄지손가락을 이용하여 아내의 손에다 '꼭꼭꼭' 하고 세 번 누르곤 합니다. 그러면 아내도 엄지손가락을 이용하여 '꼭꼭' 하고 제 손에다 두 번 눌러 주곤 한답니다. 아내가 먼저 제게 '꼭꼭꼭' 할 때도 있어요. 저도 즉시 '꼭꼭' 하고 반응하지요. 우리 둘 사이에서 '꼭꼭꼭'은 '사랑해'라는 표시이고 '꼭꼭'은 '나도'라는 표시입니다. 우리는 이렇게 서로 손만 잡고 다니는 것이 아니라, 자주 '꼭꼭꼭', '꼭꼭'을 한답니다."

이렇게 말씀하시고 나서 할아버지는 다시 부언하셨습니다. "사실 우리 부부가 '꼭꼭꼭', '꼭꼭'을 시작한 게 아닙니다. 그저 우리도 따라 하는 겁니다. 이웃에 우리보다 더 나이 많으신 노부부가 살고 계십니다. 마치 젊은 연인처럼 손을 꼭 붙잡고 다니셨답니다. 그런데 부인이 갑자기 뇌졸중으로 쓰러지더니 의식을 잃고 말았습니다. 중환자실에 누워 있는 부인은 산송장일 뿐이었습니다. 호흡만 붙어 있을 뿐이지 말을 하나 움직이기를 하나 죽을 날만 손꼽아 기다리는 상황이었습니다. 그러던 어느 날 남편이 방문했을 때였습니다. 경황이 없어서 그동안 아내에게 하지 못한 일이 있다는 것을 알았습니다. 즉시 아내 손을 붙잡아 주었습니다. 또한, 전에 하던 대로 엄지손가락을 펴서 '꼭 꼭 꼭' '사 랑 해'하고, 따박 따박 따박 세 번 눌러 주었습니다. 그런데 바로 그 순간이었습니다. 아내의 엄지손가락이 서서히 움직였습니다. 그리고 힘겹게나마 '꼭꼭' '나도' 하고 내 손등을 누르며 반응했습니다. 깜짝 놀랐습니다. 아, 아내가 살아 있구나! 그때부터 남편은 아내 곁에서 손을 붙잡고 계속해서 '꼭꼭꼭' 했고 아내 역시 '꼭꼭' 하고 화답했습니다. 게다가 아내의 손에 힘이 점점 더 들어가는 것이 느껴졌습니다. 참 기뻤습니다. 얼마 후에는 놀랍게 아내의 의식이 돌아왔습니다. 기적이 일어났습니다. '꼭꼭꼭', '꼭꼭'이 아내를 살려 냈습니다. 다 죽어 가던, 다 꺼져 가던 아내의 생명 심지에 '꼭꼭꼭', '꼭꼭' '사랑해', '나도'가 스파크를 계속 일으켜서 생명의 불꽃이 다시 타오르게 했습니다. 사랑이 죽어 가던 생명을 구해 냈습니다. 이 감동적인 사실을 알고 나서 우리 부부도 작정하고 손을 서로 붙잡고 다니면서 '꼭꼭꼭', '꼭꼭' '사랑해', '나도'를 실천하기 시작한 것입니다. 정말 너무너무 행복합니다."

그 할아버지는 여기까지 얘기하고 나서 엄지손가락을 펴 보이며 다음과 같이 권유했습니다. "당신도 아내와 함께해 보시지 않겠습니까? '꼭 형제자매 여러분, 새해 첫날에 우리는 "새해 복 많이 받으십시오!"라고 인사하는데, 어떻게 하면 복 많이 받을 수 있겠습니까? 아직도 모르셨습니까? 알려 드릴까요? 맨입에 되겠습니까? 오늘 특별히 2023년 새해 첫날이고, 특별히 천주의 성모 마리아 대축일을 맞이하여 공짜로 알려 드리겠습니다. (박수) 다른 게 아니라, 성모님처럼, 항상 '고.감.사.' 생활을 하십시오! 그리고 '꼭꼭꼭' 하십시오! 새해엔 항상 '고.감.사.' 생활을 하십시오! 복이 저절로, 축복이 흘러넘칠 것입니다. 새해엔 항상 '꼭꼭꼭' 하십시오! 사랑의 전기가 통해 사랑이 흘러넘칠 것입니다. 주님, 도와주십시오. 이것도 저것도 청하지만 말고 오직 '고.감.사.'만 하십시오. "주님, 고맙습니다! 주님, 감사합니다! 주님, 사랑합니다!" 이렇게 1년 동안 살아 보시고 복 못 받은 사람 다 제게 오십시오! 그리고 새해엔 '꼭꼭꼭'만 하십시오! 사랑이 통해 엔도르핀이 치솟아 정말 행복한 생활을 하실 수 있을 것입니다. '고.감.사.' 생활, 만사 OK, 만사형통입니다. '꼭꼭꼭' 생활, 만사 OK, 만사형통입니다. 주님께서 언제나 함께해 주면서 복을 충만히 내려 주실 것입니다.

형제자매 여러분, 마지막으로 '고.감.사.' 생활의 왕이신 성모님을 생각하면서 다 함께 외쳐 봅시다! 제가 먼저 "고.감.사" 하면, 첫째 두 손을 펴서 가슴에 모으면서 "고맙습니다!"라고 외치면 됩니다. 둘째로 그 다음엔 두 손을 펴 높이 올렸다 가슴에 모으면서 "감사합니다!"라고 외치면 됩니다. 셋째 이제 마지막으로 두 손을 펴 들고 머리 위에 하트를

---

41) https://blog.naver.com/niaakorea/222765685766

그린 다음 두 팔을 위로 힘차게 뻗으며 "사랑합니다. 주님!" 하고 크게 외치면 됩니다. 그다음 다 함께 박수로 환호합니다. 이제 아시겠지요. 다 함께 해 보시겠습니다. 아주 참 잘하셨습니다.

형제자매 여러분, 이제 새로운 것 한번 해 봅시다. 새로운 것은 다름이 아니라, '꼭꼭꼭, 꼭꼭'입니다. 제가 "꼭꼭꼭." 하면 박수를 짧게 3번 친 후, "사랑해." 외치면서 하트를 그리면 됩니다. 또 제가 "꼭꼭." 하면 박수를 짧게 2번 친 후, "나도." 외치면서 하트를 그리면 됩니다. 아주 쉽지요. 자 익숙해지도록 다시 한번 더 해 보겠습니다. 아주 참 잘하셨습니다.

형제자매 여러분, 사랑은 '다짐'입니다. "서로 사랑하겠다."라는 다짐을 새해 첫날 하면서 힘차게 출발합시다! 새해엔 성모님을 본받아서 '꼭꼭꼭, 꼭꼭' 하시고 모두 다 행복한, 복 많이 받는 사랑받는 한 해 되시길 빕니다. 이울러 고.감.사. 생활을 통해서 모두 다 만사형통하시기를 빕니다. 다 함께 마지막으로 배운 대로 해 보겠습니다.

> 고.감.사! 꼭꼭꼭! 꼭꼭! 아멘!

설날은 복을 빌어 주는 날

형제자매 여러분! "새해 복 많이 받으십시오!" 우리는 설날 새해 인사를 이렇게 하면서 서로에게 복을 빌어 줍니다. 또 웃어른이 아랫사람에게 덕담을 해 줍니다. 칭찬의 말이나 건강 등 복을 빌어 줍니다. 그러므로 설날은 한마디로 복을 빌어 주는 날입니다.

새해 첫날을 맞이해서 오늘 제1독서 민수기에서 주님께서는 "너희가 복을 빌어 주면 그대로 복을 받을 것이다."라고 말씀하십니다. 그러므로 새해를 맞이해서 우리 모두 서로에게 복을 빌어 주고 행복한 삶을 살도록 이 제사를 통해서 열심히 기도해야 하겠습니다.

형제자매 여러분, 설날을 맞이해서 어른들께 세배를 드리고 조상 산소에 성묘한 다음, 보통 가족들과 어떤 놀이를 하면서 지내십니까? 화투 치신다고요? 옛날이나 지금이나 정초에 보통 가장 많이 하는 놀이는 뭐니 뭐니 해도 윷놀이입니다. 그리고 널뛰기, 연날리기, 제기차기, 팽이치기 등을 들 수 있습니다.

형제자매 여러분, 혹시 연 날려 보셨습니까? 연도 여러 종류가 있습니다만, 방패연, 가오리연, 창작해서 만든 여러 모양의 창작 연 등이 있습니다. 그 종류만 하더라도 무려 70여 종이 된다고 합니다. 왜 하필이면 연 놀이를 다른 때도 아닌 정초에 했겠습니까? 그것은 무엇보다도 방패연(防牌鳶)을 생각해 보면 잘 알 수 있을 것입니다. 방패(防牌)는 싸울 때

칼이나 창, 화살을 막는 도구를 말합니다. 그 말뜻대로 방패연은, 나쁜 운을 막아 주는 역할을 합니다. 또 나쁜 운을 저 멀리 날려 보내는 역할을 합니다. 나쁜 운을 날려 보내고 복을 불러들이기 때문에 정초에 연을 날립니다. 이를 송액영복(送厄迎福)이라고 합니다.

연을 날리려면 연을 실에 묶어 바람이 불 때 하늘 높이 날리게 됩니다. 이 연에 매는 실을 뭐라고 합니까? '연줄'이라고 합니다. 또 다른 의미의 연줄은 어떤 것이 있습니까? "그 사람은 참으로 연줄이 좋다."라고 할 때처럼 '서로 인연으로 맺어진 길이나 관계'를 말합니다. 오늘 우리가 설날을 맞이하여 생각하는 연줄은 아마 이 두 가지 의미를 다 생각해도 좋으리라 생각됩니다.

형제자매 여러분, 연이 제대로 하늘 높이 날기 위해서는 연줄에 항상 연결되어 있을 때 높이 치솟아 바람을 타고 잘 날 수 있을 것입니다. 이와 마찬가지로, 하느님과 우리 사이도 똑같습니다. 신앙인은 언제나 연줄처럼 하느님과 연결되어 있을 때 축복을 받고 하느님의 은총을 받을 수 있습니다.

또한, 조상님들과의 관계도 그렇습니다. 설날 제사를 통해서 조상님들의 영원한 안식을 위해 기도함으로써 그 뿌리를 확인하고 가족 간의 유대를 강화합니다. 그러므로 조상님들의 은덕을 입을 수 있습니다. 이렇게 연처럼 연줄을 지탱하고 있는 뿌리를 확인하는 날이 바로 오늘입니다. 그러므로 조상님들의 은혜에 감사하고 영원한 안식을 위해서 마음을 모아야 하겠습니다. 그리고 더 나아가 웃어른들께 효성을 다짐해야 하겠습니다.

형제자매 여러분, 오늘 두 번째 독서에서 야고보 사도는 "그렇지만 여러분은 내일을 알지 못합니다. 여러분의 생명이 무엇입니까? 여러분은 잠깐 나타났다가 사라져 버리는 한 줄기 연기일 따름입니다."(야고 4,14)라고 말씀하고 계십니다. 우리는 잠깐 있다 사라지는 한 줄기 연기에 불과합니다. 아무것도 아닙니다. 그러므로 하느님께 신뢰하면서 모든 것을 맡겨야 하겠습니다. 바람이 너무 세게 불면 연줄이 끊어져 연이 하늘에서 곤두박질쳐 땅에 떨어지듯 하늘 높이 치솟았다고 뽐내지 말라는 것입니다. 곧 "겸손하게 자신의 처지를 알고 하느님께 신뢰하라."라는 말씀입니다.

형제자매 여러분, 여러분 형제자매 중에 이 연줄이 하느님에게서 끊어진 사람은 없습니까? 혹시 있다면 이 명절을 통하여 신앙의 고귀함을 일깨워 주고 끊어진 연줄을 다시 맬 수 있도록 해야 하겠습니다. 왜냐하면, 우리의 생은 아무도 모르기 때문입니다. 더욱이 한 줄기 연기처럼 사라질 존재이기 때문입니다. 형제자매 여러분, 하느님과의 연줄은 튼튼하십니까? 형제자매 여러분, 조상님들과의 연줄도 튼튼하십니까? 형제자매 여러분, 역시 부모님과의 연줄도 튼튼하십니까? 그리고 형제자매 친척들과의 연줄도 튼튼하십니까? 만약 부실하다면 튼튼히 붙잡아 매야 할 것입니다. 미루지 마십시오. 왜냐하면, 우리의 생은 사라져 버리는 한 줄기 연기이기 때문입니다.

효도하려고 하나 부모님은 기다려 주지 않습니다. 형제자매 여러분, 혹시 이런 말 들어 보신 적이 있으십니까? '사후만반진수(死後萬飯珍垂) 불여생전일배주(不女生前一杯酒)', 사후에 제사상에 만 가지 반찬으로 진수성찬을 차려도 살아서 드리는 한 잔의 술만 못 하다는 말입니다. 또 비슷한 말로 사후황금주북두(死後黃金柱北斗) 불여생전일배주(不如生前一杯酒) "사후에 황금을 북두칠성까지 쌓아 놓더라도, 살아생전 한 잔의 술만 못 하다."라는 말입니다. 아마 여러분들은 한 번쯤 들어 보셨을 것입니다. "사후에 황금을 북두칠성까지 쌓아 놓더라도 살아생전 한 잔의 술만 못하다."라는 말을 명심하시면 좋겠습니다. 돈을 많이 벌면 그때 잘 모시겠다. 잘하겠다. 그러나 부모님은 기다려 주시지 않습니다.

형제자매 여러분, 그렇다면 설날 새해를 맞이해서 주님께서 여러분에게 하시는 덕담은 무엇이겠습니까? 그 덕담은 바로 "준비하고 깨어 있어라."라는 말씀입니다. 오늘 복음 말씀입니다. 하느님의 자녀로서의 삶은 언제나 깨어서 준비하는 삶으로 한 해를 시작함으로써 복을 받을 수 있다는 것입니다.

형제자매 여러분, 하느님의 복을 받기 위해서 또 우리는 어떻게 해야 하겠습니까? 이 하느님의 복을 받기 위해선 큰 복주머니를 준비해야 하겠습니다. 모두 다 복주머니 준비하셨습니까? 아니면 복조리나 받을 그릇을 준비해야 하겠습니다. 이 받을 그릇이나 복주머니는 다름이 아니라, 바로 '기도와 성사'입니다. 평소에 이 기도와 성사 생활을 착실히 함으로써 충만한 하느님의 복, 은총을 듬뿍 받도록 해야 하겠습니다. 일상 기도 생활 열심히 하시고, 미사에 열심히 참여하시고, 다른 성사 생활을 통해서 일 년 내내 이 복주머니를 꽉 채워 행복하시기를 바랍니다.

형제자매 여러분, 모두 새해 복 많이 받으십시오! 아멘.

그래도 되는 줄 알았습니다!

  형제자매 여러분, "그래도 되는 줄 알았습니다." 혹시 이런 말 들어 보신 적이 있으십니까? 아니면, 〈엄마는 그래도 되는 줄 알았습니다〉라는 시는 들어 보신 적이 있으십니까? 이 시는 '강원도 평창 출신인 심순덕'이라고 하는 천주교 신자가 2012년에 쓴 시입니다. "엄마는 그래도 되는 줄 알았다."라고 한다면 역시 '아버지도 그래도 되는 줄 알았을 것'입니다. 먼저 작자 미상인 〈아버지는 그래도 되는 줄 알았습니다〉란 시를 소개해 드리겠습니다.

> 아버지는 그래도 되는 줄 알았습니다.
> 매일 밤 힘들게 일하고 땀 흘린 채 들어와도
> 자식들을 위해서라면 참아야지
> 당연히 그런 줄 알았습니다.
> 아버지는 그래도 되는 줄 알았습니다.
> 자식들이 좋은 옷에 좋은 음식만 먹이고
> 당신은 일 년 내내 단벌 신사여도
> 아버지는 당연히 그래야 되는 줄 알았습니다.
> 아버지는 그래도 되는 줄 알았습니다.
> 매일 밤늦게 술이 취한 채 들어와도
> 아무도 안 반겨 주고 냄새난다고 역정을 부리고

엄마의 화난 목소리를 들어도 고독한 아버지는

아무 말도 변명조차 하지 못했습니다.

아버지는 그래도 되는 줄 알았습니다.

가족을 위해 자존심도 버리고

아버지는 그렇게 힘들어하면서도

절대 쓰러지지 않았습니다.

아버지는 당연히 그래야 되는 줄 알았습니다.

아버지는 그래도 되는 줄 알았습니다.

명태에 조퇴, 사오정 삼팔선 오륙도 북어 노가리가 되어도

지구를 짊어지듯 전쟁터로 나가는 아버지

아버지는 남자니깐 괜히 강한 척하시는 모습이 안쓰럽습니다.

아버지는 당연히 그래야 되는 줄 알았습니다.

아버지는 그래도 되는 줄 알았습니다.

자신의 인생과 삶은 없고 오로지 아내와 자식뿐,

아버지는 태어날 때부터 가족의 노예였습니다.

아버지가 그리울 땐 아버지가 없었다고

아버지가 필요할 땐 아버지만 있었더라도

자식들이 아버지를 그렇게 미워하고 증오할 때까지

아버지는 철저히 혼자 아파야 했습니다.

아버지의 시간은 멈춰 버렸습니다.

아버지는 당연히 그래야 되는 줄 알았습니다.

과음과 스트레스와 피로와 사회에

시달린 아버지는 병자가 다 되었습니다.

그래도 아버지는 '이제 그만 쉬어야지 난 지쳤어'라고 말하면서도 사
직서를 가슴 깊숙이 묻어 버리고

자식들의 환한 웃음에 위안을 삼습니다.

늦은 밤 괴로워 잠 못 들며 뒤척이는 아버지의 모습을 본 후론

아! 아버지는 그러면 안 되는 것이었습니다.[42]

엄마는 그래도 되는 줄 알았습니다 - 심순덕

엄마는 그래도 되는 줄 알았습니다.

하루 종일 밭에서 죽어라 힘들게 일해도

엄마는 그래도 되는 줄 알았습니다.

찬밥 한 덩이로 대충 부뚜막에 앉아 점심을 때워도

엄마는 그래도 되는 줄 알았습니다.

한겨울 냇물에서 맨손으로 빨래를 방망이질해도

엄마는 그래도 되는 줄 알았습니다.

배부르다, 생각 없다. 식구들 다 먹이고 굶어도

엄마는 그래도 되는 줄 알았습니다.

발뒤꿈시 다 해져 이불이 소리를 내도

엄마는 그래도 되는 줄 알았습니다.

손톱이 깎을 수조차 없이 닳고 문드러져도

엄마는 그래도 되는 줄 알았습니다.

아버지가 화내고 자식들이 속 썩여도 끄떡없는

엄마는 그래도 되는 줄 알았습니다.

외할머니 보고 싶다 외할머니 보고 싶다.

그것이 그냥 넋두리인 줄만…

한밤중 자다 깨어 방구석에서 한없이 소리 죽여 울던

엄마를 본 후론

---

42) 작자 미상

아, 엄마는 그러면 안 되는 것이었습니다.[43]

형제자매 여러분, 〈아버지는 그래도 되는 줄 알았습니다〉, 〈엄마는 그래도 되는 줄 알았습니다〉 이 글들을 여러분은 공감하십니까? 아들, 딸 낳고 살다 보니 이젠 아시겠지요? 결론적으로 "그러면 안 되는 것이었습니다." 자식들의 환한 웃음에 위안을 얻고 모든 것을 희생하신 부모님, 왜 이런 삶을 사셔야 하겠습니까? 자식을 향한 무조건적인 사랑입니다.

형제자매 여러분, 우리가 믿는 하느님께서는 성부, 성자, 성령, 세 위격을 가지고 계시지만 본체로서 한 분이십니다. 서로 높고 낮음도 없고 먼저도 후도 없고 오로지 똑같으신 한 하느님이십니다. 이 교리를 우리는 삼위일체 교리라고 합니다. 참으로 알아듣기 어려운 교리입니다. 그렇지만, 조금 전에 말씀드린 〈아버지는 그래도 되는 줄 알았습니다〉, 〈엄마는 그래도 되는 줄 알았습니다〉라는 시를 보더라도 이 성 삼위의 관계도 우리 가정의 부모, 자식 간의 관계처럼 사랑으로 하나가 된 관계와 같다는 것을 조금 이해하시게 될 것입니다.

그래서 오늘 복음에서 예수님께서는 "하느님께서는 세상을 너무 사랑하신 나머지, 외아들을 내주시어, 그를 믿는 사람은 누구나 멸망하지 않고 영원한 생명을 얻게 하셨다."(요한 3,16)라고 말씀하십니다. 세상에 이런 아버지가 어디 있겠습니까? 하나밖에 없는 외아들을 인류의 구원을 위해 내주시니 말입니다. 요즘 학교에서 사람 되라고 선생님이 학생을 한 대 때렸다고 부모님이 나서서 선생님 멱살까지 잡는

---

43) http://wise-schoollife.tistory.com/23

세상에 말입니다. 이런 아버지가 어디 계십니까? 〈아버지는 그래도 되는 줄 알았습니다〉, 〈엄마는 그래도 되는 줄 알았습니다〉라는 시에서 결론적으로 말했듯이 "아, 아버지, 엄마는 그러면 안 되는 것이었습니다."

형제자매 여러분, 그렇습니다. 예전엔 "하느님 아버지께서 그래도 되는 줄 알았습니다."만 이젠 '하느님 아버지께서는 그러면 안 되는 것이었음.'을 깨달아야 하겠습니다. 이것이 자녀가 된 도리일 뿐만 아니라, 신앙인의 도리인 것입니다.

그러므로 이런 헌신적이고 조건 없는 하느님 아버지의 사랑을 깨닫고 우리도 사랑으로 응답하는 자식이 되어야 하지 않겠습니까? 또한, 삼위일체 대축일을 맞이하여 우리 모든 가정도 삼위일체이신 하느님을 본받아서 사랑으로 똘똘 뭉친 사랑의 공동체가 되어야 하겠습니다.

"하느님께서는 세상을 너무 사랑하신 나머지 외아들을 내주시어, 그를 믿는 사람은 누구나 멸망하지 않고 영원한 생명을 얻게 하셨다."(요한 3,16) 아멘!

소금인형

형제자매 여러분, 혹시 《지구별 여행자》란 책을 읽어 보셨습니까? 류시화 시인은 《지구별 여행자》란 책에서 다음과 같은 글을 썼습니다.

데칸고원 남쪽 후블리의 한 아쉬람 사원에서 만난 사두(인도의 종교 수행자)가 말했다. "돌로 만든 인형, 헝겊으로 만든 인형, 소금으로 만든 인형이 있다. 세 개의 인형이 바닷속으로 들어갔다. 돌로 만든 인형은 아무 변화가 없었으며, 헝겊으로 만든 인형은 물을 흡수해 잔뜩 부풀었다. 그리고 소금으로 만든 인형은 바닷물에 녹아 사라져 버렸다." 그는 벌거벗었지만 당당한 목소리로 말했다. "진리에 대한 추구도 이와 같아. 어떤 사람은 돌로 만든 인형과 같아서 진리의 세계에 살면서도 전혀 진리의 존재를 느끼지 못한다. 또 어떤 사람은 헝겊으로 만든 인형처럼 진리의 체험으로 자신의 에고(Ego)를 채워 자만심이 더 커진다. 진정한 추구자는 소금으로 만든 인형과 같아야 한다. 진리를 체험하는 순간, 진리 안에서 자신의 존재가 녹아 없어져야 한다."

그 사두의 이야기에 영감을 받아 훗날 나는 〈소금인형〉이라는 제목의 시를 썼다.

형제자매 여러분, 〈소금인형〉이란 시를 들어 본 적이 있으십니까?

아마 이 시를 안치환 씨가 노래로 불렀습니다.

바다의 깊이를 재기 위해
바다로 내려간
소금인형처럼
당신의 깊이를 알기 위해
당신의 피 속으로
뛰어든
나는
소금인형처럼
흔적도 없이
녹아 버렸네[44]

형제자매 여러분, 우리는 바다로 간 소금인형처럼, "당신의 피 속으로 나는 소금인형처럼 녹아 버렸네." 정말 소금인형과 바다가 하나 되었듯이 우리도 주님이신 성체를 모시고 주님과 하나가 되어야 할 것입니다. 형제자매 여러분, 여러분에게 시험 문제 하나 내겠습니다. 대입 학력고사에 나올 법한 문제입니다. 조금 전에 소개한 〈소금인형〉이란 시에서 소금인형과 바다는 과연 누구를 지칭할까요?

① 나와 세상 ② 너와 세상 ③ 나와 사랑하는 사람 ④ 너와 사랑하는 사람

형제자매 여러분, 바다를 생각할 때, 우리 주님과 나 자신을 생각해 볼 수 있습니다. 바다와 소금인형을 생각해 볼 때 정말 바다 자체이신

---

44) https://yoont3.tistory.com/11299483

예수님(하느님)을 알기 위해선 소금인형처럼 내 존재 자체도 포기해야 합니다. 사랑하는 사람을 위해 나 자신을 희생하고 버려야 합니다. 아 낌없이 사랑하는 사람을 위해 나 자신을 내주어야만 소금인형처럼 바 다 자체이신 주님과 하나가 될 수 있고 그분을 닮을 수 있습니다.

그래서 오늘 복음에서 예수님께서는 "내 살은 참된 양식이고 내 피 는 참된 음료다. 내 살을 먹고 내 피를 마시는 사람은 내 안에 머무르 고, 나도 그 사람 안에 머무른다."(요한 6,55)라고 말씀하셨습니다. 주님 이 어떻게 생각해 보면, 우리와 함께하기 위해 스스로 소금인형이 되 셨습니다. 우리를 너무나도 사랑하셨기 때문에 당신의 살과 피를 우 리를 살리기 위해서 몽땅 내주셨기 때문입니다. 이 세상에 이런 분이 어디 계시겠습니까? 우리는 이 은혜를 무엇으로 갚아야 하겠습니까?

형제자매 여러분, 여러분들은 어떤 것으로 만든 인형이 되고 싶습니 까? 돌로 만든 인형, 헝겊으로 만든 인형, 소금으로 만든 인형, 이 셋 중에 말입니다. 돌로 만든 인형처럼, 거만하게 독불장군이 되고 싶습 니까? 아니면 헝겊으로 만든 인형처럼, 자신만을 알고 다른 사람은 안 중에도 없이 자신의 배만 채우려고 항상 꿀꿀거리는 욕심쟁이 돼지가 되고 싶습니까?

형제자매 여러분, 오늘 우리는 그리스도의 성체 성혈 대축일을 맞 이하여 사랑 자체이시고 바다 자체이신 주님의 품에 소금인형처럼 나 자신을 버리고 안겨야 합니다. 사랑의 바다에 나 자신의 존재 자체도 알아볼 수 없도록 녹아 버릴 때, 주님을 알게 되고 주님의 사랑을 체 험하게 될 것입니다. 간혹 신앙생활이 재미가 없다. 무의미하다는 사 람, 열심히 없다는 사람, 바로 이런 사람들은 자기 자신이 돌로 만든 인형, 헝겊으로 만든 인형처럼 그런 삶을 살고 있기 때문입니다. 그러 므로 우리는 바다를 사랑해서 스스로 바다로 들어가는 소금인형이 되어야 합니다. 이것이 바로 오늘 우리가 기리는 주님의 성체 성혈 대축일의 의미입니다. 성체를 모시고 내 안에서 주님은 점점 더 커져야 하고 나는 점점 작아져서 주님이 나를 완전히 지배하도록 해야 합니다. 그래서 성체이신 주님을 모시고 우리는 바오로 사도가 말씀했듯이 "이제는 내가 사는 것이 아니라, 그리스도가 내 안에 사시는 것입니다."(갈라 2,20)라고 고백할 수 있어야 하겠습니다.

형제자매 여러분, 성체를 모심으로써 그리스도가 내 안에 사시니 언제나 감사하는 마음으로 주님의 사랑을 몸소 실천하여 주님을 증언하는 삶을 살아야 하겠습니다. 곧 주님을 보여 주는 사랑의 삶을 살아야 하겠습니다. 그러기에 주님을 믿는 사람을 '크리스천'이라고 합니다. 더욱이 우리는 그리스도의 몸인 성체를 모시기 때문에, "이제는 내가 사는 것이 아니라, 그리스도가 내 안에 사시기 때문에"(갈라 2,20) 또 다른 그리스도가 되어야 하겠습니다.

> "내 살은 참된 양식이고 내 피는 참된 음료다. 내 살을 먹고 내 피를 마시는 사람은 내 안에 머무르고, 나도 그 사람 안에 머무른다."(요한 6,55) 아멘.

임 쓰신 가시관을 함께 쓰신 성모님

- 성모 승천은 하느님 아버지의 대상(大賞) -

오늘은 영광스러운 8.15 광복절이자 성모님의 승천 대축일입니다.

무엇보다도 성모 승천 대축일과 광복절을 경축하면서 축하 노래로 강론을 시작하겠습니다. 아울러 영명 축일을 맞이한 모든 분에게도 진심으로 축하드립니다. 노래 제목은 〈임 쓰신 가시관〉입니다. 이것은 하한주 신부님이 쓰신 시에 신상옥 씨가 작곡을 해서 직접 부른 노래입니다.

(〈임 쓰신 가시관〉 노래를 들려준다.)

임은 전 생애가 마냥 슬펐기에
임 쓰신 가시관을 나도 쓰고 살으리라
임은 전 생애가 마냥 슬펐기에
임 쓰신 가시관을 나도 쓰고 살으리라
이 뒷날 임이 보시고 날 닮았다 하소서
이 뒷날 나를 보시고 임 닮았다 하소서
이 세상 다 할 때까지 당신만 따르리라

형제자매 여러분, 노래가 참 좋습니다. 〈임 쓰신 가시관〉 성가에서 임은 누구시겠습니까? 임은 바로 예수님이십니다. "임은 전 생애가 마냥 슬펐기에 임 쓰신 가시관을 나도 쓰고 살으리라. 임은 전 생애가 마냥 슬펐기에 임 쓰신 가시관을 나도 쓰고 살으리라."

임 쓰신 가시관. 주님께서 쓰신 가시관을 우리도 쓰고 그분을 따라야 하겠지만, 한평생 주님께서 쓰고 계신 가시관을 쓰고 사신 분이 누구이시겠습니까? 오늘 우리가 경축하는 성모님이십니다. 처녀로서 하느님 아들을 잉태한 순간부터 주님께서 쓰고 가신 가시관을 함께 쓰셨습니다. 가시관을 쓰시고 채찍질을 맞으며 함께 골고타 언덕을 오르신 분, 더욱이 십자가의 못 박히는 아들의 고통을 바라보고 고통을 함께하신 분, 바로 성모님이십니다. 십자가 아래 서 계시는 당신 어머니를 보시고 요한에게 "이분이 네 어머니시다."라고 선언하심으로써 만민의 어머니가 되신 우리의 어머니 마리아이십니다. 하느님 아버지의 뜻에 따라 인류를 구원하시는 구속 사업에 주님의 종으로서 응답하신 마리아이십니다. 이 세상 다할 때까지 당신 아들 예수님만 따라 살았습니다. 십자가에서 내리 우신 그 아들을 품에 안고 가시관을 친히 쓰시고 심장을 찢는 십자가의 고통을 함께하셨습니다.

형제자매 여러분, 이 세상에서는 잘한 사람, 빼어난 사람, 장한 사람에게는 상을 주어 치하하고 격려합니다. 이렇게 주님과 함께 가시관을 쓰시고 십자가의 고통을 함께하시면서 구속 사업을 완수하도록 협력하신 장한 어머니 마리아께 어떤 상을 수여해야 하겠습니까? 우수상, 최우수상, 아니면 대상(大賞)을 수여해야 하겠습니다. 오늘 우리는 성모님의 승천 대축일을 경축하고 있습니다만, 이 성모님의 승천은 함께 가시관을 쓰시고 십자가의 고통을 함께하신 당신 어머님께 대한 하느님 아버지의 상(賞)입니다. 최우수상보다도 더 큰 대상(大賞)인 것입니다. 하느님 아버지의 대상 선물이 바로 어머님을 하늘로 불러올리신 '성모 승천'입니다.

형제자매 여러분, "이제부터 과연 모든 세대가 나를 행복하다 하리니, 전능하신 분께서 나에게 큰일을 하셨기 때문입니다."(루카 1,48-49)라는 성모님의 고백처럼 우리는 오늘 이 기쁨을 함께 나누고 축하해야 하겠습니다. 또한, 우리나라가 일제의 압박에서 해방된 광복절에 어머님의 축일을 지내게 되어 감개무량합니다. 우리나라는 해방되고 우리 어머니 마리아는 천국으로 부름을 받아 하늘로 올라가셨으니 어찌 기쁘지 않겠습니까? 그러므로 임께서 쓰신 우리 주님께서 쓰신 가시관을 우리도 함께 쓰고 뒤따를 때 천국으로 부름을 받을 것입니다. 그러므로 우리는 성모 어머님께 이 죄인을 위해서 하느님 아버지께, 당신 아들 예수님께 잘 말씀드려 달라고 항상 기도해야 하겠습니다.

형제자매 여러분, 오늘 복음 말씀을 보면 마리아가 친척 엘리사벳을 방문했습니다. 그때 엘리사벳은 "주님의 어머니께서 어떻게 저를 찾아오셨습니까…? 당신은 여인들 가운데 가장 복되시며 태중의 아기도 복되십니다…. 행복하십니다. 주님께서 하신 말씀이 꼭 이루어지리라 믿으신 분." 하고 마리아께 칭송을 드렸습니다. 그때 마리아는 〈내 영혼이 주님을 찬송하며〉라는 마리아의 노래로 응답을 합니다. 오히려 그 칭송을 하느님께 돌려드립니다. 어머님의 이런 삶이 하늘나라로 부름을 받는 첫째 조건이 아니겠습니까?

형제자매 여러분, 우리도 어머님을 본받아 언제나 하느님 아버지께 영광과 찬미를 돌려드리는 삶을 통해서, 천국으로 부름을 받을 수 있도록 열심히 노력해야 하겠습니다. 또한, 오늘 성모 승천 대축일을 맞이하여 아울러 성모님의 고백이 나의 고백이 되도록 노력해야 하겠습니다. "이제부터 과연 모든 세대가 나를 행복하다 하리니, 전능하신 분께서 나에게 큰일을 하셨기 때문입니다."(루카 1,48-49) 다음 기도로 마무리하겠습니다.

임 쓰신 가시관을 한평생 함께 쓰신 성모님,
하늘나라로 불리우신 영광스러운 승천을 진심으로 축하드립니다.
이젠 임 쓰신 가시관을 천국에서는 벗어 버리십시오.
대신 하느님 아버지의 대상(大賞)인 왕관이 더 잘 어울리십니다.
이젠 저희가 대신 임 쓰신 가시관을 쓰고 따르겠습니다. 아멘!

더도 말고 덜도 말고 한가위만 같아라

형제자매 여러분, 뜻깊고 행복한 한가위 되시기를 기원합니다. 잠시 힘들었던 일상을 접어 두고 가정에는 한가위처럼 즐겁고 풍요함이 깃들기를 기원합니다.

추석은 음력 팔월 보름을 말합니다. 한 해 농사를 마무리하면서 수확을 하느님께 감사드리는 명절입니다. 또한, 올해 처음으로 거둬들인 햅쌀로 밥을 짓고 술을 담그고 송편을 빚어 조상님께 감사드리는 차례를 지내고 성묘를 하는 날입니다. 이 추석은 유교 경전인 예기(禮記)의 '춘조월 추석월(春朝月 秋夕月)', 즉 "봄은 새벽달이 좋고, 가을은 저녁달이 좋다."라는 말에서 나왔습니다. 말 그대로 추석은 '가을 저녁'이란 뜻으로, '달빛이 가장 밝은 가을밤'을 의미합니다. 우리는 추석을 중추절(仲秋節), 중추가절(仲秋佳節)이라고도 합니다. 왜냐하면, 일 년은 춘하추동(春夏秋冬, 봄·여름·가을·겨울) 사계절로 나뉘고, 각 계절은 다시 맹(孟)·중(仲)·계(季)로 분류됩니다. 음력 8월은 가을(7·8·9월)의 중간이고, 15일은 8월의 중간입니다. 그래서 가을의 한가운데란 의미로 '중추(가)절'이라고 부르게 되었습니다.

추석의 순우리말은 한가위입니다. 현재 추석과 더불어 널리 통용됩니다. 크다는 뜻의 '한'과 가운데를 가리키는 '가위'가 합쳐진 말입니다. '음력 8월 한가운데에 있는 큰 날'이란 의미입니다. 또는 '가을의 한가

형제자매 여러분, 매년 추석이 되면 "더도 말고 덜도 말고 한가위만 같아라."라는 덕담이 오고 가곤 합니다. 매일 날마다 한가위만 같았으면 좋겠다는 바람이 담겨 있습니다. 오곡백과(五穀百果)가 풍성하고, 많은 음식을 장만해 잘 먹고 즐겁게 놀이를 하니, 능히 그럴 만도 합니다. 이날만큼은 아무리 가난한 농촌의 집안에서도 먹을 것이 넉넉하기 때문입니다. 곧 추석의 풍요로움을 이르는 속담입니다.

형제자매 여러분, 이런 풍요로운 한가위를 맞이해서 우리 영혼도 언제나 풍요로운 한가위가 된다면 얼마나 좋겠습니까? 그래서 오늘 복음에서 예수님께서 어리석은 부자의 비유를 들려주십니다. "어떤 부유한 사람이 땅에서 많은 소출을 거두었다. 내가 수확한 것을 모아 둘 데가 없으니 어떻게 하나? 이렇게 해야지. 곳간들을 헐어 내고 더 큰 것들을 지어, 거기에다 내 모든 곡식과 재물을 모아 두어야겠다. 자, 내가 여러 해 동안 쓸 많은 재산을 쌓아 두었으니, 쉬면서 먹고 마시며 즐겨라. 그러나 하느님께서 그에게 말씀하셨다. '어리석은 자야, 오늘 밤에 네 목숨을 되찾아 갈 것이다. 그러면 네가 마련해 둔 것은 누구 차지가 되겠느냐?' 자신을 위해서는 재화를 모으면서 하느님 앞에서는 부유하지 못한 사람이 바로 이러하다."(루카 12,16-21 참조)

형제자매 여러분, 오곡백과가 무르익어 먹을 것이 풍요로운 한가위처럼, 우리의 영혼도 "더도 말고 덜도 말고 한가위만 같아라."라는 덕담처럼, 천국에서도 넉넉하고 풍요롭게 보화를 쌓아 잔치를 벌일 수 있다면 얼마나 좋겠습니까? 그런데 우리는 이 세상의 탐욕에 빠져, 자신을 위해서는 재화를 모으면서 하느님 앞에서는 부유하지 못한 사람이 되고 맙니다. 그러므로 역시 하늘나라에서도 "더도 말고 덜도 말고 한가위만 같아라."라는 풍요로운 속담이 내 영혼에 역시 통용될 수 있도록 노력해야 하겠습니다.

형제자매 여러분 모두 다 송편 드셨지요? 송편은 둥근 보름달 모양이 아니고 반달 모양입니다. 왜 반달 모양이겠습니까? 보름달은 곧 기울게 됩니다. 반달은 언젠가 보름달이 됩니다. 이렇게 반달은 우리에게 희망을 줍니다. 온 가족이 반달 송편을 먹으면서 보름달 같은 우리 가족들의 번영과 자손들의 번영을 기원합시다. 오늘 저녁 모두 다 보름달을 보면서 소원을 빌고 가족들의 우애를 다지는 화기애애한 한가위 되시기를 기원합니다.

형제자매 여러분, 아무쪼록 오늘 조상님들과 이 세상을 떠나신 부모님, 형제, 친척 은인들의 영혼이 천국에서 영원한 복락을 누릴 수 있도록 이 제사를 통해서 다 함께 열심히 기도합시다. 또한, 조상님들의 은혜로 후손들이 주님 안에서 화목한 가정을 이룰 수 있도록 열심히 기도합시다. 아멘.